REMOTE VIEWING - DAS LEHRBUCH

Technik des Hellsehens

Teil 4

REMOTE VIEWING - DAS LEHRBUCH

Technik des Hellsehens

Teil 4:
Interaktive Prozesse und Remote Influence

Für Gisela Müller.

Dank an alle, die mich unterstützt haben, besonders: Monika, Martina, Simone, Ute, Dirk und Dirk, Frank und Frank, Gunther, Günter und Günter, Michael, Stefan und natürlich Tina.

Vom gleichen Autor:

Tanz der Dimensionen, 400 S. Kopp-Verlag, Rottenburg, 2000
Schritte in die Zukunft, 220 S. Ahead and Amazing 2002
Remote Viewing - das Lehrbuch Teile 1-3, je ca 220 S. 2001-2003
Erkenntnisse aus dem Unsichtbaren, Video ca. 150 min., 1998
Das Ende aller Geheimnisse, Video ca. 80 min., 1997
Das geheime Tor der alten Mühle, 270 S. AAA, Roman 2004
Das Tor der Dinosaurier, 280 S. AAA, Roman 2005
Der Gesang der toten Welten, 260 S. AAA, Roman 2005

In Vorbereitung:
Wahrscheinlich Ferien auf dem Mars, Roman
Die Grauen in Louisas Landschaft, Roman

Als Herausgeber:
Die Bar am Ende des Universums, 1. Anflug 2003, 220 S.
Die Bar am Ende des Universums, 2. Anflug 2007, 286 S.
Alle Bücher und Videos bei Ahead and Amazing:
www.aheadandamazing.de oder im "1. Remote Viewers Store":
www.remoteviewing.de

© 1998-2006
1. Auflage 2007 by Ahead And Amazing
Verlag für Grenzüberschreitungen e. K.
www. aheadandamazing.de
Alle Rechte vorbehalten
Cover by Indigo Kid
Printed in Germany
ISBN 978-3-933305-14-5

Wir erschaffen uns unsere Realität jeden Tag aufs Neue. Manchmal habe ich den Wunsch, es könnte auch einmal eine langweilige dabei sein.

REMOTE VIEWING – DAS LEHRBUCH
Technik des Hellsehens
Teil 4:
Interaktive Prozesse und Remote Influence

Inhalt.

Vorwort..9
1. Kapitel: Schon wieder eine Reprise – warum?.................16
2. Kapitel: Aktives Remote Viewing – eine Vorgeschichte...........27
3. Kapitel: Was heißt "aktiv", was ist "influence"?..........................40
4. Kapitel: Amerikanische Ansätze in der Diskussion....................55
5. Kapitel: Ein Ausflug in die Quantenphysik.................69
6. Kapitel: Zukunft und Voraussage.................................85
7. Kapitel: Das Archiv der Wahrscheinlichkeiten..........................109
8. Kapitel: Die Eingriffsebene der Remote Viewer......................124
9. Kapitel: Stufe 7 – die Grundform.................141
10. Kapitel: Diskussion der Kategorien...149
11. Kapitel: Durchführung "à la carte"..160
12. Kapitel: Begegnungen in der Matrix..173
13. Kapitel: Personenbeinflussung: Liebe, Job, Karriere...............189
14. Kapitel: Börse und reich werden: Zukunft die zweite..............207
15. Kapitel: Verbesserung der Befindlichkeit und Heilen..............222
16. Kapitel: Hijacking, Multitasking und indirekte Aktionen........236
17. Kapitel: Herausführungen und Schutzmöglichkeiten...............244
18. Kapitel: Was macht RV mit uns?..264
19. Kapitel: Pflöcke in der Estacada..274
Literaturhinweise und Quellenangaben..282

Vorwort

"Warum schreibt man Bücher?", habe ich mich früher oft gefragt. Ich denke, diese Frage bewegt mindestens gelegentlich auch die Leser meiner Bücher. Andere fragen sich vielleicht sogar: "Warum schreibt er/sie *Fach*bücher?" Und sicher würden einige gern hinzufügen: "Besonders über solche dubiosen Themen wie... Remote Viewing?"

Ein paar Antworten fallen mir sofort ein.
1. Der Autor ist ehrgeizig. Er möchte gern wie in der Schule den Finger heben und rufen: "Herr Lehrer, ich weiß was!" Und dann möchte er schon dafür, daß er es gewagt hat, den Finger zu heben, eine gute Note bekommen.
2. Man kann damit Geld verdienen. Stimmt! Es gibt eine Menge Autoren, die wirklich gut vom Schreiben leben. Leider gibt es noch viel, viel mehr, die ihre Ersparnisse benutzen, um wenigstens einmal ein richtiges Buch mit ihrem Namen vor sich liegen zu haben. Und im Keller eine Palette, voll mit dem gleichen Titel, auch noch nach Jahren. Wem das genügt, auch in Ordnung. Der Rest ist wie Roulettespielen. (Oder Wünschen.)
3. Der Autor hat eine messianische Ader. Er will andere bekehren, zum vermeintlichen Licht führen, zeigen wo der Hase entlangläuft. Vielleicht will er warnen, die Leute aufscheuchen, verhindern, daß es so weit kommt, wie er/sie es vorausgesehen hat. Ich habe einige Bücher von Leuten gelesen, die "Eingebungen hatten". Sie waren alle sehr ehrenhaft und von einem authentischen Willen zum Guten bewegt. Leider klingen sie meist sehr verschroben und es sind grauenhafte logische und faktische Fehler darin. Deshalb kommen sie auch bei denen, die wirklich etwas bewegen könnten, nicht an. Eher reizen sie zum Lachen.

Vielleicht trifft etwas dieser drei Punkte auch auf mich zu. "Du bist eben ein Aufklärer!", sagte ein guter Freund letztens zu mir und schenkte mir ein Bild von Immanuel Kant, ein echt gefälschtes, aber das ist eine andere Geschichte. Ich wollte ihm nicht widersprechen. Dann aber sagte ich: "Es ist noch was anderes. Weißt du, wenn ich ein Buch geschrieben habe, bin ich es los. Ich bin erleichtert. Muß diesen ganzen Kram nicht mehr allein in meinem Kopf wälzen. Ich habe den Schwarzen Peter weitergegeben, bin durch einen

Psychotrick aus der mühsamen eigenen Abarbeitung geschlüpft. Ich stelle mir vor, wie andere bei den Inhalten die Stirn runzeln, teils ungläubig, logisch, teils aber auch erschrocken. Beispielsweise dann, wenn sie schon mal festgestellt haben: ja, Remote Viewing funktioniert auch bei mir.

(Bis jetzt habe ich noch niemanden kennengelernt, bei dem es nicht funktionierte. Aber vielleicht kommt auch nur eine besondere Auswahl unserer Gesellschaft zum Training. Auf jeden Fall ist die größte Gruppe die, deren Mitglieder behaupten, Remote Viewing sei so etwas wie Hexerei oder uns Menschen nicht gestattet und deshalb sollte man es auch nicht ausüben.)

Ein weiterer, damit verknüpfter Grund für dieses Buch ist natürlich, daß mit jedem Buch Remote Viewing bekannter wird. Das gilt ohne Frage auch für jede Publikation eines anderen Autoren. Beziehungen zu verwandten Gebieten werden hergestellt, Cross-Over entstehen und weiterführende Techniken werden entdeckt. Gerade für den Inhalt dieses Buches kann man das annehmen.

Man könnte auch fragen, welche Gründe ein Leser hätte, sich dieses Buch zu kaufen. Dazu fallen mir sofort einige Punkte ein:

1. Das Buch könnte vom Thema her doch so etwas wie ein Hexenbuch sein. Das ist sehr interessant, vielleicht erfährt man, wie man andere behexen kann.

- Vielleicht erscheint vielen, die dieses Buch lesen, dessen Inhalt allein schon wie Hexerei. Ich werde aber auf jeden Fall den Versuch machen, wenn ich schon nicht streng wissenschaftlich bleiben kann, so doch alle Aspekte einer "allgemein zugänglichen Realität" zu wahren. Und das in einer Zeit, in der den Physikern an der vordersten Front der Erkenntnisse jedes feste Weltbild davonzuschwimmen scheint.

2. Es könnte sein, daß man durch dieses Buch schwierige Inhalte verstehen lernt.

- Das würde ich auf jeden Fall versuchen. Bevor ich ein Buch schreibe, muß ich den Inhalt erst einmal selbst verstehen um ihn dann auf diesem Niveau weiterzugeben. Das darf auf keinen Fall allzu akademisch werden.

3. Der Autor könnte sogar unbequeme Fragen beantworten.

- Davor habe ich mich nie gescheut. Eine dieser Fragen (aus einschlägigen Foren zum Beispiel) lautet: "Wenn Remote Viewing so erfolgreich ist, warum hört man dann sowenig davon. Und wo sind sie denn, die ausgebildeten Viewer? Was fangen sie damit an?" Die Antwort ist, daß es keine pauschale Antwort gibt. Eine ganze Reihe von Leuten, die RV trainiert haben, wollten nur mal wissen, ob es geht. Da es aber mit Arbeit verbunden ist und außerdem für die eigene Motivierung andere Personen, möglichst aus dem persönlichen Umfeld nötig wären, (schlecht, wenn der Lebenspartner RV für Spinnerei hält) hören sie einfach auf, es aktiv zu betreiben. (Lesen aber oft noch alles, was weiter darüber erscheint.)

Manche bekommen einen Arbeitszuwachs in ihrem Alltag, so daß sie einfach zeitlich nicht mehr in der Lage sind, Sessions zu machen.

Andere wiederum arbeiten an komplexen Themen, die lange dauern und Bücher füllen würden. Sie haben einfach keine Zeit für die Öffentlichkeit. Viele Informationen sind auch zu persönlich. Gerade die eigene Situation, die Zukunft und wie man ein besseres persönliches Auskommen erreicht, sind bevorzugte Themen von Remote Viewern. Damit geht man nicht an die Öffentlichkeit. So etwas diskutiert man nicht in einem Forum.

Und endlich gibt es noch die wirklich geheimen Sachen. Aber über die sollte ich ja nichts wissen, also kann ich auch nichts sagen. Aber ich glaube, es ist ganz klar, wo die vielen Viewer sind: verstreut. Nicht überall verstreut sondern verstreut überall.

Und was macht der Autor selbst mit dieser so hochgelobten PSI-Technik? Schließlich hat er nun geschlagene zehn Jahre mit Remote Viewing zugebracht, da muß er doch etwas davon haben. Da muß etwas passiert sein.

Stimmt. Der Autor ist faul geworden. Er tut, was ihm Spaß macht und zapft immer, wenn er nichts mehr weiß, die Matrix an. Nach den Sachbüchern über RV hat er begonnen, Belletristik zu schreiben, einmal deshalb, weil Unterhaltungsliteratur mehr Leute erreicht, zum anderen weil man dort ungestraft die Inhalte ausspinnen kann, deren Weiterführung in einem Fachbuch ernsthafte Falten auf der Stirn produzierten. (Ohne daß wirklich gravierende Fehler darin sein müßten. Aber vieles, was die gefeierten Quantenphysiker und Mathematiker an vorderster Front ermitteln, ist wegen der vielen eingestreuten Formeln und Gleichungen für den normalen Leser von geringem Unterhaltungswert.)

Im Jahr 2005 bei der Harry-Potter-Nacht in einem großen Berliner Kaufhaus konnte ich mein neues Fantasy/Science Fiction-Projekt vorstellen: die Geschichte der Erkundung des Wahrscheinlichkeits-Universums. Zwei Bücher hatte ich schon fertig, das dritte beinahe. "Wie kommt man denn dazu, so etwas zu schreiben?", fragte mich einer der anwesenden älteren Leser. "Wie macht man das? Alle diese Ideen und die Handlung und die verschiedenen Welten und das alles...?"

Ich überlegte. Was sollte ich sagen? Mir fiel nichts ein, außer der Wahrheit, aber die konnte man wiederum hier nicht erzählen.

"Naja", erwiderte ich lahm, "ich setze mich einfach hin und schreibe. Und dann kommt das so."

Sollte ich ihm erzählen, wie und warum eine Remote Viewing Session funktioniert und daß ich diese Kenntnisse anwende? Sollte ich von Vladimir Nabukow erzählen, der auch behauptet hatte, seine Romane wie z.B. "Lolita" von dort abzuschreiben, wo sie schon existierten? Daß so etwas eine ganze Reihe von Schriftstellern bereits einmal unter der Hand zugegeben hätten? Daß ich persönlich glaube, daß Frau Rowling ihre Harry-Potter-Bücher zusammen-viewt? (Auch wenn sie diese spezielle Technik nicht gelernt hat, doch die Naturgesetze, auf denen RV beruht, gelten ja für jeden.)

Wahrscheinlich unterhält sie sich ebenfalls mit ihren Figuren, die ihr sagen, wie die Handlung weitergeht. Und so erfährt sie von den Akteuren selbst alle diese komplexen Einzelheiten, die den Leser glauben machen, *Hogwarts* sei völlig real. Ich jedenfalls hatte beim Aufschreiben der Abenteuer meiner "Hüter der Wahrscheinlichkeit" immer den Eindruck, der eine oder andere stände vor mir und erzählte von seinen Erlebnissen. So wurde mir auch erst später klar, daß ich völlig unwissend genau die wissenschaftliche Hintergrundkonstruktion "ausgesponnen" hatte, die ziemlich genau mit den Vorstellungen heute führender Quantenphysiker und Mathematiker wie Burkhard Heim übereinstimmt. Ich war selbst ganz erstaunt.

Vielleicht existieren alle Personen, die mir nur "ausgedacht" habe, wirklich in einer anderen Wahrscheinlichkeit. Die Quantenphysiker lächeln längst nicht mehr über solche Aussagen. Denn hinter diesen

Geschichten steht die immer sicherer werdende Vermutung, daß wir nicht allein sein können. Nicht nur im All, sondern auch genau hier, an der Stelle wo wir gehen, stehen und sitzen. Der Unterschied sei nur eine andere Koordinate in einer höheren Dimension, sagen die studierten Leute, die mit kilometerlangen, milliardenteuren Teilchenbeschleunigern die letzten Geheimnisse des Universums zu entschlüsseln versuchen. Es soll unendlich viele Wahrscheinlichkeiten geben, die alle existieren, die wir aber nie werden sehen können. Fragen Sie die Wissenschaftler! Sogar der mythenfeindliche SPIEGEL berichtet darüber.

Und ich tue nichts anders, als die Leute zu fragen, die dort leben, wo die Bücher spielen. Sie können mir genau ihre Welt beschreiben mit all ihren Einzelheiten, die mich selbst oft erstaunen. Denn schließlich leben sie dort. Schließlich sind auch sie Teilhaber am gesamten Existenzgefüge, der Matrix.

Verkaufen kann man diese "Erkenntnisse" aber nur als Geschichten. Was ich in einem *Sach*-Buch über Remote Viewing jedoch noch schreiben könnte, sind ganz andere, verrückte und dennoch reale Geschichten. Geschichten, die tatsächlich stattgefunden haben und die man inzwischen veröffentlichen könnte. Nur die Namen der Beteiligten müßte man ab und an ändern, wenn es zu persönlich wird. Aber die Jahre vergingen und ich zögerte weiter, über den aktiven Bereich des RV zu schreiben, brachte lieber noch ein drittes Fantasy-Buch heraus.

Ein anderer guter Freund versuchte mich nun persönlich zu packen: "Du hast jetzt so viele Bücher zu diesem Thema geschrieben und verlegt. Sie haben sich erstaunlich gut verkauft, viel besser, als erwartet. Das bedeutet, es gibt ein beträchtliches Interesse da draussen!"

"Hm", sagte ich, "Na und?"

"Und du hast", fuhr mein Freund in etwas schärferer Tonlage fort, "du hast bereits Andeutungen gemacht. In deinen Büchern sind Anwendungen aufgetaucht, die ganz offensichtlich einer höheren Ordnung im Protokoll entstammen. Das geht nicht einfach so unter!"

"Du meinst die Herausführungen, wenn der Viewer zusammenbricht? Das ist doch völlig klar. Man kann doch die Leute nicht in diesem Unglück allein lassen, wie das so einige Psi-Vermittler tun. Auf die bin ich auch ernsthaft sauer!"

"Ja, das und einiges andere. Das ist gelesen worden. Deine Trainees haben es mitgekriegt. Andere haben sich daran gehängt und reden und schreiben darüber. Und das Internet ist schon voll davon. Es gibt Angebote, die jedem, der ein bestimmtes Buch kauft, die sofortige Kontrolle über seine Mitmenschen verspricht. Unglaubliches Entgegenkommen bei Bankkrediten, jeden Tag jede beliebige Frau oder jeden Mann im Bett. Einfach durch Remote Influence!"

"Wozu brauchen sie dann noch einen Bankkredit?", nörgelte ich. "Und diese Strapaze: jeden Tag eine andere Frau! Und warum muß er dieses Buch verkaufen? Kann er nicht die Lottofee influenzieren?"

Damit hatte ich mich aber schon selbst in der Falle.

"Siehst du", sagte mein Freund, "nun springt jeder auf den fahrenden Zug und verspricht das Blaue vom Himmel. Dazu mußt du mal etwas sagen. Ich denke, die, die dich oder deine Bücher kennen, erwarten jetzt eine konkrete Aussage auch von dir. Du hast viel über Remote Viewing geschrieben. Nun wollen sie, daß du nach all dem, was vorgefallen ist, Stellung beziehst. Du hast bis jetzt gezögert. Das kann man als Feigheit interpretieren."

Es ist natürlich ärgerlich, wenn man so etwas gesagt bekommt. Ich bin nicht feige. Andererseits stellt man sich auch nicht gern in den Regen. Aktives Remote Viewing ist ein heikles Thema. Deshalb finde ich es auch nicht einfach, dieses Thema adäquat zu behandeln. Tretminen und Fußangeln lauern überall. Von anderen Dingen mal ganz abgesehen, wobei ich meine, daß man nicht mehr in Gefahr ist, Sachen zu erleben, wie sie von Verschwörungstheoretikern erzählt werden, wenn das Buch erst einmal heraus ist. Den Autor zum Märtyrer zu machen ist eine unpassende Art, ein Buch zu stoppen.

"Aber ich sehe sie schon vor mir, diese reißerischen Werbesprüche, die dem Inhalt dieses Themas eigentlich nur schaden können!", war mein letzter Einwand.

"Ja", sagte mein Freund, "aber das mußt du nicht zu einem Problem machen. Nenne es einfach eine Herausforderung."

Ich habe dazu nicht mehr viel gesagt. Nachgedacht habe ich schon. Also gut, hier ist das Buch. Ohne Anspruch auf Vollständigkeit, Allgemeingültigkeit und den Stein der Weisen. Aber immerhin ein guter Haufen aus meinem biologischen Speicherplatz geräumt. Ich kann mich in meinem Kopf wieder freier bewegen. Das ist ja auch schon was.

Und wenn ich sehe, wie das Thema "Remote Viewing" langsam wirklich seine Kreise zieht, praktizierende (echte) Hellseher im Fernsehen jetzt ihre Künste zeigen können, die Moderatorin beeindruckt ist und dieser Vorgang nicht wie sonst üblich wegrelativiert wird[1], könnte man schließen, daß die Zeit gekommen ist, nach einer Weile des Schwimmens durch kalte, erkenntnisreiche Gewässer den Strand eines neuen Landes zu betreten. Zehn Jahre sind vergangen seit "Tanz der Dimensionen", hier ist das letzte, unveröffentlichte aber angekündigte Kapitel. Es war schon damals ein ganzes Buch. In der Zwischenzeit habe ich es überarbeitet, viel herausgenommen und ersetzt. Neue Erkenntnisse sind hinzugekommen. Deshalb ist es doch wieder etwas umfangreich geworden.

---

[1] Jens Becker am 19.6.2007, Magazin "zibb" im RBB-Fernsehen

1. Kapitel: Schon wieder eine Reprise – warum?

Jedes meiner Bücher über die Beschreibung der RV-Methodik (außer dem ersten natürlich) beginnt mit einer Wiederaufnahme von Themen, die bereits in den vorhergehenden Bänden behandelt wurden. Das möchte ich auch wieder praktizieren, bevor wir uns in neue Felder stürzen. Sicher kann man die Frage stellen, ob das denn nötig sei. Ist denn der Autor nicht in der Lage, diese Inhalte an den entsprechenden Stellen dieser Bücher einzufügen, damit dort eine gewisse Vollständigkeit der Erörterung erreicht wird?

Der Autor kann. Aber er will nicht. Der Autor findet diese Reprisen gut. Außerdem kann ich Ihnen versprechen, sie führen weiter, schon in diesem Kapitel.

Im Laufe der vergangenen Jahre hat sich bei den Trainierenden gezeigt, daß es von Stufe zu Stufe Themen gibt, die während des Übens zu Hause auftauchen und besondere Aufmerksamkeit fordern. Obwohl schon früher, auch an entsprechender Stelle in den Lehrbüchern Fragen dazu beantwortet wurden, kommt einer erneuten Behandlung eine besondere Bedeutung zu.

Der Unterschied ist ganz klar: vorher hörte man von den Möglichkeiten, die mit diesen Punkten verknüpft sind, hinterher diskutiert man die Bedeutung von tatsächlichen Erlebnissen und die eigene Erfahrung. Im aktuellen Fall, nämlich in diesem ersten Kapitel des vierten Lehrbuch-Teiles stellen wir auch noch fest, daß man bei der Nachbesprechung *genau die Gesichtspunkte herausarbeitet, die für dieses Buch grundlegend wichtig sind.*

Viele Diskussionen von Remote Viewern beginnen mit der Frage: "Warum konnte diese Session schief gehen?" Damit meinen sie meist den Umstand, daß der Viewer nicht das Target beschrieben hat, das er sollte. Andere Abläufe werden weiter hinten in diesem Buch beschrieben.

Es ist oft nicht ganz einfach, zu klären, wieso ein Viewer sich "verfranzt" hat, hat man jedoch die Ursache gefunden, erhellt sich fast immer auch das Verständnis der Methode.

Schon früher habe ich dargestellt, welche Probleme in der Erwartungshaltung des Viewers liegen können. Folgende Abläufe

treten immer wieder auf und sind im Protokoll eindeutig auffindbar und belegbar:
1. Der Viewer erwartet ein bestimmtes Thema und kann sich am Anfang nicht von dieser Vorstellung befreien. Auch in der weiteren Bearbeitung taucht er nicht in die "Zone" ein und entwickelt stattdessen ein bleibendes AUL, das er hartnäckig weiterbearbeitet.
2. Der Viewer stellt große Ansprüche an sich, erwartet von sich eine überragende Leistung und bemüht sich, jederzeit etwas "Gutes" zu schreiben. Solche Sessions sind im Training häufig daran zu erkennen, daß der Viewer in der ersten Stufe 1 noch einmal das vorherige Target beschreibt. Das war ja einmal richtig, deshalb kann es nicht verkehrt sein... Meist geschieht es jedoch durch das weitere Abarbeiten des Protokolls, daß der Viewer aufhört, "zu denken" und anfängt "zu fühlen", und dann ist alles in Ordnung. Oft enden solche Sessions aber in einer Orgie von AULs, "Peacock AOLs", wie es die Amerikaner nannten: der Pfau spreizt sein wunderschönes Schwanzgefieder auf, man ist ganz fasziniert davon und findet immer eine neue, beschreibenswerte Feder. Später ist es der Druck, der den erfahrenen Viewer belastet, gleichermaßen natürlich auch einen Trainer, daß er schon um seine Erfahrung zu legitimieren, immer "gut" sein muß. (In solchen Fällen zitiere ich immer Dirk Rödel aus Köln, der den Spruch aufbrachte: "Wenn's schiefgeht, ist der Monitor schuld!" Diese Darstellung entlastet den Viewer ungemein und das war auch der Sinn.)
3. Manchmal kommt der Viewer mittendrin "aus dem Tritt". Das geschieht zum Beispiel, wenn der Monitor nicht aufpaßt und ihm an entscheidenden Stellen zu viel Zeit läßt. Dann beginnt der Viewer wieder linkshemisphärisch zu denken und entwickelt nur Erklärungen zu den bereits getätigten Äußerungen. Er hat oft nur einmal, am Anfang, etwas "aus der Matrix heruntergeladen" und kann nun durch keinen Aufforderungsmodus mehr dazu gebracht werden, es erneut zu tun.
4. Der Viewer hat ein oder mehrere AULs unterdrückt. Diesen Vorgang findet man oft zu Beginn eines Training, wenn der Viewer manchmal gar nicht bemerkt, daß er ein AUL hatte, oder daß er sich nicht traute, es herauszuschreiben. Das gibt sich jedoch meist mit etwas Übung, kann jedoch bei Themen, die der Viewer als sehr wichtig empfindet, immer wieder auftreten. In den meisten Fällen

erkennt man diesen Vorgang an den konkreten Beschreibungen oder es kommt zu einem Leerlauf, in dem der Viewer erklärt: "Mir fällt nichts mehr ein."

5. Es traten Fehler beim Festlegen des Targets auf. Dieser Fehler ist der Interessanteste und ich habe ihn auch schon früher angesprochen (zum Beispiel, wenn der Trainer seine Targetwahl kurzfristig vor der Session ändert). Im Laufe eines Trainings tritt irgendeine Spielart dieses Fehler eigentlich immer auf, oft leider aber, wenn die Trainierenden wieder zu Hause sind und selbstbestimmt üben.

Dann kann es dazu kommen, was Dirk R. einmal so beschrieb: "Das Target lag auf dem Tisch, aber der Viewer war ganz woanders. Er war aber On Target, denn er war an dem Target, an das der Targeter gedacht hatte. Im Umschlag war aber etwas ganz anderes."

Dieser immer wieder eintretende Vorfall zeigt, wie durch Worte und Gedanken Verknüpfungen von Informationen hergestellt werden, die andere Menschen ohne Schwierigkeiten aufnehmen können. Der Viewer rutschte dann eben auf das, was der Targeter *gedacht* hatte, weil das im Moment der Aufgabenstellung stärker mit den Koordinaten verknüpft wurde als das Bild, das er in den Umschlag schob.

Nun könnte man diesen Fall ganz einfach abtun, indem man sagte: bei der Erstellung eines Targets ist auf Psychohygiene zu achten! Der Targeter hat gefälligst an das Target zu denken und an nichts anderes, und dann ist alles gut!

Das ist oft leichter gesagt, als getan! Immerhin kann ich mittlerweile etwas Luft aus dieser Angelegenheit nehmen und über die Erfahrung berichten, daß dieser Effekt eigentlich nur bei Trainingstargets auftritt. Bei operationalen Targets, also solchen, deren Aufklärung wirklich etwas bedeutet, fällt es dem aufgeklärten Targeter (und das sollte er schon sein) leichter, an nichts anderes als an die Fragestellung zu denken. Wahrscheinlich ist es aber die Aura der Wichtigkeit, das Feld "diesmal ist es Ernst", das bewirkt, daß ein Viewer bei echten Projekten weniger abdriftet. Kommt es doch einmal vor, ist es beim Vergleich mit anderen Sessions sofort auffällig und kann ausgesondert werden. Immer daran denken: wir sind Menschen und haben auch mal einen schlechten Tag.

Und letztlich kann man sich auf Eines verlassen: je mehr (schlechte) Erfahrungen man gemacht hat, desto besser achtet man auf optimale Umstände. Ich kann mich inzwischen an viele Erlebnisse erinnern, die durch die (unbemerkte) Verknüpfung von Informationen zustande kamen. Da war zum Beispiel das vielzitierte "Meiser-Target", ein Target das zum Zeitpunkt des Viewens nicht im Umschlag war und deshalb nicht geviewt wurde, sondern der Geist des Viewers sich nun irgendetwas aussuchte. Zum Beispiel das, was im Moment des Viewens dem Umschlag am nächsten lag. Oder, wenn der Umschlag frei herumlag, das, was den Viewer gerade am meisten beschäftigte.

Dabei funktionieren andere solche Verknüpfungen durchaus: im Jahre 1998 trafen wir in Hamburg Joe McMoneagle anläßlich seiner Vortragsreise zu seinem ersten Buch "Mind Trek". Dieses Treffen sollte eingeleitet werden mit einem Test. Der amerikanische Remote Viewer "Nr.1" wollte/sollte einen deutschen Viewer "testen", ob wir hier im alten Europa diese tolle Sache auch können.

Wir stimmten zu und dachten, wir könnten ganz schlau sein. Am Tage vorher formulierte ich eine Aufgabe für Gunther, der völlig unbeteiligt und nichtsahnend zu Hause in Frankfurt saß:

"Das Target, das McMoneagle am Dienstag, den 20. November 1998 Gudrun K. zur Bearbeitung geben wird."

Heraus kam bei dieser Session allerdings kein Target, sondern nur eine Beschreibung der Buchhandlung Wrage und ihrer urbanen Umgebung, sowie der Vortrag, der dort abgehalten werden sollte ("Leute applaudieren"). Kein Target, keine Prüfungssituation.

Wir waren etwas verwirrt und machten uns beunruhigt auf den Weg, denn wir kamen nicht darauf, die naheliegende Möglichkeit abzufragen. Was dann wirklich passierte, war, daß gar keine Session stattfand. Wir verbrauchten durch Plaudern und Kaffeetrinken, Interview, Fotosession und Herumalbern soviel Zeit, daß der Beginn des Vortrages sehr nahe rückte und McMoneagle sich vorher gern noch etwas zurückziehen wollte. Das aber, wie gesagt, hatten wir nicht als Möglichkeit in Betracht gezogen.

Die Verknüpfungen funktionieren also durchaus, der Viewer hatte die nächstgelegenen Daten aufgespürt.

Eine nette Geschichte dazu erzählte auch Dirk R., der mit seiner Gruppe recht viel auf diesem Gebiet herumexperimentierte. (Ich habe ähnliche Erfahrungen gemacht, aber seine Geschichten sind meist besser).

Eines Tages hatte er zu einem Projekttreffen den Umschlag mit dem Target zu Hause vergessen. Also formulierte er ein neues Target: "View das Target, das ich zu Hause vergessen habe. Es liegt neben dem Telefon. Das Target liegt in einem Umschlag und es hat Koordinaten. Und es ist viewbar."

Die Erfahrung mit dieser Prozedur war ebenfalls: es funktionierte. Der Viewer erfaßte das ursprüngliche Zielgebiet. Auch diese Verknüpfung können wir uns zu Nutze machen, wie wir später noch sehen werden.

Nun könnte man einwenden, diese Informationen hätte man auch mit einem normalen Ablauf durch die Anwendung der Stufe 6 erreichen können. Es wäre zum Beispiel auf eine Deep Mind Probe hinausgelaufen: "an welches Target dachte XY?" Auch der Versuch, das Target erst später zu formulieren und zunächst nur die Koordinaten zu vergeben ist eine ähnliche Angelegenheit; man könnte eine Timeline anwenden und Personen befragen.

Interessant ist jedoch, daß dieser Vorgang abkürzbar ist, es drängt sich die Schlußfolgerung auf, daß es wirklich ein sortierendes Hin und Her zwischen Viewer und Matrix gibt, sozusagen einen "intelligenten" Vorgang, in dem der Viewer weit mehr tut, als nur Daten "herunterladen und auslesen". Je mehr man mit Remote Viewing umgeht, desto mehr ergibt sich die Folgerung, daß der Viewer selbst hin in die Matrix geht, herumreist, aussucht und die Informationen sozusagen "befingert". Er ist also nicht passiv, sondern aktiv. Er tut etwas. Und er hinterläßt Spuren.

Nach einigen Jahren RV-Training fiel mir auf, daß manche Targets nicht mehr so gut funktionierten. Nicht, daß die Viewer sie nicht mehr eindeutig beschreiben konnten. Aber sie hatten mehr Mühe als frühere Trainierende. Es war, als würden diese Targets "verblassen" und nur die immer besser eingestellten Viewer konnten das Ergebnis vergleichbar gestalten. Es war auffällig, daß früher eindeutig und schnell erfühlte Daten nun härter erarbeitet werden mußten. Ich weise darauf hin, daß diese Erfahrung aus keinem wissenschaftlichen Versuch entspringt, sondern selbst nur ein Gefühl ist, aber mir scheint, als hätten all die Viewer, die einmal auf dem Target waren, ihre Spuren hinterlassen, alles plattgetrampelt und mit eigenen Kommentaren versehen. Dieser Eindruck paßt zu allem, was über Verknüpfungen gesagt wurde. Jeder Mensch hinterläßt seine Spuren in der Matrix, und wenn besondere Informationsfelder angesprochen werden, dann hinterläßt er sie genau dort. Vielleicht muß ich diese Ansicht nach noch einmal 10 Jahren Training korrigieren, zur Zeit jedoch fügt sie sich nahtlos in andere Erfahrungen ein.

Dazu paßt auch der fundamentale Bibelspruch "Am Anfang war das Wort." Er stößt immer wieder jedem Remote Viewer auf, der nicht nur im Denken an Themen (Targets) sondern auch in Formulierungen nachlässig wird. Was man nicht fragt, wird nicht geviewt, was durch die Art der Frage ausgeblendet wird, kann nicht erfaßt werden. (Manchmal kommt man nur durch die relativ unspezielle "Türöffnerfunktion" einer Stufe 5 zu Informationen, die sonst nicht hätten angepeilt werden können.)

Schon mit der Targetformulierung kann man genau das ausschließen, was sich vielleicht erst erheblich später als der wahre Kern der Untersuchung herausstellen könnte, weil man sich nicht vorzustellen vermag, welche Lösungsmöglichkeiten in einem Problem stecken. Kriminalfälle dieser Art füllen Bände: Der Überfall, den es nicht gab, der Einbrecher, der der Eigentümer selbst war, und so weiter.

Faßt man diese Möglichkeiten nicht mit ins Auge, kann es zu längeren Exkursionen in der Matrix kommen, die für den Monitor keinen Sinn ergeben und nicht dazu führen, die Lösung anzusteuern.

Remote Viewer waren auf fernen Planeten, sogar solchen, die Lichtjahre entfernt sind. Ihre Angaben deckten sich genau mit den Erkenntnissen der Astronomen. Es ist schwer zu sagen, ob es ihnen half, daß sie von vornherein das ihnen zugängliche Informationsfeld *Matrix* nannten und darunter das ganze Universum verstanden, analog zur Äther-Theorie, die postuliert, daß ALLES eins ist und unteilbar. Wären diese Sessions vielleicht anders ausgefallen, wenn sie auf der Basis der Akasha-Chronik verlaufen wären, mit der Prämisse, daß darunter nur das Informationsfeld unseres Planeten Erde zu verstehen sei? Wäre es dann für sie nicht möglich gewesen, zu fernen Sternen zu reisen? Wir haben es nicht ausprobiert, weil wir immer die Matrix im Kopf hatten.

Für manche mag sich diese Überlegung wie Haarspalterei anhören oder einfach nur wie durchgeknallt. Remote Viewer sehen das nicht so einfach.

Wer bis hier den Lehrbüchern und auch anderen Publikationen gefolgt ist und – noch besser – auch eigene Erfahrungen gemacht hat, wird diese Überlegungen verstehen. Remote Viewer haben erfahren, wie komplex alles in unserer Welt miteinander verknüpft ist. Für andere unsinnig erscheinende Gedanken müssen sicherheitshalber auf ihre enthaltenen Möglichkeiten geprüft werden.

Wenn also diese Verknüpfungen bestehen, wenn wir Wörter und Formulierungen als Durchführungswerkzeuge benutzen können, wenn wir damit auch eine präzise Navigation erreichen und wenn das Ablesen von Informationen deren Veränderung bewirken kann, ist doch die Geschichte von der reinen Informationsbeschaffung, wie sie am Anfang von den amerikanischen Remote Viewern verbreitet wurde, ein unhaltbares Kindermärchen, oder? Dann ist doch viel, viel mehr dahinter, nicht wahr? Dann müssen wir uns mit den daraus resultierenden Konsequenzen befassen.

"There is much more to Remote Viewing than they dare to say...", las ich auf einer Webseite, die inzwischen wieder verschwunden ist. Auf der Suche nach Erkenntnis sind es immer die Fehler, die einen weiterbringen. Deshalb liebe ich auch Sessions, die schiefgehen. In jeder daneben gegangenen Session steckt eine neue Erkenntnis. (Nun gut, nicht in jeder, es gibt Doubletten!)

Lassen Sie mich noch mehr von diesen Sessions erzählen, in denen Schwierigkeiten auftraten, Schwierigkeiten der unterschiedlichsten Art, Abläufe, die noch nicht in einem der vorhergehenden Bücher standen oder nicht so dargestellt werden konnten.

Energiereiche Ereignisse, die sich in einem Targetbereich befinden, beeinflussen den Viewer. Sie können ihn fröhlich stimmen, aber auch traurig. Ihre Wirkung kann so groß sein, daß der Viewer sich ihr nicht mehr entziehen kann, daß sie ihn überwältigen. Die Zukunft eines geviewten Menschen kann so schrecklich sein, daß der Viewer plötzlich anfängt, hemmungslos zu weinen und allein nicht mehr aus der Situation herausfindet. Dafür habe ich schon im zweiten Buch Hilfsmaßnahmen veröffentlicht. (In diesem Buch werden wir uns mehr damit beschäftigen.) Oder er fühlt sich persönlich bedroht. Es gab im letzten Jahr eine Session, in der der Viewer bereits in der Stufe eins abbrechen mußte. Das Target war eine Kriegshandlung und erinnerte den Viewer an eigene furchtbare Kindheitserlebnisse in diesem Zusammenhang, ohne daß ihm dieses bewusst wurde. Die Bedeutung für die Praxis ist klar: der Viewer benötigt die Hilfe des Monitors, weil er bewusst gar nicht weiß, gegen welche Sache er angehen soll. Der Ratschlag "dann löse dich eben pauschal von allem Unangenehmen" ist ein beinahe sträflicher, denn in fast allen Fällen aus meiner Erfahrung war der Viewer nicht mehr in der Lage, aus eigenem Antrieb diesen Vorgang in Gang zu setzen.

Ich weiß von einer ganzen Reihe von Sessions, die problematisch wurden und (oder weil sie) das Target "Aliens auf der Erde" in irgend einer Variante hatten. Ich möchte an dieser Stelle nicht diskutieren, ob es Aliens gibt oder nicht, Fakt ist, daß es Viewern passierte, daß sie während einer Session eine Situation beschrieben, in der sie sich als Person in der Nähe von einem oder mehreren Aliens befanden, als wäre diese Situation völlig real.

Dieses Vorkommnis trat auch bei Viewern auf, die vorher nichts von Aliens und den damit verbundenen UFO-Geschichten gehört hatten.

Die Varianten dieser Situation sind folgende:

1. "Der Mann steht plötzlich vor mir. Er ist groß und blond. Er fragt mich, wo ich herkomme. Ich sage, ich habe mich hierher geviewt. Er sagt, Viewer hätten hier nichts zu suchen. Er bittet mich, wegzugehen und nicht wiederzukommen."

2. "Die Person in der weißen Robe ist freundlich. Sie fragt, warum in letzter Zeit (!) so viele kommen. Wenn ich etwas fragen möchte, solle ich es jedoch tun. Er weist aber darauf hin, daß sie nicht genug Leute hätten, um alle Fragen zu beantworten und alle Viewer zu empfangen."

3. "Ich stehe in der Mitte. Sie sind klein und haben einen großen Kopf und schrägstehende große Augen. Sie haben einen Kreis um mich gebildet. Sie wollen mich greifen. Ich habe Angst. Ich möchte weg. Sie wollen mir etwas antun!"

4. "Sie verfolgen mich. Sie möchten mich fangen oder umbringen. Aber das können sie doch nicht, ich bin doch nicht wirklich dort, oder? Jetzt hebt er eine Waffe und schießt auf mich!"

5. "Jetzt hat er mich bemerkt. Er dreht sich um und sagt: >Ihr schon wieder! Das ist hier nichts für euch!< Und er hebt die Hand und macht irgend etwas. Ups! Wo bin ich? Ach ja, ich sitze hier am Tisch und viewe. Aber was? Das ist ja komisch. Ich komme nicht mehr dorthin, wo ich eben war. Er hat mich rausgeschmissen!"

Wie gesagt, das sind die Standardsituationen, die bei UFO-Targets auftreten können. Es gibt einige Varianten davon, aber sie lassen sich meist in diese Kategorien einordnen. Was passierte in der Session? War der Viewer wirklich vor Ort? Hätte man ihm wirklich etwas tun können, wenn der Monitor nicht eingegriffen hätte? Ganz abgesehen von der Frage, wer diese "Leute" waren und was sie so viel mehr konnten als der Viewer.

Dazu noch eine andere Facette: In mehreren Sessions erklärte der Viewer plötzlich, nachdem er einige Details zu wirklich heiklen Targets aufgedeckt hatte: "Nein, das stimmt alles nicht. Das soll ich jetzt sagen. In Wirklichkeit ist es ganz anders, aber das kriege ich nicht zu fassen!"
Auch mit geschickten Formulierungen war dem wahren Inhalt nicht beizukommen. Es kam immer das Gleiche heraus und ein unsicheres Gefühl machte sich breit.
Diesen Vorgang kann man übrigens auch mit verschiedenen Viewern durchführen. Es besteht keine Schwierigkeit, einen Viewer die Session eines anderen weiterführen zu lassen.
In diesem Rahmen machte auch die amerikanische Viewerin Prudence Calabrese, ausgebildet von Courtney Brown, darauf aufmerksam, daß man auch viewen könne, auf welchen Targets andere Viewer sich bewegten, was sie herausgefunden hätten und sogar, was sie in Zukunft zu diesem Thema herausfinden werden.
Sie nannte diesen Effekt *Multitasking* und strich heraus, daß der ursprüngliche Viewer kaum mitbekommen würde, was da mit ihm getrieben würde.
Wir sind hier, wie schon gesagt, im vierten Teil des RV-Lehrbuches. Dieses Buch ist eigentlich für diejenigen bestimmt, die die Kenntnisse der vorhergehenden drei Bücher auch in der Praxis vertieft haben. Ich weiß, daß diese Personen bei den in diesem Kapitel beschriebenen Beispielen meist genickt haben und dabei an

eigene Erfahrungen dachten. Allen jenen, die diese Bücher nur lesen ohne selbst zu viewen, kann ich weiterhin viel Spaß, eine Gänsehaut oder etwas Nachdenklichkeit wünschen. Die Thematik selbst wird sie jedoch nicht so sehr berühren, wenn sie nie in der Matrix waren.

Remote Viewer mit einiger Praxis werden nun aber fragen: "Kann ich in einer Session vielleicht sogar übernommen werden? Kann es sein, daß ein Monitor, der irgendwo anders auf dieser Welt sitzt, mich über einen anderen Viewer übernimmt und steuert?"

Prudence Calabrese nennt diesen Vorgang *Hijacking*. Die Entführung und Geiselnahme des Viewers.

Mit diesen vielen Beispielen haben wir uns weit von dem ursprünglichen Definition von Remote Viewing, nur Informationen herausfinden zu wollen, entfernt. Erfahrene Viewer werden bestätigen, daß es ein schleichender Prozess war. Erst gab es eine komische Session, die irgendwie daneben gegangen schien. Dann passierte eine andere, gefährliche, es gab unverhoffte Begegnungen. Alles Beispiele, wie ich sie genannt habe. Dann machte man eigene Experimente, nachdem man merkte, daß da noch mehr sein muß. Einige meiner Trainees haben inzwischen begonnen, bewusst die Interaktivität mit der Matrix zu erspüren. Sie betreiben *Active Remote Viewing* oder *Remote Influence*, beschäftigen sich also damit, die Matrix nach ihren Vorstellungen zu verändern.

Dabei haben sie festgestellt, daß Remote Viewing nie passiv war, ja, daß kein Lebewesen passiv ist, daß alle mitspielen in der Matrix, mit oder ohne Session. Wenn es Zauberei ist, sind alle Menschen Zauberer. Mehr oder weniger, bewusst oder unbewusst.

Natürlich ist man im Vorteil, wenn man das weiß und wenn man damit umgehen kann. Wenn man Werkzeuge zur Verfügung hat, hier präziser zu sein als andere, wenn man bewusst erlebt, was gerade passiert und sich auch schützen kann vor Übergriffen.

Obligatorisch muß ich an dieser Stelle warnen: niemand wird je in diesen Bereichen perfekt sein. Diese Vorstellung sollte sich jeder gleich von vornherein abschminken. Das Universum ist zu komplex, der menschliche Geist ein doch zu kleines Licht.

Und der Disclaimer folgt noch einmal auf dem Fuß: ich bin nicht verantwortlich für alle Experimente, die Leser mit dem hier ausgebreiteten Wissen anstellen. Ich warne aber noch einmal davor, sich zu übernehmen.

Es stellt auch keinen Straftatbestand dar, die hier beschriebenen Möglichkeiten anzuwenden. Wissenschaftlich und juristisch betrachtet sind Remote Viewing, Hellsehen und Zaubern sowieso nicht bewiesen, lächerlich und irrelevant.

Ganz gleich, wie man es sieht, der Anwender muß lediglich eines: die Folgen aushalten können. Der Herr Geheimrat J.W.v.Goethe wußte sehr wohl, warum er den "Zauberlehrling" schrieb. Es lebt sich auch ganz gut, wenn man nur zuschaut und die Werkstatt fegt.

Aber Menschen sind eben, wie sie sind: neugierig. Und die meisten erliegen ihrer Neugier. So schlecht kann ich gar nicht schreiben, daß Sie an dieser Stelle die Lektüre abbrechen, denn die Fakten sind faszinierend. Wenngleich, und darüber werde ich auch ganz besonders referieren, nicht alles "hexbar" ist. Vieles, was im Internet unter Remote Influence angeboten wird, ist natürlich haarsträubender Unsinn. Ich werde versuchen, das zu begründen, auch wenn es schmerzhaft für die Gläubigen ist. Aber was übrigbleibt, ist erstaunlich genug.

2.Kapitel: Aktives RV- eine Vorgeschichte

In der Schule war ich furchtbar schlecht in Geschichte. Ganz bestimmt lag es an den Lehrern. Später stellte ich fest, daß es oft recht nützlich ist, sich historische Zusammenhänge bewusst zu machen. Viele spezielle Fragen beantworten sich plötzlich von selbst. Zum Beispiel die Frage, warum das vorliegende Buch erst 2007 erscheint.

In diesem Zusammenhang ist es nützlich, in das Jahr 1995 zurückzugehen. In diesem Jahr wurde die Remote Viewing-Technik durch den Freedom-of-Information-Act (FOIA) aus der Geheimhaltung entlassen. Bis auf ein paar Artikel im *Journal of Scientific Exploration* gab es praktisch keine Literatur über das Thema.

Das zu dieser Zeit für viele aktuelle andere Bücher stehende "PSI-Agenten" von Ernst Meckelburg informierte über besorgniserregende Möglichkeiten einer Manipulation oder gar Kriegsführung mit PSI wie alle anderen Bücher der 70er Jahre auch nur auf der Basis recherchierter Einzelfälle von "Begabten". In diesem Buch beginnt die Berichterstattung über Remote Viewing mit einer Demonstration von Ingo Swann im SRI, der ein abgeschirmtes Magnetometer so beeinflußte, "daß sich die Frequenz der oszillierenden Kurve etwa 30 Sekunden lang verdoppelte". Swann erklärte, er habe eine Vision des Innenlebens des Gerätes gehabt und seine Einzelteile "betrachtet". "Und dann?", fragt man sich, "Was hat er dann gemacht?"

Seine Antwort war, er habe sich "vorgestellt, wie sich die Kurve veränderte".

Danach ist in diesem Buch nur noch von "Fern*wahrnehmung*" die Rede und vom Ausspionieren sowjetischer Geheimplätze. Kein Wort mehr davon, daß am Anfang eine aktive Aktion stand.

Ende 1995 schon brachte Ed Dames Remote Viewing nach Deutschland, aufgespürt durch den umtriebigen Michael Heesemanns um seinem großen UFO-Kongress eine besondere Facette zu verleihen. denn Dames beschäftigte sich mit dem Aufdecken von außerirdischen Phänomenen mittels RV. Der Zusatzeffekt des Vortrages war, daß sich zehn Deutsche in den USA ausbilden ließen, sicherlich ein gern genommenes Zubrot in der

Portokasse von PSI TECH, der seit 1989 bestehenden Dienstleistungsfirma für übersinnliche Angelegenheiten.

Den Widerspruch zwischen diesem Gründungdatum und der bis 1995 bestehenden Geheimhaltung konnte lange Zeit niemand erklären und er läßt auch bis heute einigen Raum für Spekulationen. Das offizielle Statement der damals beteiligten Viewer ist, daß nur die Ergebnisse geheim waren, nicht aber die Methode, mit der sie ermittelt wurden. Deshalb konnten sie auch schon 1989 jederzeit auch für andere Auftraggeber als die CIA viewen. Aha.

Die ersten Bücher, die sich wirklich kundig mit Remote Viewing befassen, ließen immer eine gehörige Portion Zweifel an dieser Version aufkommen. 1996 erschienen in den USA "Alien Agenda" von Jim Mars und "Psychic Warrior" von David Morehouse. Das war (stark verkürzt) mein Horizont, als ich 1996 mit der Methode in Kontakt kam.

Erst 1997 kamen McMoneagles "Mindtrek" und Jim Schnabels "Remote Viewers" in den USA heraus, wo erstmals Genaueres über die "Erfindung" und praktische Anwendung von RV zu lesen war. Erst ein Jahr später wurden die beiden Bücher in Deutsch veröffentlicht. In keinem dieser Bücher aber stand etwas über aktive Komponenten des Protokolls; nachhinein betrachtet muß man fast sagen, daß sie krampfhaft weggelassen scheinen. (Ingo Swanns "The real story" gab es nur als e-book im Internet: auf seiner Homepage.) Die Trainingstapes von Ed Dames kamen ebenfalls 1997, waren aber zunächst nur in Amerika erhältlich. Von Deutschland aus gelang es uns nicht, sie direkt zu kaufen. In keinem dieser Publikationen war von aktivem RV die Rede, nur die Fähnchenhalter der Verschwörungstheorien mutmaßten, daß es das gäbe, ohne allerdings methodisch irgendwelche Einzelheiten zu bringen. Das alles förderte nicht unbedingt unser Vertrauen in die Möglichkeit, eine allzu freie Diskussion der Konsequenzen zu verbreiten.

Als ich 1998 begann, die Erlebnisse der deutschen Remote Viewer aufzuschreiben, war uns bereits soviel Merkwürdiges passiert, daß ich sicher war, es sei erheblich gesünder, wenn ich einige Dinge ebenfalls aus meinem Buch herausließ. Ich beschränkte mich also auf ein paar Andeutungen. Im Jahr 2000 erschien dann endlich "Tanz der Dimensionen", nachdem es ein Jahr lang fertig herumgelegen hatte. Die Situation auf dem Buchmarkt war aber nicht wesentlich geändert. Die amerikanischen Autoren (welche auch sonst?) bespiegelten zumeist den eigenen Nabel während der glorreichen Zeiten zwischen den Auftritten von Pat Price und Uri Geller im SRI Anfang der 70er Jahre und dem Einsatz der *Psychic Spies* im (ersten) Golfkrieg.

Die einzige Information, die ich im Hinblick auf eine mögliche Stufe 7 in der Abfolge des Protokolls Damescher Lesart hatte, war ein kurzer Hinweis bei Schnabel, daß man probiert habe, über die Stufe 6 hinaus auch an sprachliche Informationen in der Session zu kommen. [2]

Die Idee war dabei, daß man den Viewer durch Vorgaben bestimmter Laute dazu animieren wollte, gedruckte Worte im Zielgebiet zu ermitteln, also sozusagen in der Session auch zu lesen. Ich denke, es ist verständlich, wie ich angesichts dieser Front befand, daß ich mich mit "Tanz der Dimensionen" schon weit genug vorgewagt hatte, denn dort standen eine ganze Menge an Informationen und Schlußfolgerungen, die nicht in den amerikanischen Büchern zu finden waren. Das fand ich damals heikel genug und kann diese Position heute noch gut verstehen.

Erst 2002 erfuhr ich, daß auch in Amerika über die aktiven Phänomene des Remote Viewing nachgedacht und – aha! – auch referiert wurde. Lyn Buchanan hielt auf dem "internationalen" Treffen der Remote Viewer Amerikas (IRVA) Vorträge über "Remote Influence". Mit Spannung verfolgte ich seine Ausführungen (auf VHS in USA erhältlich) bezüglich der Vorgeschichte seiner Erkenntnisse über aktives RV.

"Damals in der Einheit, in Fort Meade", erzählte er, "hat es nie *Remote Influence* gegeben. Wir hatten ein dickes Buch, in dem alles geschrieben stand, was wir dürfen und was nicht. Man sagte uns, daß jede aktive Anwendung von Remote Viewing zur Folge hätte, daß man dem Staat "Mind Control" vorwerfen würde. Also war uns das damals verboten und wir haben es nicht getan."

Nun bin ich gern geneigt, Ehrlichkeit und Integrität einer Persönlichkeit wie Lyn Buchanan zugrundezulegen, aber andererseits haben Geheimdienste generell, nicht nur amerikanische,

---

[2] Später wurde von verschiedenen US-Anbietern ins Internet gestellt, daß es die Stufen 7 bis 9 gegeben haben soll. Man versuchte offenbar, telepathische Vorgänge während einer Session zu erreichen.

gegen geltendes Recht verstoßen und sie taten das auch ungehindert, denn ihre Aktivitäten waren ja "geheim". Nie würde jemand erfahren, was wirklich gelaufen war, wenn es "top secret" und "classified" bliebe, und das war auch für viele Einsätze der Amerikanischen Remote Viewer kein Problem. Auch nach dem FOIA-Akt blieben ihre Ergebnisse außerhalb des öffentlichen Zugriffs. Die Seiten, die herausgegeben wurden, waren geschwärzt. Deutsche und auch Amerikanische Autoren wie Meckelburg, Lammer, Dr. Gruber, Jim Keith und Henry Gris stützen sich fast ausschließlich auf Berichte von Personen, die dabei gewesen sein wollen oder davon gehört haben. Akteneinsicht hatte offensichtlich keiner von ihnen.

Selbst ein Colonel John Alexander, zu Zeiten im Fort Meade Projekt leitend involviert, stellte in seinen Äußerungen und Artikeln nur Mutmaßungen über die Möglichkeit an, Telepathie als Waffe zu verwenden. Sein substanziellster Beweis bleiben noch immer von Remote Viewern verbogene Gabeln, die er in dem Video "The Real X-Files" von Jim Schnabel vor der Kamera präsentiert.

Wenn Buchanan gelegentlich deutlich macht, daß Remote Influence allein auf seine Forschungsarbeit nach seiner Entlassung aus der Armee zurückzuführen sei und er während seiner Zeit in der RV-Einheit nur gedacht hatte, da müsse es mehr geben, weil ihm einige merkwürdige Effekte aufgefallen waren, dann muß man das skeptisch bewerten.

Alle damals Beteiligten gaben zu, daß es sogar sogenannte "Löffelbieger-Parties" unter der Initiative des damaligen Projektleiters General Stubblebine gegeben hat. Nun gut, Stubblebine wurde unter anderem deswegen versetzt, aktives RV hat aber zweifellos stattgefunden.

Die deutsche und die amerikanische RV-Szene hatten in den Jahren 1997 bis 2005 wenig Kontakt. Die ehemaligen Trainees von Ed Dames sprachen nicht mehr mit ihrem Lehrer, die Tournee von Joe McMoneagle Oktober 1998 blieb letztlich eine Promotion-Tour für sein Buch "Mind Trek" und Besuche von Leonard "Lyn" Buchanan und Paul Smith 2005 in Old Germany blieben auch ohne nachhaltigen Einfluß, obwohl beide praktisch der Vorstand der IRVA sind. Smith machte nur einen nostaligisch-privaten Besuch in süddeutschen Orten, an denen er einmal als Soldat stationiert war und Buchanan gab einen Einführungskurs in RV, ohne aber tatsächlich weitere Kontakte hier zu suchen.

Unter diesen Aspekten fand ich es hoch interessant, daß die Aussagen aus meinen methodischen Untersuchungen sehr ähnlich den Ergebnissen waren, die Buchanan als eigene Forschungsergebnisse präsentierte. Andererseits unterscheiden sich unsere Standpunkte aber zutiefst, was ich in einem speziellen Kapitel darstellen möchte. An dieser Stelle möchte ich nur noch einmal ins Blickfeld rücken, daß eine der wichtigsten Erfahrungen von Remote Viewern diese zu sein scheint: es ist völlig gleichgültig, welche Wege man beschreitet und welche Grundlagen man für Theorien und Projekte auswählt, nach einigen Jahren trifft man sich bei genau den gleichen Ergebnissen und Aussagen. Eigentlich wäre damit die grundlegende Voraussetzung für Friede, Freude, Eierkuchen unter den Remote Viewern gegeben. Tragischerweise handelt es sich bei den Betroffenen immer um Menschen mit ihren bekannten Schwächen. Mal sehen, ob ich mich aus diesem Konflikt heraushalten kann, auf jeden Fall werde ich versuchen, die jeweiligen Standpunkte neutral zu erörtern. Ich fand es nur wichtig, zu zeigen, wie alles begann. Und wie ich dann durch die folgenden Vorgänge geradezu gezwungen wurde, ein erstes Mal so entschlossen in die MATRIX einzugreifen, daß ich Grund hatte, dort weiterzumachen. Sonst wäre vieles vielleicht nicht so früh passiert. Und es wäre nicht so viel Zeit und Gelegenheit gewesen, Erfahrungen zu sammeln und zu sortieren, was mir jetzt beim Schreiben zugute kommt.

Konkret begann die Geschichte der Stufe 7 in Deutschland an einem wunderschönen, sonnigen Sommermorgen. Am Freitag, dem 15. August 1997 war ich mit meiner Familie unterwegs zu einem Filmfest in der Nähe von Frankfurt. Wir standen auf einem Rastplatz hinter Kassel. Bevor wir weiterfahren wollten, rief meine damalige Frau noch zu Hause an, um sich zu vergewissern, daß alles in Ordnung sei.

Sie zückte das Handy, wählte, sprach ein paar Sätze und brach schreiend zusammen. Ich hatte gerade die Kinder (drei und vier Jahre alt) davor bewahrt, auf die Fahrbahn zu rennen und eilte nun erschrocken zu ihr.

"Was ist los?"
Wer mein erstes Buch über Remote Viewing, "Tanz der Dimensionen" gelesen hat weiß, was passiert war. Wir hatten damals vier Katzen, und eine war etwas ganz Besonderes. Ein schwarzer Burma-Kater, ein stolzer Mini-Panther, der ihr vor Jahren ganz klein hinter einer Mülltonne entgegengekommen war. Ihr erstes Kind, wie sie immer sagte. Und jetzt war er überfahren worden, vor unserer Haustür. Ich will die ganze folgende Geschichte nicht wiederholen. Soweit ich weiß, haben die meisten der Lehrbuch-Leser ohnehin mein erstes Buch gelesen.

Dort stand, daß wir eine Session mit Gunter Rattay machten, um aufzuklären, wie dieses Unglück hatte passieren können.

Was nicht in diesem Buch stand, war, was danach geschah.
Meine Frau konnte sich nicht über den Verlust ihres Lieblingskaters beruhigen.

"Es ist, all ob alles aus mir herausfließt!", klagte sie, "Freude, Hoffnung, Leben, Stärke, alles." Und so sah sie auch aus.

Man hat ja schon einiges über psychosomatische Effekte gehört. Sie zerfiel förmlich, ich machte mir große Sorgen, von Stunde zu Stunde mehr. Es war nicht zu ertragen. Dann hatte ich eine Idee.

Früher hatten wir schon des öfteren mit Gunther über die Konsequenzen von RV-Erlebnissen gesprochen. Er war immer ein offener Gesprächspartner, immer bereit, mitzudenken. Schon vorher stimmte er mit mir überein, daß da mehr sein mußte als nur Fernwahrnehmung.

Später am Nachmittag fragte ich ihn, ob wir nicht eine andere Art von Session machen können. Es müsse etwas geschehen.

"Nun", meinte er, "wir können das ja mal versuchen. Aber wir müssen im Rahmen des Protokolls bleiben."

Ich stimmte ihm zu. Nichts anderes hatte ich gedacht. Man müßte die Form nur etwas anpassen, neue Kategorien aufmachen, neue Aufforderungscharaktere finden. Nach einiger Diskussion einigten wir uns auf einen Ablauf, den ich zwar später noch verbessert habe, dessen Grundidee aber überlebt hat.

Da mir im Protokoll sowieso schon die Parallelen zu den ergebnisorientierten Stimuli von NLP (Neuro-linguistisches Programmieren) aufgefallen waren, gab es keine größeren

Schwierigkeiten, auf dieser Basis erste RV-Werkzeuge zu entwerfen.

Und gleich danach probierten wir sie aus. Vielleicht war es etwas sehr unverfroren, aber wir hatten schließlich einen Notfall.

Wir baten meine Frau in eine Session, in der sie viewen sollte. Nach einigem Zögern willigte sie ein; vielleicht dachte sie, wir wollten zaubern und ihr den Kater wieder lebendig machen.

Das Target war sie selbst "als Person zum gegenwärtigen Zeitpunkt mit der Option, ihren Zustand zu verbessern."

Sie kam auch sehr richtig sofort auf lebendig und in der ersten Stufe 3 produzierte sie die Ansicht einer Giftküche, "wie chemisch", in der es gärte und brodelte und überlief. Um das Ganze herum zeichnete sie eine Blase. "Das ist irgendwie innen, und die ganzen verschiedenen Töpfe die da kochen, sind nur ein Symbol für irgendeinen Vorgang, weiß nicht was."

Genau. So sah es also in ihr aus. Die Blase ähnelte auch verblüffend dem Umriß eines Kopfes.

Im weiteren Verlauf erklärte sie, daß irgendwo ein Loch sei, ein Ausgang, der da nicht sein sollte, ein Fehler in der Blase, durch den alles ablief. Wer bis hier RV betrieben hat, weiß, daß der Viewer wirklich keine Ahnung vom Target hat und seine Äußerungen höchstens in völlig unzutreffender Weise auf bestimmte Situationen bezieht, was man dann AUL nennt. Hier hätte es beispielsweise "auslaufender Treibstofftank" sein und zu dem AUL "Flugzeugkatastrophe" führen können.

Aber sie hatte keine AULs und ihre Wortwahl war die typische reduzierte, verständnislose Art, die ein Viewer normalerweise in der Session an den Tag legt.

Im Laufe der Stufe 6 konstruierten wir einige Bedienungs-elemente, die virtuell für reale Bezüge standen und ließen die Viewerin diese verändern. Auf einem extra Blatt hatten wir die Bedeutungen notiert und der Ablauf fand bereits unter Aufrufung von Kontrollmechanismen statt, die wir später in der Struktur der Stufe 7 wiederfinden werden. Damals allerdings machten wir keine angekündigte Stufe 7 und ich empfehle auch weiterhin, so zu verfahren.

Durch solch eine Ankündigung kann es vorkommen, daß der Viewer aus der Session herausfällt, weil das Wachbewusstsein feststellt, "aha, jetzt wird hier etwas beeinflußt!" und sich dann auf eventuelle Inhalte konzentriert.

Aus Hypnosesitzungen während meines Psychologiestudiums kannte ich bereits das Beenden und Herausführen, das Einzige, das ich bei näherer Kenntnis von RV im Protokoll immer vermißt hatte. Jetzt schien mir der Moment gekommen, dieses Manko auszufüllen. Und es funktionierte.

Nach Beendigung der Session erklärte meine Frau, wie erstaunlich es sei, sie fühle sich plötzlich nicht mehr so ganz furchtbar. Sie trauere nach wie vor sehr, aber ihr Körpergefühl hatte sich erheblich verbessert.

Nun gut, könnte man hier sagen, das war sicher nur für diesen Fall gültig und die Frau wußte, was wir mit ihr gemacht hatten. Diesen Einwand kann ich an dieser Stelle natürlich nicht entkräften, wie überhaupt die Eingriffe einer Stufe 7 oft schwer zu überprüfen sind. Es ist hier wie mit allen Targets, die man nicht kennt und die man mit Remote Viewing erforschen will: sicher ist man erst, daß der Viewer recht hatte, wenn man später selbst am Zielgebiet eintrifft und sich umschaut.

Doch Stufe-7-Abläufe haben leider keine Postkarten in einem Umschlag.

Da aber die Erfahrung zeigt, daß sich der erfahrene Viewer äußerst selten irrt, nehmen wir die Treffergenauigkeit aus den Trainingssessions (wo wir ja noch zum Vergleich in den Umschlag schauen können) als die generell praktizierbare Fähigkeit hin, jeden, auch einen unbekannten Ort zu viewen, wenn alle Regeln beachtet werden. Und genau so verhält es sich auch mit dem aktiven Remote Viewing. Die Bestätigung bekommen wir sehr häufig nach einiger Zeit, wenn Situationen auftreten, wie sie in der Session beschrieben wurden.

Die Überprüfbarkeit von aktiven Anwendungen, wie ich sie im Rahmen dieser ersten aktiven Session beschrieben habe, widerfuhr mir jedoch viel früher und intensiver, als ich mir vorgestellt hatte, nämlich in Notsituationen, wenn der Viewer von den Inhalten der Session persönlich mitgenommen wurde.

In diesem Rahmen muß ich klarstellen, daß die oben erzählte Session die erste und letzte sein wird, zu der ich die Namen der Beteiligten und anderer Bezugspersonen preisgeben werde.

Anwendungen der Stufe 7 sind zu heikel, oft zu sehr auf bestimmte Personen und ihr spezielles Erleben, kurz: ihre Intimsphäre bezogen, daß man sie nur verallgemeinert darstellen kann. Nehmen Sie deshalb alle Beispiele als durchaus real, aber eben auch als illustrierende Generalisierungen hin. Etwas Besseres kann ich ohnehin nicht bieten: ich bin nicht gewillt, diese einfachsten Regeln der Diskretion zu verletzen. Intern unter Viewern kann das anders aussehen, da kann man sich schon einmal persönlich über Erlebtes austauschen. Es ist die eigene Erfahrung, die einem beibringt, wie man damit umzugehen hat und man gewinnt die Erkenntnis: "was du nicht willst, das man dir tu, das füg' auch keinem andern zu!"

Die erste Variante der Stufe 7, die ich häufig anwendete, war demzufolge auch die Herausführung. Dieser Prozeß war und ist aus anderen Techniken bekannt; Hypnosesitzungen, Rückführungen, Familienaufstellungen, praktisch alle Arten von psi-aktiven Anwendungen verlangen danach. Es ist ein natürlicher Vorgang, selbst Sportler müssen nach einer Leistungsphase, egal ob Training oder Wettkampf "herunterkommen". Auch im Alltag benötigt man nach getaner Arbeit das Aufräumen und Einpacken zum persönlichen Distanzieren. Und nach der Disco-Strapaze kommt das Chill-Out.

In der Version, wie Remote Viewing nach Deutschland kam, genügte es, wenn der Monitor sagte:

"So, jetzt beenden wir mal die Session. Mach mal drei Striche, distanziere dich von der Session. Schreib hin: Ende 16.50 Uhr." Noch 2002 war das offenbar der Standpunkt der amerikanischen Viewer, wie ich einem Vortrag von Lyn Buchanan, der in den USA auf Video vertrieben wird, entnehmen konnte. ("Write: end! It works!")

Ich bemerkte schon bald, daß diese Kurzfassung zu wenig war. Je besser die Viewer wurden, desto intensiver hingen sie in der Matrix. Die Folge davon war häufig, daß sie noch lange nach der Session in den Inhalten herumpaddelten. Am Anfang findet man das noch erstaunlich, interessant und erzählt davon gern wie ein Segelschiffer von Kap Horn. Im Laufe der Zeit aber wird dieser Vorgang recht lästig. Dann ist man oft froh, wenn einem der Monitor nach einer anstrengenden Sitzung noch zu einem geordneten Rückzug verhilft.

Mit der steigenden Übung und immer besseren Resultaten in den Sessions stieg schon 1997 in Deutschland die Zahl der Bilokationen, wenn also ein Viewer so stark im Zielgebiet hing, daß ihm die Entscheidung schwerfiel, welches Gebiet jetzt das war, in dem er sich auch körperlich befand. Damit ging auch die Übernahme von Inhalten des Targets einher. Beim ersten deutschen Projekttreffen von ausgebildeten Remote Viewern (bei Gunther Rattay in Frankfurt/M.) konnte ich eines dieser Geschehnisse eher zufällig auf Video aufzeichnen.

Das Target war die Marspyramide. Die Viewerin geriet in die bekannte Geschichte als der Mars durch Nahbegegnung mit einem größeren Asteroiden oder Kleinplaneten seine Lufthülle verlor. Zu dieser Zeit war dort einiges Leben vorhanden und der Tod von so vielen Wesen brachte die Viewerin völlig außer Fassung. Sie begann, heftig zu weinen und war völlig außerstande, überhaupt irgend etwas zu tun.

Diese Geschichte begab sich knapp zwei Wochen vor dem schon erwähnten Katertod und mir war die Problematik des Herausführens noch nicht klar. Man kann alles im Video mitverfolgen. Tom Tankiewicz, der diese Session leitete, brach zwar ab ("Schreib hin: Ende!") und versuchte, die Frau zu beruhigen, es wurde aber deutlich, daß seine amerikanischen Lehrer hier etwas vergessen hatten. Oder war es ihnen nicht wichtig gewesen?

Nach der Erfahrung mit der Revitalisierungs-Session ging ich viel beruhigter in die folgenden problematischen Targets. Im Ernstfall, das wußte ich nun, hatte man ein schnelles und effizientes Mittel, dem Viewer zu helfen. Pauschal kann man sagen, daß man dieses Wissen in jeder zehnten bis zwanzigsten Session gut gebrauchen kann. (Irgend einen der Stufe-7-Effekte benutze ich heute in fast jeder operationalen Session.)

Mit ersten Erfolgen im Rücken wird man mutiger. Der Zauberlehrlings-Effekt tritt ein. Ich ging weiter.

Wir führten viele Diskussionen um die Möglichkeiten und Konsequenzen unserer Ergebnisse. Uns wurde mehr und mehr klar, daß nicht nur der Viewer etwas aufnimmt und die Session nicht so wie vorher verläßt. Auch die Matrix selbst ist danach nicht mehr die gleiche. Warum das nicht absichtlich herbeiführen, dachte ich.

Was folgte, waren einige Versuche zur Veränderung der zu erwartenden Wahrscheinlichkeit, also ein genau definiertes "Wünschen". Darüber später mehr.

Inzwischen hatte mich aber der bekannte Matrix-Effekt eingeholt. Wie wir feststellen mußten, erwischt es jeden, der mit Remote Viewing beginnt, den einen früher, den anderen später. Den einen mehr, den anderen weniger. Ich bin im letzten Kapitel des dritten Teils dieses Lehrbuchs schon darauf eingegangen.

1999 brach alles auseinander. Remote Viewing in Deutschland hatte seinen Untergang. Das ISFR löste sich auf, Beziehungen flogen auseinander. Der erste war Tom T. gewesen, den seine Freundin schon 1997 verließ. Danach hatte er privat und geschäftlich nur noch Streß, genau wie wir anderen auch. Gunther ging mit seiner Frau 1998 auseinander, und meine schenkte 1999 einem anderen ihre Gunst, witzigerweise einem Geschäftspartner. Anderen erging es ähnlich, alle mir bekannten Viewer hatten mit erheblichen privaten Umstrukturierungen zu kämpfen. In solchen Situationen ist es schwierig, auch noch Treffen zu Remote Viewing-Forschungsprojekten zu organisieren und vor allem, sie durchzuführen. Die Matrix schlug zurück und alle kämpften ums Überleben. Gunthers Haus stand bald zum Verkauf, Tom ging nach München, Lothar zurück in seinen Beruf als Lufthansa-Flugbegleiter.

Ich selbst war über ein Jahr nach Beendigung von "Tanz der Dimensionen" weg vom Fenster. Aber Remote Viewing läßt sich nicht so einfach unterkriegen. Man könnte sagen, es kam zurück zu mir und verlangte die Weiterführung.

Handlanger dieses Treibens waren alte Freunde von mir, die nun doch endlich ein Training machen wollten. Ausgerechnet dabei lernte ich eine Frau kennen, die mich auch heute noch im Leben begleitet. Sie bestärkte mich auch, weiter zu machen und die Lehrbuchserie zu beginnen. Gunther hat im gleichen Zeitraum seine neue Partnerin kennengelernt. Remote Viewing führt auch zusammen. Sogar darüber habe ich bereits viele Geschichten gehört.

Meine weiteren Erlebnisse fanden in Berlin statt, wo ich ab 2000 viel Zeit verbrachte, denn zu Hause war es sehr ruhig geworden. Es dauerte nicht lange, bis sich aus einer viewenden Sonntagsnachmittags-Kaffeerunde die "Berliner Gruppe" gebildet hatte: mehr als ein Dutzend Ausgebildete, einige kamen von Tom oder Gunther.

Die Themen waren spannend und fast nahtlos setzte ich die einmal begonnenen Versuche fort, jetzt aber spezieller, mehr in die Methode eingebunden.

Die Technik, Personen im Zielgebiet anzusprechen wurde entwickelt, Distanzierungen und Herausführungen verfeinert und plötzlich gab es die Notwendigkeit, sich mit Gefahren im Target auseinanderzusetzen.

Der Viewer wurde plötzlich von dort anwesenden Personen wahrgenommen, die eigentlich nur ein Mittel zum Zweck der Informationsbeschaffung sein sollten. Das Umdrehen des Spießes kam für alle überraschend, auch ein wenig für mich, denn die diesbeszüglichen früheren Erlebnisse, wie sie z.B. meine Ex-Frau in der Area 51 hatte, waren von mir ziemlich erfolgreich verdrängt worden.

Die damit verbundenen Ereignisse führten dazu, daß ich nun allen neuen Trainees einschärfte, bestimmte Targets nicht zu besuchen, jedenfalls nicht schon am Anfang der Ausbildung. Derweil machten aber die anderen teilweise sehr munter weiter, was ich manchmal doch haarsträubend übermütig fand. Einige dieser Erlebnisse sind mittlerweile schon in Büchern nachzulesen.

Da es also offenkundig nichts hilft, zur Vorsicht zu mahnen, (- die ich ja selbst genügend oft in den Wind geschlagen habe -) ist es vielleicht angebracht, auch hier ein paar Hilfestellungen zu geben. Auch davon mehr in diesem Buch.

Letztlich wird es unmöglich sein, die gesamte Bandbreite der Interaktion mit der Matrix darzustellen. Grundlegende Gedanken dazu finden Sie in dem bereits früher erschienenen Buch "Schritte in die Zukunft". Hier finden Sie einige (die wichtigsten?) Anwendungen in der formalen Gestaltung und (hoffentlich) ein grundsätzliches Verständnis der Vorgehensweise. Zusammen mit dem vorliegenden Buch stellt es das in "Tanz der Dimensionen" beschriebene zurückbehaltene Material dar, mittlerweile also nicht nur ein, sondern sogar zwei Bücher. "Schritte" war der erste Teil, hier folgt der zweite.

Was mir inzwischen am wichtigsten erscheint, ist auf alle Fälle *keine* Hitparade von "tollen neuen Tools" und guten Ratschlägen, wie man sie für "skills of martial art" anwenden kann, sondern der Versuch einer grundlegenden Systematik und die Darstellung übergreifender Zusammenhänge. Vielleicht gelingt, auch als Vorlage für andere Forscher, ein hinreichender Überblick. Eine perfekte Struktur wird im Moment noch von keiner Seite machbar sein. Hier muß noch erheblich mehr Erfahrung gesammelt werden, auch und gerade in kontrollierbaren Experimenten. Der Aufbau dieses Buches orientiert sich deshalb an der Chronologie genau so wie an der Hierarchie möglicher Einsatzbereiche.

3.Kapitel: Was heißt "aktiv", was ist "influence"?

An jenem 15. August 1997 kam ich nicht besonders dazu, über die Konsequenzen unserer so bedeutungsvollen Session nachzudenken. Wir hatten schließlich auch die Kinder dabei und so hieß es gleich wieder: umschalten auf Spielzeugautos und Puppenspiel. Später überlegte ich natürlich, was es überhaupt bedeutete, aktiv in die Matrix einzugreifen und was man alles bewirken könnte.
 Da wir schon vorher festgestellt hatten, daß Remote Viewing eigentlich nur die künstlich hervorgerufene und zeitlich ausgedehnte Erscheinung eines sowieso, wenn auch nur sekundenlangen, natürlichen Vorganges wie *Vorahnung* oder *déjà vu* war, blieb nur eine einzige Schlußfolgerung übrig: unser Unterbewusstsein ist zu jeder Zeit in der Matrix präsent. Nach diesen Erfahrungen lag es nahe, anzunehmen, daß wir auch zu jeder Zeit in die Matrix eingreifen, ohne daß es uns besonders bewusst ist. Manchmal mehr, manchmal weniger. Manchmal sogar sehr gezielt.
 Auch die später aus dem gesamten Betreiben von Remote Viewing erlangten Erkenntnisse lassen keinen anderen Schluß zu. Es scheint, als wäre eine andere Konfiguration gar nicht möglich: Wir können uns nicht vom allumfassenden Informationsfeld isolieren! Die Folge wäre logischerweise die sofortige Nichtexistenz, was immer das bedeuten mag. Wir existieren sozusagen durch unseren Eintrag in die kosmische Datenbank. Das Interessante daran ist aber, verglichen mit einem Computer, daß die einzelnen Daten (also z.B. alle existierenden ICHs) selbständig miteinander interagieren. Das hat für jedes Datenpaket (also für jedes Lebewesen etc.) tiefgreifende Konsequenzen. Jedes Informationsfeld, jedes Datenpaket, jedes Lebewesen ist nicht zu entfernender Teil der Schöpfung, des Universums — Teil Gottes, wenn man so will. (Da auch die moderne Physik auf Phänomene wie Quantenverschränkung gestoßen ist, wurde zwangsläufig die *Alles-ist-eins-*Äthertheorie wiederbelebt.)
 Wenn diese Überlegungen stimmen, fragte ich mich, was können wir demgemäß im UNIVERSUM verändern und wie stellen wir es an? Die Antwort ist einfach: grundsätzlich ist es möglich, jede Information zu ändern, man benötigt nur die richtige Technik. Um

Einträge im Computer zu korrigieren, müssen wir ein Programm aufmachen.

Für die Daten im Universum haben wir das Remote Viewing Protokoll "geöffnet" und es hat funktioniert. Könnte man nicht einfach die Informationsrichtung umdrehen, PSI "nach außen" schicken?

Und wenn sowieso alles nur Information ist, wäre es bei allen diesen Aktionen doch völlig egal, ob sie in Gegenwart, Zukunft oder Vergangenheit vorgenommen werden sollen, oder?

Diese Auffassung erscheint unserem Wachbewusstsein, das uns durchs Leben steuert und mit dessen Hilfe wir uns auch dieses Buch hier antun, völlig lächerlich und indiskutabel. Der Grund ist einfach: da dieses Wachbewusstsein seriell, also hintereinander agieren muß, um seine Aufgabe zu bewältigen, muß es Zeit eindimensional wahrnehmen, nämlich als die Eigenbewegung unseres Raumes in eine bestimmte, unumkehrbare Richtung. Wie es sich in Wirklichkeit in diesem Universum verhält, ist natürlich schwer herauszukriegen, wenn jeder Forscher eben nur mit dieser Ausstattung seines Gehirns ans Forschen geht. Das macht das Verständnis so schwierig.

Wenn aber die Forschung auf allen möglichen anderen Gebieten weit genug vorangeschritten ist und die Technik soweit entwickelt, daß subatomare Werte gemessen werden können, bekommt man ein Problem. Die Meßdaten lassen sich nicht mehr in solche einfache Theorien von der Beschaffenheit unseres Seins einordnen. Inzwischen sind die Forscher in diesen Bereichen soweit gekommen, jede bisherige Beschreibung unseres Seins auf die Müllhalde kippen zu müssen. Ob man es versteht oder nicht, wir müssen es glauben.

Die Physiker jedenfalls waren geschockt, als es 1999 dem Schweizer Anton Zeilinger gelang, die Verknüpfung von verschiedenen Elementarteilchen nachzuweisen, sogar über die *Zeitbarriere* hinweg. Danach sind solche Experimente noch mehrfach wiederholt worden. Es sieht fast so aus, als es sei zu einer echten Mode unter den Atomphysikern geworden, Quantenverschränkung zu beweisen.

Es lassen sich also Stellen im Universum mit gleichzeitig gleichen Inhalten und Bedingen definieren. Und mehr als das:

Verknüpfungen scheint es auch mit der Vergangenheit oder mit der Zukunft zu geben. Natürlich, sagt der Remote Viewer, wir können ja auch in die Zukunft sehen!

Das bringt uns aber sofort in Schwierigkeiten. Wenn ich eine Information aus der Zukunft bekomme und sie anwende, verändere ich auf jeden Fall diese Zukunft! Wenn ich diese Zukunft dann erreiche, ist sie doch nicht mehr die, die sie ohne das Viewen für mich gewesen wäre, oder? Und hat dann nicht die Zukunft sogar die Vergangenheit beeinflußt?

Und wenn ich mit meinem Körper Teil eines größeren Ganzen bin, (z.B. des Universums,) habe ich dann nicht auch Zugriff auf alle anderen Bestandteile dieses Feldes? Diese haben dann natürlich auch einen Zugriff auf mich, nicht wahr?

Die einfache Frage nach der persönlichen Aktivität in der Matrix scheint sich sehr kompliziert entwickeln zu wollen.

Lassen Sie uns an dieser Stelle eine Begriffsklärung einschieben. Unsere Darstellungen der informativen Verknüpfungen in diesem Universum lassen also die Feststellung zu, daß es eigentlich kein passives Remote Viewing gibt. Sicher hätten wir gern eine Grenze gezogen und eingeteilt: bis hierhin ist es Betrachten, ab hier ist es Eingreifen. Aber damit sind wir in der gleichen Zwickmühle, die wir schon aus unserer sogenannten Realität kennen: wenn westliche Staaten auch nur Beobachter zu Wahlen in despotisch organisierte Länder schicken (ich will hier gar keine Namen nennen), ist das nicht schon ein Eingriff? Die Einsätze der UNO-Soldaten jedenfalls wurden immer schon genau so verstanden: sie hatten keinen Auftrag, in Kampfhandlungen einzugreifen, aber ihre pure Präsenz bedeutete schon eine Veränderung der Bedingungen. Zum Beispiel, daß Verstöße gegen internationales Recht gesehen, beschrieben und an Instanzen weitergereicht wurden, die dann unter Umständen wirtschaftliche Sanktionen einleiteten.

Auch hier war schon das einfache "Nachschauen" ein Eingriff.

Deshalb müßte man sagen: es gibt kein Remote Viewing, alles ist Remote Influence! Um nun aber aus den bereits existierenden Vorstellungen und Termini kein Verständigungschaos wachsen zu lassen, sagen wir es mal so: sobald man absichtlich und wissentlich ein Feedback anstößt, ist es RI.

Alle sonstigen Betrachtungen nennen wir RV. Der Übergang in einer gewissen Grauzone ist damit eindeutig dorthin verlegt, wo sich auch der Anstoß für die RI-Aktivität befindet: in die EI-Spalte der Stufe 4!

Wenn wir uns mit dem Innenleben anderer Subjekte im Zielgebiet beschäftigen, hinterlassen wir bereits eine Spur. Für den Fall, daß wir bewusst nur "schauen", können wir von Remote Viewing sprechen. Schicken wir bewusst etwas zurück, ist es Remote Influencing.

Sie werden sehen, daß diese Einteilung für weitere Diskussionen wirklich hilfreich ist. Denn das "einfache" Betrachten, das pure Schildern der Eigenarten und Fähigkeiten einer Person führt noch nicht zu einer für uns feststellbaren Veränderung. Selbst wenn wir es bemerkten, wären alle Konsequenzen selbstgemacht.

Daß die alleinige Präsenz eines Viewers bei Personen zu Reaktionen führt, schließt Buchanan sogar kategorisch aus, in dem er der Schwelle zwischen Unter- und Wachbewusstsein eine Sperrfunktion zubilligt. Wie durch die bekannte Blut-Hirnschranke wird nichts durchgelassen, was dem Individuum schaden könnte.

Man könne aber auch sagen: das Gesamtsystem eines Organismus ist von einer erstaunlichen Stabilität. Es kann trotz erheblicher Einwirkungen von außen weiterexistieren, ohne daß es sichtbare Veränderungen gibt. Gehirntumore haben trotz exzessiven Handygebrauchs nicht im gleichen Maß zugenommen wie die Anmeldungen bei Netzbetreibern und die informative Entleerung unserer Nahrungsmittel führte rein statistisch eher dazu, daß die Menschen der Industrienationen für ihr Rentensystem zu alt werden.

Gut, untersuchen wir also die Einwirkungen, die für ein einzelnes Individuum in der Definition als eines kleinen Teils eines Feldes möglich sind. Vielleicht sind es solche Möglichkeiten: daß unser Chef uns jemand anderem vorzieht, wir einen besseren Job kriegen, den richtigen Partner, das richtige Haus und im Lotto gewinnen. Das reicht doch schon, oder?

Leider können wir uns hier nicht mit der Aussage schmücken, daß das eine ganz neue Erkenntnis und Fähigkeit von Remote Viewern wäre. Aktive PSI-Anwendungen nach Plan sind ein ganz alter Hut.

Ich will hier gar nicht von Schamanen und Voodoo-Medizinmännern anfangen. Jede Religion hat diese Technik in ihren eigenen Kontext integriert, natürlich unter Decknamen, undercover, wie man heute sagen würde, damit es keinem auffällt.

Nehmen wir zum Beispiel den Hinduismus. Dessen Schulen Tantrismus oder Vedismus kannten die Wirkungen von Symbolen und Analogien sehr gut. In diesem Umfeld war/ist es auch zum Beispiel üblich, der Geliebten ein Haar zu stehlen und es so zu behandeln, daß sie sich dem Akteur zuwendet. Der Informationsbezug dieses Körperteils wird benutzt, um Fernbeeinflussung zu betreiben!

Rituale, analoge Handlungen, symbolische Synonyme sind hochgradige Matrixeingriffe. Beten ist Remote Influence, der Rosenkranz ultimate Mind-Control!

Mit Remote Viewing zeigt sich, daß man nicht einmal ein Haar der Geliebten benötigt. Schon Worte allein genügen! In einem Universum der Informationen wird auch keine Materie bewegt oder verändert, sondern nur Dispositionen von Situationen und Trends von Entwicklungen! Und Remote Viewing steht da nicht allein. Das Protokoll mag zwar in seinem komplexen Aufbau eine neue Technik der Informationsbearbeitung sein, aber sie hat auch Schwestern...

Als ich zum ersten Mal die Durchführung einer RV-Session mitansehen durfte, sprang es mir an einigen Stellen damals förmlich in die Augen:

NLP! Zielgerichtete synonyme Abarbeitung. Und daß NLP funktioniert, wußte ich auch schon damals, das war kein Geheimnis. Also "wußte" ich auch sofort, daß RV funktionieren muß. Das ist die eigentliche Begründung, warum ich diese neue Technik ernst nahm und mich damit beschäftigte.

Und mir war klar, daß es auch aktives RV geben muß. Ist vielleicht NLP schon eine Spielart von Remote Influence?

Im Sinne der im letzten Kapitel geschilderten Session meiner Ex-Frau könnte man das so sehen, denn NLP wird zur Weiterentwicklung der *eigenen* Person benutzt. Wo aber ist da die Grenze, wenn ich einen Therapeuten habe, wenn er mir Zielvorstellungen vorgibt? Wir können in diesem Fall tausendmal formulieren, wir würden diese Ziele zusammen erarbeiten, es bleibt *Influence* – Beeinflussung.

Und was ist *Remote* in diesem Fall? Immerhin sitzt der Klient neben dem Therapeuten und weiß von dem Vorhaben. Aber er stellt eine andere Person dar, und das ist die größte Entfernung, denn geographische Distanz, das weiß jeder Remote Viewer, ist nur eine marginale Größe. Man kann auch ein Telefon benutzen und (meinetwegen) hypnotisieren oder aber – *Remote Influence* betreiben.

Und das Wissen... nun ja, wieviel an *eigenen* Bedürfnissen setzt ein Patient in einer Therapie wirklich durch? Eigentlich ist eine Therapie doch immer die Anpassung einer irgendwie auffällig gewordenen Person an die Gesellschaft, in der sie lebt.

Remote Influence ist also im Prinzip alter Wein in neuen Schläuchen, und wie alt der Wein ist, können wir auch gern in dem Kapitel sehen, in dem ich mich speziell mit der Personenbeeinflussung, wenn auch im Dissens mit Lyn Buchanan beschäftige.

Er ist einer der wenigen seriösen Anbieter aus Amerikaner, der sich mit aktivem PSI aus dem Fenster hängt. Da er der inzwischen zum Mythos gewordenen ersten militärischen US-PSI-Einheit in Fort Meade angehörte, hat er als Bezeichnung für das, was er als Matrixänderung betreibt, den Begriff Remote Influence (RI) gewählt.

Er konzentriert sich dabei allein auf die Verhaltensänderung von Personen. Genau betrachtet vermeidet er alles, was darüber hinausgeht. Das fand ich schon erstaunlich.

Im Zusammenhang in seinen Ausführungen vermißte ich auch Begriffe wie Feldtheorie und NLP. Ich persönlich finde es unverständlich, diese Bereiche auszuklammern. Feldtheorie und NLP sind heute allgemeines Wissensgut bei vielen Leuten, die sich einfach nur interessiert umschauen. Dafür muß man nicht unbedingt studiert haben! Ich werde mich in einem Kapitel speziell seinen Ansätzen und damit den Unterschieden von seiner zu meiner Auffassung widmen.

In seiner Darstellung bezeichnet Lyn Buchanan den Körper, die Physis als den wichtigen Daten*über*träger. Seine Erfahrungen und Erkenntnisse haben also *ebenfalls* dazu geführt, hier die Mechanismen für eine informative Verquickung zu sehen, auch

wenn er daraus ein Anschaungsmodell macht, das den Feldbegriff außen vor läßt. Dazu, wie gesagt, später mehr Einzelheiten.
Im Moment stellen wir erst einmal fest:
1.Wir haben eine Verbindungsmöglichkeit zu allen anderen Bestandteilen des Universums, und diese Verbindung ist keine Einbahnstraße!
2. Wir können überall eingreifen, wir müssen es nur schaffen, daß das andere Teil **genau** das macht, was wir wollen.
3. Wie machten es die inzwischen so modern erscheinenden Hexer und Schamanen der Vergangenheit und Mythologie? Sie benutzen Worte, Rituale, analoge Handlungen, Synonyme als Anweisungen. Wir müssen definieren, was wir wollen und dann so tun, als täten wir's. Einfach, nicht wahr?

Das ist es tatsächlich. Und weil es so einfach ist, tun wir es auch jeden Tag und nennen es wünschen, weil es nicht immer eintrifft, oder jedenfalls nicht so, wie wir wollen, auch wenn wir andere Hilfsmittel nehmen, wie z.B. das Beten.
Es ist aber noch zu ungenau, es muß also noch etwas fehlen. Remote Viewer wissen genau, was gemeint ist: der kontrollierte Einstieg in die Matrix, das Erreichen einer Zone, in der die Übergabe von Informationen präzise möglich ist, wo sich das Unterbewusstsein an die Oberfläche traut und zugänglich wird, eben der Ablauf des RV-Protokolls.
Und womit beginnt dieses Protokoll? Mit einer Reaktion des Körpers, nämlich dem Ideogramm! "Get physical!" So also ist der alte Spruch der amerikanischen Viewer zu verstehen.
Benötigen wir demgemäß nur eine Remote Viewing Session um in die *Zone* zu kommen um daran einfach einen Vorgang anzuschließen, in dem wir gezielt die in der Matrix / im Feld angefaßten und schon befingerten Daten mit der Hinzugabe von neuen Daten auf einen veränderten Stand bringen? Dann werden selbstverständlich neue Viewer diesen geänderten Stand ebnenfalls abfragen können und, logischerweise, auch ihren eigenen Senf dazu geben können...
Mit dieser Kenntnis wird uns bewusst, daß bei aktiven PSI-Einsätzen auch eine gewisse Vorsicht zwingend nötig ist. Man *könnte* ALLES tun, aber *sollte* man das auch? Schließlich hängt man

ja immer selbst mit im Feld, das haben wir inzwischen gelernt. Vorsicht scheint geboten.

Materie, so erläutert uns die moderne Atomphysik mit einer hochkomplizierten Darstellung aus Quarks und Strings, ist nichts weiter als eine Konfiguration von Schwingungen. Und Schwingungen interferieren, besonders, wenn sie in einem gemeinsamen "Pool" sind, in einem unteilbaren Universum. Was passiert, wenn man an einer Stelle etwas in Bewegung setzt, also die Grundschwingung verändert, kann man schon in der Badewanne sehen: nichts bleibt unberührt, auch nicht die Quelle dieser Bewegung.

So sehen wir, daß mit dem nicht zu verhindernden Resonanzprinzip alle Handlungsanweisungen, die wir "aussenden", auch sofort zu uns zurückkommen. Da wir als "Sender" für diese Informationen am besten eingerichtet sind, wird diese "Reflexion" also bei uns auch die beste Wirkung entfalten. Deshalb ist es wohl besser, niemandem etwas "Schlechtes" zu wünschen. Unter diesem Aspekt kann man an auch die oft gestellte Frage: "Ja, dürfen wir das alles überhaupt?" beantworten.

Die Antwort wäre denkbar einfach: "Kein Problem. Ihr könnt alles machen, was ihr wollt! Ihr werdet schon merken, was ihr davon habt!"

Es gibt inoffizielle Verkehrsschilder, auf denen steht: "Achtung, hier freiwillig langsam fahren, es könnte Dein Kind sein, das Dir vor das Auto rennt!"

In diesem Sinne hat Lyn Buchanan auch seine vier Gebote für RI aufgestellt, in denen er diese Erkenntnisse, die er zwangsläufig auch hatte, zusammenfaßt:

1. Tu anderen an, was du wünschst, daß sie dir antun.
2. Tu anderen nicht an, was du nicht wünschst, das sie dir antun sollen.
3. Verbinde Dich nicht mit jemandem, den Du heilen willst. Du könntest selbst krank werden.
4. Verbinde Dich nicht mit jemandem, den Du verletzen willst, weil Du selbst verletzt werden kannst.

Ich möchte diese Ratschläge hier bereits schon etwas konkreter fassen, weil die Erfahrung zeigt, daß man diese Dinge gar nicht oft genug vortragen kann:
1. Wenn Sie etwas verändern wollen, fassen Sie eine positive Entwicklung als Zielgebiet ins Auge. Auch wenn es um eine Konkurrenzsituation geht, wünschen Sie nicht für jemanden anders das Schlechte sondern für sich selbst das Beste. (Es ist eine regelmäßig zu machende Erfahrung, daß der gleichzeitige Erfolg eines Konkurrenten auch Ihre Entwicklung fördert.)
2. Machen Sie Stufe-7-Sessions möglichst nicht Frontloaded und Solo! Sie wissen nicht, wem oder was Sie begegnen werden und können sich oft allein nicht wieder ungeschoren aus einer prekären Situation herausziehen. Bei Frontloaded droht auch noch die Gefahr, daß Sie in eigene Angst-AULs geraten. Diese sind dann besonders schwierig zu bekämpfen.
3. Mißbrauchen Sie auf keinen Fall einen anderen Menschen zum Viewen und Verändern, um jemandem zu schaden! Nicht nur, daß es verantwortungslos ist, einen Freund, Partner oder wen auch immer mit einem destruktiven Auftrag in die Matrix zu schicken, weil man nicht weiß, was in demjenigen dann hängen bleibt, sondern man kann sich dabei einen Freund auch zum neuen Feind machen. Oder würden Sie selbst gern in solch einem Fall der Viewer sein? Na also.
4. Versuchen Sie nicht, jemandem etwas Unangenehmes anzutun, der unter Umständen einen ähnlichen oder besseren Ausbildungsstand hat, wie Sie selbst. Wir sind alle miteinander im kosmischen Datenfeld verbunden und jede Aktion kann man demzufolge auch zurückverfolgen.

Kennen wir dieses Anweisungen nicht schon aus anderer Quelle? Mir fällt zu diesem Thema sofort das schöne alte Sprichwort ein: "Was du nicht willst, daß man dir tu, das füg' auch keinem andern zu!"

Schon wieder ganz altes Wissen, nur neu erforscht und neu mit uns konfrontiert.

Daß wir alle im gleichen Feld hängen, ist auch die Basis aller Weltreligionen und wie wir sehen, auch damit haben sie Recht. Nur die darauf folgenden Interpretationen und dadurch entwickelten Glaubensrichtungen sind Menschenwerk und damit Tand und unvollkommen und fehlgehend in ihren Schlußfolgerungen. Es kann nur einen Gott geben, und wir sind alle Teile davon. Die Ausübung dieser Erkenntnis kann nicht dazu führen, gegen andere Teile der Schöpfung vorzugehen, denn damit geht man letztlich gegen sich selbst vor. Die Aufforderung "Liebet eure Feinde" ist nicht die Aufforderung zur Nächstenliebe, möglicherweise nur von Lebewesen, die die gleiche Interpretation alter fundamentaler Schriften haben. Dieser (Bibel)-Spruch ist lediglich die für die damaligen Rezipienten formulierte (einfache) Aufforderung, sich die ungeteilte Konstruktion des Universums vorzustellen und sich danach zu benehmen, wenn man als Spezies (oder auch als Volk) weiter auf dieser Erde existieren will.

Wenn also alle Lebewesen dieser und aller anderen Erden untrennbar im kosmischen Datenfeld eingewoben sind, müssen wir davon ausgehen, daß jede Bewegung, jedes Tun, jede Veränderung eines persönlichen Datenfeldes auch Veränderungen anderer Datenfelder, anderer Lebewesen mit sich bringt. Das sollten sich alle hinter die Ohren schreiben, die bewusst Änderungen in der Matrix hervorrufen wollen. Remote Viewer wissen das. Ganz genau so wäre es aber sehr hilfreich, wenn diese einfache Erkenntnis auch Einzug in den Alltag dieser Welt hielte. Aggression, jede Art von invasivem Verhalten funktioniert nur eine gewisse Zeit. Alles wird in sich selbst reflektiert. Das "Böse" eliminiert sich so von eigener Hand. und stärkt damit die Macht des "Guten". Hinzu kommt der Hang des Gesamtfeldes, existieren zu wollen. Auch so werden destruktive Aktionen korrigiert. Man kann nicht auf Dauer "böse" sein, die Macht des "Guten", also die Tendenz des Gesamten Existenzgefüges, erhalten zu bleiben, läßt es nicht zu.

Dabei müssen wir natürlich wiederum von menschlichen Maßstäben Abstand nehmen. Selbstverständlich kann ein Mensch lange Zeit seines Lebens "böse" sein, gegen die Feldkonfiguration verstoßen, ohne daß er zur Rechenschaft gezogen wird. Genauso ist es nicht wirklich "gut", einem kindlichen Straßenhändler in einem x-beliebigen Dritte-Welt-Land eine Schachtel Zündhölzer oder eine verstümmelte Barbie-Puppe abzukaufen, obwohl es in unserer Psyche ein warmes Gefühl hervorruft, was ja auch nur eine Abbildung des göttlichen Konzeptes ist. Besser wäre es, Infrastrukturen und Bewusstseinsentwicklungen zu organisieren, die den Bewohnern des Landes die Möglichkeit geben, autark zu denken und ihren Lebensunterhalt selbst zu bestreiten.

Was aber macht dieser völlig desolate Haufen Menschheit statt dessen? Erst muß über die jeweiligen Konzepte in der Auslegung fundamentaler religiöser Fakten der Schöpfung diskutiert werden. Und, wie gruselig, es ist von extremer Wichtigkeit, ob eine Hilfsmaßnahme "wirtschaftlich" sei; allerdings nur kurzfristig und im althergebrachten Sinn unserer Ausbeutungseinstellung, die auch nur eine Zeitlang für uns "gut" sein wird. Wenn die Spezies Mensch das alles nicht begreift, wird sie sich von diesem Planeten eliminieren. Die Erde bleibt, das ist das "Gute".

Natürlich möchte ich diese Zeilen durchaus als Systemkritik unserer heutigen Welt verstanden wissen. Darüber hinaus und viel wichtiger ist es darzustellen, wie sich alle Entwicklungen und vor allem Versuche, es in unserem Gesichtsfeld besser zu machen genau auf die beschriebene Konstruktion des Universums beziehen.

Wenn aber nur einer oder viele "gute" Menschen ihre Möglichkeiten erkannt haben und die bestehenden Umstände "verbessern" wollen, warum hat das bisher so schlecht geklappt?

Warum können wir nicht sozusagen im *Handstreich der Erleuchtung* die Gordischen Knoten der Sprachwirren, wirtschaftlichen und geistigen Entwicklungsunterschiede, religiöser Konkurrenz und was es sonst mehr an unerträglichen Ungereimtheiten auf dieser Welt gibt, durchschlagen?

Die Begründung werden wir bei jeder höheren Anwendung des Protokolls erleben: wir können nicht in einem einzigen Moment die Gesamtkonfiguration des Universums ändern. Wir müßten (im Vergleich mit einem Computer bleibend) in jeder Datei, deren Zahl sehr nahe an den Begriff "unendlich" grenzt, einen Änderungseintrag vornehmen. Was wir aber tun können ist: unser Umfeld und die darin enthaltenen Entitäten anstoßen, auch soviel "Einträge" wie möglich zu ändern.

Das ist sozusagen das Clevere und Selbsterhaltende an der Schöpfung: jedes Teil hat eine gewisse Macht, sich und sein Umfeld zu verändern. Die Einschränkung dieser Fähigkeit aber ist die Existenzgarantie des Ganzen.

Das Schöne an dieser Erkenntnis ist, daß man sich nicht in die weitläufigen Gefilde der Philosophie begeben muß, um Erklärungen und Handlungsanweisungen für sein Leben und den Umgang mit Remote Viewing zu finden. Wer im Alltag Besonderes hervorbringen will, muß sich sehr abstrampeln. Niemand, der eine einzige wirklich erfolgreiche Änderung des Gesamtgefüges vollbringt, hat auch in anderen Bereichen seines Lebens Erfolg. Wer zuviel will, stößt an eine Gummiwand, die ihn wieder in die Startlöcher zurückschubst. Nun, vielleicht nicht in die Startlöcher, aber mehr als die bekannte Technik "zwei Schritte vor, einer zurück" ist in diesem Universum nicht drin.

In diesem Rahmen ist auch die direkte Beeinflussung von Materie durch den Geist zu sehen: die sogenannte Telekinese oder Psychokinese.

Es gibt eine ganze Anzahl von Berichten über Leute, die Kompaßnadeln ausrichten, die Wahrscheinlichkeit einer atomaren Zerfallsquote beeinflussen, Löffel und Gabeln verbiegen oder gar Möbelstücke verrücken konnten. Das ist auch nicht unmöglich. Derart massive Eingriffe in die Matrix benötigen aber eine besondere Voreinstellung im Gehirn derjenigen, die man gemeinhin mit "begabt" umschreibt. Welche organischen Konfigurationen dahinter stehen, wissen wir nicht. Für alle anderen gilt das, was wir schon kennen: üben, üben, üben. Man kann keinem x-beliebigen Interessenten versprechen, daß er nach kurzer Kenntnisnahme einer angepriesenen Methode sofort das verfolgende Polizeiauto von fern auf den Rücken legen könnte. Oder daß alle Zeugen ein kompletter Gedächtnisschwund ereilt. Vorsicht deshalb bei der übereilten Planung von Straftaten!

Die direkte Beeinflussung von Materie im Zusammenhang von RV und RI wurde auch wissenschaftlich untersucht und ich greife hier einmal ein paar Beispiele heraus, die zeigen, wie das eben Gesagte zu verstehen ist.

Als Ingo Swann, der "Vater des RV-Protokolls", 1973 noch Testobjekt der PSI-Forschung von Puthoff und Targ am SRI war, sahen die Testreihen noch typisch "wissenschaftlich" aus: Symbolkarten, die in einem anderen Raum aufgedeckt wurden, sollten von einem Probanden erraten werden. Einen Fortschritt in dieser Methode sah Russel Targ in der selbst konstruierten "ESP-Lernmaschine". Eine computergesteuerte Zufallsschaltung steuerte die Beleuchtung von verschiedenen Diapositiven. Swann sollte voraussagen, welches Bild als nächstes aufleuchten werde und/oder die Zufallswahl beeinflussen. Das Gerät wurde von Targ deshalb "Lehrmaschine" genannt, weil es der Testperson ein Feedback gab, ob eine Aussage richtig oder falsch war. Daran sollte der Proband seine Fähigkeiten verbessern können.

Swann war sehr wohl einigermaßen begabt, aber er haßte diese Maschine wie auch die Karten-Testreihen zutiefst. In diesen Versuchen hatte er derartige Mißerfolge, daß man die Versuche mit ihm bald aufgab. Fast könnte man sagen, seine Mißerfolge waren überdurchschnittlich.

Über 25 Jahre später, als Remote Viewing längst anerkannt war, wurden Studien zur mentalen Fernbeeinflussung von Körperzuständen im Journal of Scientific Exploration veröffentlicht.

J. Ravenscroft und Z. McDermot führten 1998/99 zwei Studien mit 32 bzw. 50 Teilnehmern durch, die eventuelle Einflüsse durch Remote Influence nachweisen sollten. Die Teilnehmer wurden teilweise angewiesen, zu versuchen, solche eventuell auftretenden Einflüsse bewusst zu unterbinden.

Die zu diesen Versuchen eingesetzten Remote Viewer/Influencer sollten versuchen, den Hautwiderstand der Versuchspersonen zu verändern. Das Ergebnis belegt keinerlei signifikante Veränderung, ganz gleich, ob die Versuchsperson Einwirkungen von außen bewusst blockierte oder nicht.

Lyn Buchanan war an klinischen Experimenten zur Beeinflussung von Bluthochdruckpatienten beteiligt. Das Ergebnis war, kurzgefaßt, daß sich bei den fernbeeinflußten Personen der Blutdruck zeitweise um 10-15 Punkte absenkte. Die Beeinflussung ging nie über den Bereich von 5-10% hinaus und verschwand nach kurzer Zeit wieder.

Man kann, glaube ich, verallgemeinernd sagen, daß auch für sehr erfahrene Viewer eine fernbeeinflußte Materieveränderung auf Dauer sehr schwierig und energieraubend ist. Alle Effekte, die mir begegnet sind, waren in diesem Rahmen sehr kurzfristiger Natur. Löffelbiegen gehört dazu. Das Körpersystem eines Menschen zu schädigen erscheint noch schwieriger. Über natürliche und selbsterstellte Schutzmechanismen wird zu reden sein.

Angesichts der "Schwerfälligkeit" der Matrix, der Größe der zu bewältigenden "Arbeit" und vielleicht auch aus sehr unehrenhaften Gründen findet man Remote Influence in Amerika fast ausschließlich als Beeinflussung von Personen vor, die von einem Influencer auch nur einen Eingriff in ihr Verhalten, ihre Vornahmen und ihre Gelüste erfuhren. Also alles sehr "undingliche" Bereiche. Wie wir schon gesehen haben, sind Informationen aus Menschen das Einfachste zum Viewen, offenbar weil diese Daten, das "Menschenformat", so ähnlich denen sind, die der (menschliche) Viewer selbst repräsentiert. In Anwendung der zweiseitigen Datenbahn ist klar, daß das Einfachste beim Beeinflussen ebenfalls die "Informationseinheit" Mensch ist.

Trotzdem kann es dauern, bis ein sichtbarer Erfolg einer Beeinflussung aufgezeigt werden kann. Wenn die allgemeine Informationslage im betreffenden Feld sozusagen "invers" ist, kann es sogar Jahre dauern und die Matrix zunächst in die falsche Richtung "ausschlagen". (Leute, die sich gegen eine bestehende, restriktive Gesellschaftsordnung gestellt haben, wurden oft auch erst einmal umgebracht, bevor sie Heilig gesprochen wurden, d.h. die angesetzte Feldveränderung sich durchgesetzt hat.)

Um bei größeren Versuchen das Universum umzugestalten, einen günstigeren Hebelarm zu bekommen, hat sich 2006 Maharishi Mahesh Yogi, größter Guru der transzendentalen Meditation, einen interessanten Ansatz einfallen lassen. Schon vorher durch ein "globales Land des Weltfriedens" hervorgetreten, begann seine Organisation im Jahr 2006 eine neue weltverändernde Aktion. In vielen Glaubensgemeinschaften, religiösen Zirkeln und natürlich auch unter Remote Viewern wurde schon früher diskutiert, wieviel ausgebildete Leute man für eine gesellschaftliche Veränderung benötigt. Wobei keine täglichen Remote Viewing-Sessions gemeint waren, sondern einfach nur die einfache Präsenz der Leute. Ed Dames kam auf ca. 10.000 Personen. Für USA.

Der Maharishi geht davon aus, daß, wenn man genügend "Gute Energie" versammeln kann, es möglich wäre, eine regionale und schließlich auch globale Situation für die Bewohner zu verbessern. Die Maharishi Vedic Administration versuchte im Sommer 2006 eine (von einem Dr. Hagelin) errechnete Anzahl von Personen, die einen bestimmten Ausbildungsstand erreicht hatten, nämlich das körperliche Abheben von der Erde während der Meditation, sogenannte "vedische Flieger", in einem Land zu versammeln. Die Überschrift dazu hieß: "Wir machen XYZ unbesiegbar!" und die

erste Abwandlung von "XYZ" war: "Unbesiegbares Amerika – 2000 vedische Flieger versammeln sich – keine Sturmfluten mehr, Wirtschaft boomt, Kriminalitätsrate sinkt, usw.!"
Ende 2006 konnte man feststellen, daß tatsächlich der amerikanische Aktienindex eine ungeahnte Höhe erreicht hatte und die Hurrikane vor der Küste von Florida praktisch ausgeblieben waren, auch wenn der Maharishi nur 1700 Flieger zusammenbekommen hatte. Die Wissenschaft war ratlos, was ich mit großem Interesse verfolgte. Danach war auch Deutschland dran – "Invincible Germany" – und siehe, der Aktienindex DAX stieg noch im Dezember von Experten unerwartet erheblich höher als 6500 Punkte, erreichte im Juni 2007 sogar fast das Allzeit-Hoch mit über 8100 Punkten.

Im Irak wurde die Situation für die US-Truppen allerdings immer schwieriger. Wie schon vor Beginn des Krieges von Frank Köstler durch Remote Viewing vorausgesagt, vollzog sich weiterhin die Entwicklung zum Chaos. Kein Wunder, könnte man hier einflechten. Denn die Aktion "Invincible America" hatte diesen Sieg nicht formuliert. Gewalt, das haben wir in diesem Kapitel schon angesprochen, sollte man aus "feinstofflichen Aktionen" in eigenem Interesse heraushalten. Sollte diese Aktivität bis zu den Augen und Ohren von George W. Bush gedrungen sein, so hat es das Ganze gründlich mißverstanden. Im Dezember 2006 setzte er erneut auf eine Verstärkung der Truppen im Irak.

Auf jeden Fall haben wir hier in dem Projekt des Maharishi den konkreten, nachvollziehbaren Versuch, mittels kollektiv erzeugbarer Informations-Beeinflussung die Matrix und damit auch die "materielle Welt" zu ändern.

Im nächsten Kapitel werden wir sehen, wie Lyn Buchanan einer der ersten Remote Viewer aus Fort Meade dies umgesetzt hat, sozusagen die "amerikanische Methode" damit kreiert hat.

Die Diskussion der allseitigen Verknüpfung von Materie und Informationen, die wir gerade durchführen mußten, wird uns beim Verständnis helfen, ebenso die Erkenntnis, daß wir nicht umhin können, die daraus resultierenden Folgen zu beachten. Das ist auch Buchanan ein besonderes Anliegen.

4. Kapitel: Amerikanische Ansätze in der Diskussion

Es ist nicht besonders erstaunlich, daß sowohl in Amerika als auch in Deutschland die aktive Seite des Remote Viewing (weiter-)entwickelt wurde. Und wie es beinahe immer so ist: der eine weiß nichts vom anderen. Während ich mich 1997/98 mit der Fortschreibung des CRV-Protokolls beschäftigte, scannte ich zwar die amerikanischen Internetseiten, fand aber nichts und dachte, daß das eigentlich sehr logisch wäre. Wer würde schon über dieses Thema berichten?

Diese Frage selbst zu einem RV-Target zu machen, erschien mir zu riskant. Gut so, denn in diesen Bereichen sollte man nicht ohne eine gehörige Portion Erfahrung tätig werden. Ich mutmaßte schon damals, daß Viewer wahrgenommen werden können und daß sie sich ungebetene Einflüsse einfangen können

Buchanan, der in der gleichen Zeit sich in den USA mit dem Thema beschäftigte, formuliert es ungefähr so: "Machen Sie es nicht, bevor Sie nicht sehr, sehr viele Sessions hatten, und auch dann nur mit einem Monitor. Der Monitor kann jemanden zurückholen, der Viewer sich selbst nicht, wenn er die Kontrolle verliert. Er kann dann alles Mögliche aus dem Zielgebiet übernehmen."

Er hat auch ein nettes Beispiel parat: Eines Tages, als er nach Hause fuhr, ging ihm durch den Kopf, was er an diesem Tag noch zu erledigen hätte. "Also, Auto waschen, tanken, Anzug zur Reinigung bringen, Zeitung holen und meine Frau umbringen." – Moment, dachte er dann, meine Frau umbringen? Offensichtlich hatte er aus der letzten Session etwas übernommen, das er nicht wieder losgeworden war. An diesem Tag hatte er eine Person geviewt, einen Politiker, der tatsächlich anschließend seine Frau umgebracht hatte. Buchanan konnte es dann aus der Zeitung entnehmen.

Nun hatte ich nicht genau diese Befürchtung, als ich die ersten Sessions durchführte, aber ich konnte mir sehr gut vorstellen, das man sich hier (wie überall in ignoranter Unkenntnis) die Finger verbrennen könnte. Ich versuchte, jede mögliche Vorsicht walten zu lassen, riskante Ziele eher nicht zu viewen und bin heute froh darüber.

So konnte ich mir einige triftige Gründe vorstellen, warum niemand über dieses Thema Genaues publizierte, ja nicht einmal verlauten ließ, daß er sich damit beschäftigte. Und ich blieb ebenfalls still, wie man aus dem letzten Kapitel meines ersten Buches "Tanz der Dimensionen" ersehen kann.

Inzwischen ist aber namentlich Buchanan aus dem Schatten des Ungewissen hervorgetreten und ich konnte seine und meine Ansätze miteinander vergleichen.

Auffällig ist, daß wir in allen Schlußfolgerungen und letztlich damit auch in den Handlungsanweisungen zu den gleichen Ergebnissen kamen, wenngleich der Weg dorthin sehr unterschiedlich war.

Buchanan fand am Anfang seiner Beschäftigung mit RI ebenfalls auffällige Ungereimtheiten in seiner Arbeit mit dem Protokoll von Ingo Swann. Die AI-Spalte in Stufe 4 erkannte er als Datenflußmöglichkeit in zwei Richtungen. Damit war für ihn die Notwendigkeit klar, diesen Komplex zu erforschen. Nach seiner Aussage fand dies jedoch nicht im Rahmen der RV-Einheit statt, in der er tätig war, sondern nur privat bei ihm zu Hause.

Vergegenwärtigen wir uns noch einmal den amerikanischen Ansatz zur Erklärung von Datentransfer zwischen zwei Personen:

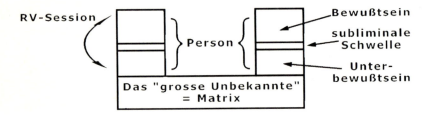

Hier wird ersichtlich, daß die Unterbewusstseine verschiedener Personen über die Matrix (oder: das Große Unbekannte) miteinander in Kommunikation treten können, aber zum eigenen Bewusstsein gibt es eine subliminale Schwelle zum Bewusstsein. Diese Schwelle wird durch das Remote Viewing-Protokoll überwunden. Für Buchanan geschieht dies mittels des Körpers, auf den beide Instanzen Zugriff haben. Aus diesem Grund ist für ihn auch das Ideogramm so wichtig. Wie ich schon früher erwähnt habe, beinhaltet seine Methode, daß man zur Verstärkung eines Zielkontaktes auf jedes Detail eines Targets ein Ideogramm machen kann bzw. sollte, je nach Bedarf. Dieses Ideogramm ist die Körperreaktion und das Verbindungsglied zwischen Unterbewusstsein und Wachbewusstsein.

Der deutsche Ansatz unterscheidet sich davon. Der Leser der vorausgegangenen Lehrbücher weiß, das wir hier Bewusstsein eher als Wach-Bewusstsein definieren bzw. als Funktion der linken Gehirnhälfte. Für uns ist das Ideogramm eher der Auslöser eines RV-Vorganges, explizit eigentlich nur die Reaktion auf die Überstellung einer Aufgabe (im Protokoll durch die Nennung der Koordinaten). Die Kommunikation zwischen linker Gehirnhälfte und der rechten, mit den unterbewussten Programmen versehen, geschieht durch die Abarbeitung des Protokolls. Dies stellt eine serielle Beschäftigung dar, die das Wachbewusstsein immer mehr daran hindert, die Informationen der rechten Gehirnhälfte zu blockieren.

Je mehr also ein Viewer sich beschäftigt, desto weiter arbeitet er sich in die "Zone" hinein. Ich habe Sessions durchgeführt, in denen das Ideogramm eines anderen Viewers abgearbeit wurde oder aber auch (z.B. zu Beginn eines Trainings) willkürlich zu Papier gebrachte Kringel. Der Erfolg des Viewers stellte sich jedesmal ein. Damit wird der Erklärungsansatz bestätigt, den Günter Haffelder in seinem Gehirnlabor herausfand: es ist die serielle Arbeit, die den Viewer entscheidend weiterbringt. In vielen Sessions stellte sich genau dieses als praktikabel heraus: wenn ein Viewer in Gefahr war, den Kontakt zum Target zu verlieren, half am sichersten die Arbeit. Auch bei einer Bewegungsübung trat dieser Effekt ein. Eine Bewegungsübung wendet man an, um den Viewer neu zu zentrieren. Das dabei fällige Ideogramm ist meiner Meinung nach hauptsächlich dazu da, durch eine Neuorientierung den alten, nicht verwendbaren Kontakt abzubrechen. (Und damit – natürlich – eine Arbeitsgrundlage für die neue serielle Beschäftigung zu erzeugen. Aber die könnte man auch anders haben.)

Bei Buchanan ergibt sich aus der Logik seiner Darstellung, daß sich die verschiedenen Unterbewusstseine über das "Große Unbekannte", die Matrix also, miteinander verbinden. Über diese Verbindung fließen auch ungewollte Rückströme (z.B. "Frau umbringen"), denn sie ist ja bidirektional. Deshalb hält er es für so wichtig, sich nach jeder Session, bei ausgesprochenen RI-Anwendungen sogar nach jedem Schritt zu "entgiften", d.h. sich von den fremden Inhalten zu distanzieren und sie zu löschen. Darüber wird noch im Einzelnen zu reden sein.

Die Folge für die Arbeit mit seiner Remote Influence-Methode ist deshalb auch so anders als jene, die auf den Erkenntnissen aus dem Gehirnlabor beruht und die Gegebenheiten der Feldauffassung und des Neuro-Linguistischen Programmierens (NLP) erkennt und anwendet.

An dieser Stelle sei einmal ausdrücklich darauf hingewiesen, daß sich die Äußerungen Buchanans eigentlich nur auf eine einzige Art des aktiven RVs bezieht: die Beeinflussung anderer Personen. Remote Influence, beim Wort genommen, wäre aber noch viel mehr. Bleiben wir jedoch zunächst bei genau dieser Praktik.

Aus Buchanans Sicht ist es wichtig, den Körper der geviewten Person einzuschalten, um die Sperre zwischen Bewusstsein und Unterbewusstsein zu umgehen. An diese Arbeit geht er, wie er selbst zugibt, wie ein Verkäufer oder sogar wie ein klinkenputzender Handelsvertreter heran. (Ich vertrete die Ansicht, daß man diese Arbeit weitgehend dem Feld überlassen kann.)

In der von ihm zugrunde gelegten Konstellation des Übertragungsweges ist es sinnlos, in der Session mit Beeinflussungsbefehlen in Form von Worten zu arbeiten. Worte seien nichts, was das Unterbewusstsein oder der Körper der zu beeinflussenden Person verstehen würde und deshalb könnte man verbale Anweisungen nicht verwenden.

Wie in der RV-Session müssten es Situationsbeschreibungen oder Stimmungen sein, die man überträgt, um einen Einfluß auszuüben. Nehmen wir ein Beispiel. Ein braver Büroangestellter soll dazu gebracht werden, sich den Nachmittag frei zu nehmen und in einer Lokalität mit Pferdewetten zu versacken. Vorraussetzung ist natürlich, daß sich der Mann für Pferdewetten oder Glücksspiel latent interessiert, aber das kann ja vorher als Persönlichkeitsanalyse geviewt werden. (Bei Frauen wäre das Beispiel im Bereich "go shopping!" anzusiedeln.)

Vorraussetzung einer Influence ist immer eine normale RV-Session. In diesem Fall wird in Stufe 4 der Büroangestellte beschrieben, wie er an seinem Computer sitzt und seine Arbeit macht. Sicherlich ist diese auch einmal sehr langweilig.

Buchanan beschreibt also in der Session die Situation des sich langweilenden Sachbearbeiters. Er führt aktiv diese Beschreibung weiter und schildert die ganze Öde so eines Büroalltags. Da er nun mit der geviewten Person in Verbindung steht, wird dieser Eindruck auch auf die Person übertragen bzw. wenn sie ihn sowieso schon hat noch verstärkt.

"Viel schöner wäre es, wenn man hinausginge und etwas viel interessanteres erlebte, als hier vor dem PC zu hocken!"

"Das geht aber (leider) nicht!", antwortet die Person brav, "Ich bin hier angestellt und muß meine Arbeit verrichten!"

"Das ist richtig", bestätigt der Viewer, "aber es schadet ja nicht, einmal aufzustehen und zum Fenster zu gehen. Schau nur, die Sonne scheint gerade so schön und es lohnt sich sicher, ein Blick hinaus zu werfen. Damit wird auch das Blut in Zirkulation gebracht und man kann hinterher viel besser arbeiten. Ob das Lokal dort drüben schon die Stühle und Tische hinausgestellt hat? Man könnte einmal nachsehen!"

Buchanan beschreibt als Viewer, daß (ob) der Angestellte tatsächlich aufsteht und zum Fenster geht. Ist dies der Fall, entwickelt er die Geschichte weiter.

"Tatsächlich, das Lokal hat aufgemacht! Oh, dort steht Peter, das ist ja toll!. Er winkt und will etwas ganz Wichtiges sagen. Wir sollten zu ihm gehen, um es zu erfahren!"

Der Sachbearbeiter geht "nur mal schnell" hinunter, um Peter zu treffen. Peter erzählt ihm von einer genialen Wette, mit der er viel Geld gewonnen hat. Der Besitzer des Lokals kommt heraus und bestätigt dies. Außerdem erzählt er, daß gerade wieder ein Rennen angesetzt ist, für das er unbezahlbare Insiderkenntnisse hat. Das kann gar nicht schiefgehen. Und bei dieser Hitze sei ein kühles Bier auch genau das Richtige. "Ja", bestätigt Peter, "und ich gebe einen aus. Na los, laß uns das Ding durchziehen! Ich gebe einen aus!"

Und sie gehen hinein und der Nachmittag ist gelaufen.

Buchanan weist drauf hin, daß der optimale Ablaufplan einer solchen Beeinflussung genau der Art und Weise entspricht, wie ein Vertreter einer Hausfrau einen neuen Staubsauger oder ein Programmheft-Abonnement andrehen würde.

Zuerst wird das Ziel als Phrase formuliert. "Lieber Pferde-(Fußball-)wetten gehen als in diesem Büro zu arbeiten!"

2. Die Person muß einbezogen werden: Beschreibung des öden Arbeitsnachmittags, wie man so vor dem Computer sitzt und Schwierigkeiten hat, sich zu konzentrieren.
3. Jetzt kommt der erste Vorschlag, etwas zu ändern. Eben lieber rauszugehen und sich etwas interessanteres anzutun.
4. Daraufhin wird sich die Person wehren. Diesen Widerstand muß man umgehen, man muß sie ablenken. ("Draußen scheint die Sonne. Es schadet ja nichts, einmal aufzustehen und zum Fenster zu gehen!"
5. Jetzt muß die andere Person in das Geschehen einbezogen werden.
("Sieh mal, das Lokal hat aufgemacht! Und da ist auch Peter!")
6. Die Geschichte muß nun sich auf die gewünschte Beeinflussung hinwenden. ("Hör mal, Peter hat etwas wichtiges zu sagen! Das sollte man sich anhören!")
7. "Move the focus of the target person!", sagt Buchanan als Beschreibung der nächsten Phase. Die Person spricht jetzt mit Peter. Der hat aufregende Neuigkeiten. Man hört sich seine Erzählung an.
8. Nun muß die zu beeinflussende Person die Geschichte annehmen. Sie hört zu. Der Besitzer kommt heraus und erzählt eine weitere Geschichte.
9. Die Person muß jetzt in der Geschichte einbezogen sein, in ihr interagieren. Sie stellt fest, daß es wirklich warm und staubig ist und ein Bier nun wohl genau das Richtige sei. Peter verspricht, auch einen auszugeben. Damit steht dem Gang hinein nichts mehr im Wege.
10. Der Viewer muß sich nun schnell zurückziehen und die Person der Geschichte überlassen. Diese muß so angesetzt sein, daß sie im weiteren Ablauf zu der gewünschten Beeinflussung führt.
11. Als letztes muß sich der Viewer "entgiften" um nicht vielleicht selbst den Verlockungen des Pferderennens zu erliegen.

Das Ganze hört sich natürlich sehr unmoralisch an, besonders, wenn man bedenkt, daß die "target person" von allem nichts weiß. Natürlich ist es jedermanns eigene Entscheidung, solche Abläufe in Gang zu setzen. Genau betrachtet ist es aber wirklich das, was ein Handelsvertreter jeden Tag viele Male durchzieht. Ob er dabei mit einem kranken Kommilitonen, einem armamputierten Maler oder vier hungrigen Kindern, die sonst nicht zu essen haben als Ansatz arbeitet oder mentale Bewusstseinskontrolle durch ein RI-Protokoll macht, ist vielleicht nur ein marginaler Unterschied.

Wichtig ist, daß hier über Emotionen, Allegorien und erzählte Geschichten der Widerstand einer Zielperson eingeschläfert wird und Wünsche injiziert werden, die sonst nie die Oberhand gewinnen würden.

Diesem vielleicht subversiv zu nennendem Ansatz bin ich nie gefolgt, und zwar aus methodischen Überlegungen. Aus meiner Sicht war es wichtig, in der Gesamtkonstellation des universellen Feldes zu arbeiten und dort zu machen, was eben machbar war. Personenbeeinflussung kam dabei zwar auch vor, ordnete sich aber immer einem größeren Target unter.

Sicherlich ist der Ausgangspunkt in allen Fällen des aktiven Remote Viewing eine geviewte Situation, also eine Situation, die als Ergebnis einer Targetfrage in einer Session vom Viewer beschrieben wurde.

Auch Buchanan weist auf die Notwendigkeit eines Feedbacks hin. Eine *nicht geviewte* Person/Situation kann man nicht beeinflussen. Außerdem muß man zu jeder Zeit sicher sein, daß man auf dem Boden der Tatsachen, hier: der geviewten Informationen bleibt.

Buchanan läßt den Viewer die Reaktion bzw. die Befindlichkeit der Zielperson beschreiben. Ich würde neben der Reaktion der Person auch abfragen, ob eine Aktion im Sinne des Targets auf richtig, also effizient wäre. Und außerdem, ob es sinnvoll und machbar sei, die Interaktion zu betreiben und wenn nicht, was der bessere Weg sei.

Buchanan legt eine, seine, fertige Geschichte vor, in die er die Zielperson in besprochener Manier hineinzieht. Z.B.: "ich stehe auf einer heißen, staubigen Straße. Sie ist völlig leer. Jetzt nähert sich ein Auto mit hoher Geschwindigkeit. Ich halte es an und frage den Fahrer..."

In Fällen, in denen ich Personenbeeinflussung betrieben habe, fand ich die Erfindung von vergleichbar detaillierten Geschichten nicht nötig. Ich dachte mir, man könne dies alles ruhig der Matrix überlassen und sich auf das Wichtige konzentrieren. Viel wichtiger schien mir die vom NLP importierte Technik der adäquaten, nur auf das Nötigste reduzierten Handlungsvorgabe durch den Viewer als durchaus funktionierende Technik.

Buchanan weist wiederholt darauf hin, daß eine verbale Kommunikation mit der Zielperson nicht möglich sei. Im Gegensatz dazu steht die durchaus verbal ausgelegte Verabreichung der Geschichte, die die Zielperson hineinziehen soll. Buchanan äußert sich zu diesem Umstand, daß alle diese Vorgaben sich in der Übertragung von Gefühlen, Allegorien und vorgestellten Handlungen abspielen und deshalb hinüberkommen. Ich persönlich bezweifle, daß dies tatsächlich immer so konsequent durchgeführt werden kann und wurde. Meine Erfahrung zeigt, daß das verbale Ansprechen in einer Session völlig problemlos ist, auch wenn der Viewer kein "Bild" dazu weitergibt. Vielleicht tut er es ja doch? Was die Transformation der Daten von und aus der Matrix anbelangt, wissen wir noch kaum etwas. Das Einzige, was festzustehen scheint ist, daß wahrscheinlich wirklich alles über einen Zwischenträger abgewickelt wird, wobei Matrix natürlich auch nur ein Wort ist.

Ebenso ist es auch höchst fraglich, ob die von Buchanan in der Session erfundene Beeinflussungsgeschichte tatsächlich als solche beim Geviewten ankommt. Buchanan meint hierzu, daß vermutlich von der Zielperson nur das Gefühl dafür aufgenommen wird und die Handlungsvorgaben mit eigenen Inhalten gefüllt werden. Die genauen Vorstellungen von Viewer und Zielperson mögen unterschiedlich sein, wichtig ist, daß der Viewer seine Vorstellung nicht aufdrängt, sondern sie selbst lebt. Das tut er, indem er ein Ideogramm zeichnet, beschreibt, aufschreibt, was er meint, wie in einer Session, hier aber eine Geschichte erzählend. Die Zielperson übernimmt, was sie möchte. (Dies erinnert mich übrigens sehr stark an die Vorgehensweise von Günter Haffelder, der seinen Patienten mit Defiziten Lösungsvorschläge über akustischen Reize ins Gehirn "einspielt" und diese so gestaltet, daß die Person diese Reize akzeptiert. Sie muß das aber nicht.)

Dann aber reicht es auch aus, nur mit Methaphern zu arbeiten, vergleichbar einem Trivial-Roman, in dem der Autor bestimmte Situationen auch nur quasi skelettartig skizziert und Archetypen eines Dialogs fallen läßt. Der willige Leser baut sich dann sein (eigenes) Universum selbst. Es reicht aus, wenn die Protagonistin "schön und blond" ist und der Arzt "groß und männlich". *Man* weiß sofort, wie die Leute aussehen, auch wenn die dann darauf gefertigten Zeichnungen verschiedener Personen sehr stark differieren dürften. Aber das ist für die Sache als solche völlig egal. Hauptsache, die Zielperson weiß, was gemeint ist.

Nehmen wir einen Erfinder, dessen Erkenntnisse wir ausspionieren wollen. Nachdem wir ihn mittels einer normalen RV-Sitzung ausfindig gemacht haben, befragen wir ihn nach Einzelheiten seiner Erfindung. Die Reaktion der Zielperson wäre sicherlich Unwillen, vielleicht sogar mit dem Hinweis darauf, daß diese Informationen geheim seien und er sie deshalb nicht ausplaudern dürfe. (Es ist erstaunlich, wieviel von solchen Einstellungen ins Unterbewusstsein absackt.) Nun würde Buchanan vorschlagen, eine Geschichte zu erfinden, in dem vielleicht der Sohn (Tochter, Frau) eine Rolle spielt und die darauf basiert, daß der Erfinder diesen seinen Bezugspersonen eigentlich schon einmal gern zeigen möchte, was er so Tolles erfunden hat, wenn sie sich wenigstens einmal dafür interessieren würden. Diesen Umstand müßte man allerdings auch erst einmal viewen. Ist es aber so, dann erzählt man dem Erfinder, daß sein Sohn in seiner Werkstatt eingetroffen sei und großes Interesse zeige. Stolz wird der Vater ihn herumführen und ihm alles erklären. Der Viewer lauscht nur und schreibt alles auf.

Alternativ könnte man den Erfinder auch verunsichern, indem man bezweifelt, daß die Sache funktioniert und vorgibt, irgendwo sei ein Fehler verborgen. Dann rechnet die Zielperson panisch und verunsichert noch einmal alles durch.

Natürlich findet dieser Geschichtenaustausch nicht wirklich statt. Was wirklich stattfindet, weiß bisher niemand. Fakt ist lediglich, daß mittels dieser Technik eine erstaunlicherweise vorhandene Barriere im Unterbewusstsein, die verhindert auf der PSI-Ebene etwas auszuplaudern, umgangen wird und dann die Informationen fließen.

Ist man soweit in der Analyse der Vorgänge (und wie man sieht, helfen Worte immer, auch wenn man keine Ahnung hat, wofür diese eigentlich stehen), dann könnte man den Ablaufplan auch verkürzen.

Nachdem man als Viewer mit dem Erfinder Kontakt aufgenommen hat, "Hallo!" und so weiter, fragt man ihn nach seiner Erfindung. Wenn die Antwort kommt, das sei sein Geheimnis oder so ähnlich, kann man ihm vorschlagen, einen Ort aufzusuchen, an dem dies ohne Probleme möglich sei. In diesem Fall fährt man mit dem Stift auf dem Papier solange herum, bis sich das Feedback ergibt, daß es hier möglich sei. Viewt man diesen Ort, kann es sich zum Beispiel um das Patentamt handeln, in dem die Unterlagen sowieso zur Einsicht liegen. Oder es kann ein anderer industrieller Interessent sein, der die Erfindung kaufen möchte. Dem müßte man das ja auch erklären, bevor er zusagt.

Es ist durchaus spannend, dieses Feedback zu viewen, weil man dadurch auch manchmal den Eindruck gewinnt, die Matrix sei bewusst kreativ. Die Entscheidung, welcher Ort es ist und wie er beschaffen sein mag ist jedoch für unsere Session uninteressant. Was zählt, sind die Informationen, die plötzlich sprudeln. Und man hat Zeit gespart.

Dieser Vorgang hört sich sehr "unmenschlich" und "mitleidlos" an, aber im Prinzip schlägt auch Buchanan nichts anderes vor, als die Zielperson zu übertölpeln. Wenn er hinterher im Abgang des Viewers der Zielperson noch eingibt, das ganze wäre nur ein Tagtraum gewesen, wenn auch ein sehr schöner, und deshalb die Weitergabe der Informationen nicht gefährlich, weil nicht wirklich geschehen, so ist das doch reine Makulatur in einem nur scheinbar moralischen Gebäude..

Natürlich bedanke ich mich in solch einer Session hinterher auch bei der Zielperson für ihre Kooperationsbereitschaft. Interessanterweise kommt auch Buchanan zu dem Schluß, daß es gut wäre, eine Wiederholung schon hier vorzubereiten. Er versichert dem Erfinder (Vater etc.) daß der Tagtraum zwar ohne Konsequenzen sei, aber, weil so schön, auch wiederholbar.

Diese Rückkehr zum Target haben wir auch immer wie einen Samen in die Erde der Abschiedszeremonie gelegt. Nur ging es in den Sessions, die ich durchgeführt habe, etwas profaner als bei Buchanan zu. Der jeweilige Viewer bedankte sich und fragte dann einfach, ob er wiederkommen könne. Bisher hat sich noch keines der Targets verweigert, auch wenn man bei den Engeln, hier nur mal als Beispiel angeführt, als Feedback bekam, daß diese dauernden Besuche der Remote Viewer sie schon allmählich nerven würden. Aber da sie ja Engel seien, könnten sie solche Bitten schwerlich abschlagen...

Es ist klar, daß diese etwas ruppige Umgangsweise mit der Matrix auch bedeutet, daß der Kontakt zu der Zielperson nicht so intensiv ist, wie bei der Methode, die Buchanan anwendet. Er muß in die

Person hineingehen, ergründen, was sie so umtreibt und welche Wünsche oder Obsessionen sie hat und wie sie sich anfühlen. Damit ist ein sehr intensiver Zielkontakt hergestellt, wie der Remote Viewer sagt. Weil dieser Kontakt zweigleisig und bidirektional ist, wird klar, daß der Viewer sich die fremden Eigenarten einfangen muß, ob er will oder nicht. Die spätere Distanzierung davon ist logischerweise ein absolutes Muß und Buchanan läßt auch nicht nach, die Wichtigkeit des "Entgiftens" immer wieder zu betonen.

Benutzt man NLP-Werkzeuge, überträgt man der Matrix diese Rolle. Zum einen dringt man nicht so tief in die Zielperson ein, zum anderen überläßt man den Mechanismen des "Großen Unbekannten" die tatsächlichen Entscheidungen. Man stößt sozusagen die Matrix nur an, das in diesem Fall Nötige zu tun, und zwar nach Maßgabe der vorliegenden Informationen. Aber diese muß man nicht nötigerweise alle viewen. Ein paar Stichproben genügen. Die Matrix kann somit als Puffer fungieren und man ist eine große Sorge los. Zusätzlich kann man sich auch über die Matrix von Einflüssen befreien und natürlich sollte man eine ordentliche Herausführung aus der Session nicht vergessen. Darüber wird im Einzelnen noch zu sprechen sein.

Obwohl man immer wieder feststellen muß, wie konsequent aktives RV funktioniert, muß man doch feststellen, daß leider viele dieser Beeinflussungen nicht wie bei einem Trainingstarget kontrollierbar sind. Meist ist die Zielperson viel zu weit weg oder aus anderem Grund einer Kontrolle nicht zugänglich. Deshalb sind für ein Training nur ganz einfache Durchführungen mit Kontrolle möglich, z.B. jemanden im Nebenraum dazu zu bringen, daß seine Füße warm werden, daß er sich an der Nase kratzt oder Durst bekommt. Diese Übungen sind allerdings nicht völlig ohne Makel: erstens erwarten die in Frage kommenden Personen, daß sich "jetzt etwas tut" und es ist schon so, daß man für diese Versuche kaum über nicht eingeweihte, überprüfbare Personen verfügen kann. Wenn aber jemand von dieser Prozedur weiß, wird es wiederum schwierig, genau so, wie auch *frontloaded RV* schwierig ist. Zweitens gibt es ja auch eine Art interne Abwehr, die erst einmal eliminiert werden muß

In eigenen Versuchen konnte ich feststellen, daß eine Zielperson zwar bemerkte, daß sie geviewt wurde, also eine Präsenz spürte, die auf die Äußerung nach der Session hinauslief: "Sagt mal, habt ihr mich gerade geviewt?", dieser Effekt aber nicht jedesmal realisierbar war.

Buchanan hat selbst im klinischen Versuch, wie er sagt, nur eine Erfahrung mit einer Gruppe von Bluthochdruckpatienten gemacht. Es gab auch eine Kontrollgruppe, die nicht beeinflußt wurde. Der Versuch lief so ab, daß der Versuchsleiter Dr. Mann jeweils einen Patienten zur Untersuchung hatte und Buchanan in einem anderen Raum spontan durch Münzwurf entschied, ob dieser Patient beeinflußt werden sollte oder nicht.

Im Falle der Beeinflussung machte Buchanan ein Ideogramm und beschrieb dem Patienten eine ruhige, kühle gelassene Situation im Stile dessen, wie ich vorab geschildert habe. Der Versuchsleiter maß dann den Blutdruck der Zielperson. Die jeweiligen Informationen wurden bis zum Ende des Versuchs nicht offenbart und erst dann miteinander verglichen. Es ergab sich eine signifikante Absenkung bei den beeinflussten Personen um 10 bis 15 Punkte, die aber nach kurzer Zeit wieder verschwand.

Aufgrund dieser offenbar nur kurzzeitigen Beeinflussung gab der Versuchsleiter das Projekt auf, ohne auf das Angebot von Buchanan einzugehen, es zu wiederholen um herauszufinden, ob mehrmalige Beeinflussung nicht eine längere Wirkung zeigen würde. Sicher dachte er dabei an die Erfahrung, daß man mehr Informationen bekommt, wenn man mehrere Sessions auf ein Target macht. Es ist, als würde man sich mit jeder neuen Session seinen Weg weiter in den Urwald der Informationen bahnen können. Vielleicht haben Sie diese Erfahrung ja auch schon gemacht.

Ich persönlich halte die Beeinflussung von Personen in jedem Fall für ethisch problematisch, aber in einer kriegerischen Auseinandersetzung oder im Fall von geheimdienstlicher Aktionen wäre ich nicht so sicher, ob Ethik noch ein Rolle spielte. Was in jedem Fall angewandt wurde und wird, ist Beeinflussung einer Person zur Erlangung von Informationen. Das gibt auch Buchanan unumwunden zu und ich würde sagen, hier haben wir auch den häufigsten Einsatzbereich für die Beeinflussung einer Person mittels

RV und daß diese damals in der geheimen amerikanischen Einheit *nie nie nie!* angewendet wurde, wage ich stark zu bezweifeln.

Es gilt also, den Aspekt von Verantwortlichkeit und die Kontrolle gezielt anzusprechen.

Wir definierten ja: jedesmal, wenn wir uns bewusst vornehmen, verändernd einzugreifen, gebrauchen wir den Begriff Influence, Beeinflussung oder aktives Viewen. In unseren bisherigen Abenteuern in der Matrix haben wir feststellen müssen, daß wir eigentlich zu dumm und klein für wirklich perfekte Eingriffe sind. Das Universum enthält eine Datenfülle, die wir nicht überschauen können. Vielleicht kann es das selbst nicht und benötigt alle vorhandene Materie, um seinen nächsten Zustand zu errechnen. Wie dem auch sei, hier finden wir eine weitaus kompetentere Instanz für eine Überprüfung und Beurteilung unseres Eingriffes. Die Matrix selbst muß entscheiden, ob wir "richtig" gehandelt haben. Ich finde, mindestens dieses Feedback sollte man abfragen.

Aus allen Religionen ist dieser Vorgang wohlbekannt. Hier wird im Prinzip genau dasselbe durchgeführt. Die Kontrolle der Wünsche wird beim Remote Influence-Werkzeug BETEN an Gott abgegeben. Das ist schön einfach gemacht. Man entledigt sich aller Verantwortung, ohne die entscheidende Instanz überhaupt zu fragen, ob sie das denn will. So ist Religion eigentlich eine für Gott unzumutbare Anlehnung; der Gläubige setzt einfach voraus, daß die göttliche Instanz auch bereit dazu ist. Beten ist eigentlich eine ungefragte Vereinnahmung der übrigen Schöpfung, und damit auch die Vereinnahmung aller darin enthaltenen Lebewesen, denn die Matrix ist ja – alles zusammen!

Wenn wir beim aktiven Viewen die Verantwortung an die Matrix abgeben, sollten wir also darauf achten, das Feedback von dort zur Kenntnis zu nehmen und in unsere Entscheidung einzubeziehen. Ist die angestrebte Veränderung machbar, ist sie für das gesamte Feld tragbar und für Viewer, Zielperson und Auftraggeber ohne unwillkomene Nebeneffekte? Durch diese Nachfrage erreichen wir mindestens die Verringerung von Störeffekten, die durch unsere eigene Unzulänglichkeit generiert werden und letztlich wieder uns selbst trifft. Das ist die geringste Rückversicherung, mit der man leben kann, finde ich. Und damit fühle ich mich wohler, als unreflektiert zu wünschen, zu beten oder sonstwie zu hexen. Diese

Überprüfung der Matrix reduziert zwar unter Umständen den gewünschten Effekt, aber das muß man hinnehmen, finde ich.

 Diese Überlegungen fanden zwangsläufig auch ihren Niederschlag in dem Stufe-7-Protokoll, das hier in Deutschland entwickelt wurde und das ich in diesem Buch darstellen möchte. Bevor wir uns dieser Variante von Maßnahmen und Werkzeugen für eine systematische Matrixbeeinflussung durch RV zuwenden, müssen wir jedoch noch ein wenig in moderne physikalische Theorien und Anschauungen eintauchen.

5. Kapitel: Ein Ausflug in die Quantenphysik

In unserem "normalen" Alltag scheint alles eine präzise Zuordnung zu haben. Man kann, was uns wichtig ist, in Metern, Kilometern pro Stunde und Jahreszahlen angeben. Auch Lottozahlen, wenn sie mal gezogen sind, erscheinen uns als feststehende Fakten. Daraus leiten wir die Vorstellung ab, alles ließe sich so genau beschreiben. Und weil wir gesehen haben, daß Remote Viewing funktioniert, meinen wir, auch bei Anwendung dieser Technik müßte diese Genauigkeit erreichbar sein.

Wenn dann Abweichungen und Unbestimmtheiten auftreten, sind wir gern bereit, dieses "Hellsehen" wieder in die Schublade des Spinnertums zu werfen, in der es lange Zeit vor sich hinschimmelte. Dabei machen wir aber wider besseres Wissen den gleichen Fehler, den wir ohne es zu merken im Alltag sonst auch machen.

Das Problem ist, daß wir bei der Ausübung von RV direkt mit jenen Kräften in Berührung kommen, die das Universum bestimmen. Das stürzt uns in einen Konflikt mit unserem Bewusstsein, das alles gern vereinfachen möchte, um schnell damit umzugehen. Denn im Universum gelten völlig andere Gesetze, als wir wahrhaben wollen.

Um das zu verstehen, müssen wir einen Ausflug in die Quantenphysik, neuere mathematische Logik und Philosophie machen. Doch, wirklich, es bleibt uns nichts anderes übrig, wenn wir an dieser Stelle weiterkommen wollen!

Um 1900 bereits versuchte der deutsche Physiker Max Planck die Tatsache, daß beispielsweise die Sonne ihre Energie nicht in einem einzigen Augenblick abgibt, also sozusagen "verpufft", sondern dauerhaft strahlt damit zu erklären, daß diese Energie nur schubweise, eben in Quanten abgegeben wird. Nur wenn die vorhandene Energie so "gesteuert" wird, daß ein allmählicher, lang andauernder Abfluß entsteht, kann sich ein Universum aufspannen. Nun darf man sich unter diesen "Quanten" aber keine sichtbaren "Brocken" vorstellen. Dieses "Plancksche Wirkungsquantum" ist sehr klein, es ist sozusagen die unterste Grenze der Meßbarkeit im atomaren Bereich. Und mit dieser Theorie begann der Ärger in der modernen Physik und beeinflußte schließlich alle weiteren Bereiche der Wissenschaft. Am wenigsten froh wurden die Philosophen.

Weitere Untersuchungen der Physiker bestätigten aber die Theorien Plancks. Sie ergaben, daß man unser Universum nicht beliebig herunterteilen kann. Jeder Messversuch unterhalb der Grenze des Planckschen Wirkungsquantums ist nicht möglich. Das war ein harter Schlag ins Gesicht der herkömmlichen Weltsicht der Wissenschaft, die davon ausging, daß sie die Abweichungen ihrer Meßgenauigkeit mit ständig verbesserten Geräten gegen Null treiben könnte.

Hinzu kam, daß bei einem Quant nicht mehr unterschieden werden konnte, ob die Eigenschaften eines Partikels oder einer Welle vorlagen.

Aus diesen Erkenntnissen entwickelte Werner Heisenberg seine "Unschärferelation": er stellte fest, daß damit die absolute Lokalisierung eines Partikels nicht mehr möglich ist. Schlimmer noch: betrachtet man seine Eigenschaften als Welle, verschwinden die des Partikels und umgekehrt.

Das bedeutet aber, daß sich die Eigenschaft eines Partikels nach seiner Wahrnehmung richtet, der Betrachter also in die Situation einbezogen ist. Damit hat er auch die gleichen Probleme wie das betrachtete Objekt, er selbst ist auch nur bis zu einem bestimmten Grad lokalisierbar. So muß also in eine absolute Betrachtung eines physikalischen Vorganges auch die experimentelle Situation mit hinein definiert werden.

Heisenberg stellte fest: "**Eine ganz scharfe Trennung der Welt in Subjekt und Objekt (ist) nicht mehr möglich**", dementsprechend hat "**der völlig isolierte Gegenstand... prinzipiell keine beschreibbaren Eigenschaften mehr**". (Kausalgesetz und Quantenmechanik. Ann.d.Phil. 9, S. 182.)

Damit hatte sich die klassische Forderung nach der Beschreibbarkeit der Welt erledigt. Man konnte die Position eines Partikel nur noch in Ausmaßen von Wahrscheinlichkeit angeben.

Diese Erkenntnis krempelte gezwungenermaßen auch sofort die gesamte Philosophie um.

Seit Aristoteles galt als Kernaxiom, daß eine "objektive Reflexion" möglich ist, also daß ein Gegenstand der wissenschaftlichen Betrachtung einwandfrei isolierbar sei und frei von allen subjektiven Zuordnungen "absolut" beschreibbar.

Man meinte, hergeleitet aus der alltäglichen Erfahrung der fünf Sinne, daß Subjekt und Objekt von einander trennbar seien. Man konnte behaupten, daß ein Gegenstand einem Naturgesetz folgen müsse, beispielsweise dem Newtonschen Fallgesetz, ohne daß die reine Ansicht oder der Standpunkt eines Betrachters dieses Ereignis beeinflussen könnten. Der Apfel fällt vom Baum, egal, ob es dem Zuschauer auf der Straße gefällt oder nicht.

Für den Alltag genügte diese Ansicht auch weiterhin. **Das Wachbewusstsein kann ungestraft so tun, als hätte es die Erkenntnisse der Quantenphysik nie gegeben.** Der Apfel fällt eben nicht nach oben auf den Baum und wenn vielleicht einmal ein pubertierendes Mädchen in einem PSI-Anfall Tische und Schränke durch den Raum wirft, ohne sie anzufassen, dann war gerade kein Meßtrupp anwesend. Die Berichte darüber kann man schnell als "unbestätigt" zur Seite legen.

Als Remote Viewing in den USA entwickelt wurde, "glaubten" nicht involvierte Personen, besonders die in den betroffenen Finanzierungsstellen, auch in den seltensten Fällen an die Existenz eines Phänomens "Hellsehen". Deshalb wurden auch mehrmals Zuwendungen gestrichen und das Projekt nach Ende des Kalten Krieges wegen "Ineffektivität" aufgegeben. In den führenden Zeitungen und Zeitschriften von "Bild" bis "Spiegel" ist man heute noch der gleichen Ansicht. Ich kann mich noch gut erinnern, als 1996 Remote Viewing nach Deutschland kam. Wir versuchten, diese Methode öffentlich bekannt zu machen und rieben uns an den unendlich wiederkehrenden Forderungen nach dem persönlichen Beweis für jeden einzelnen Reporter und Fernsehmoderator auf. Hinterher wurde dann, auch bei überzeugenden Sessions "relativiert" und eigentlich suchte man wie bei Uri Geller Anfang der siebziger Jahre nur nach dem "Trick".

Erst waren wir überrascht, schließlich genervt, wie man sooo skeptisch sein konnte. Aber schließlich verstanden wir. Unser Bewusstsein ist der Hüter des Hier und Jetzt, und das ist gut so in einer Gesellschaft, die durch Wachbewusstseine, also andere Menschen beschrieben und damit mitkonstruiert wird (Strafgesetzbuch, Straßenverkehrsordnung). Es ist eine gute Lösung, um in einer ebenfalls konstruierten Umgebung, eben unserer Welt, wie wir sie alltäglich wahrnehmen und deduktiv und induktiv behandeln, zu funktionieren. Sobald aber etwas angezapft wird, was darüber hinausgeht, versagt das Wachbewusstsein. Als Hüter der Realität will und kann es aber nicht wahrhaben, das es hier versagt, obwohl dieser Umstand wissenschaftlich nachweisbar ist. **Man kann ohne Übertreibung sagen: wir denken uns jeden Tag unsere Welt zurecht, wie wir sie brauchen.** Und in diesem Bereich funktioniert es oft genug, daß wir glauben, die so nicht erklärbaren Phänomene vernachlässigen zu können.

Zugegeben, wir konnten damals den Effekt des "Hellsehens" nicht wirklich wissenschaftlich erklären, wir mußten die genau so uneinsichtigen Erkenntnisse und Postulate der Quantenphysik verwenden. Aber wir trafen uns plötzlich mit Astronomen und Kernphysikern, Philosophen und neuerdings auch Psychologen, und stellten verblüfft fest, daß sie auf der gleichen "Baustelle" beschäftigt waren.

Ihnen war ebenso das gute alte Weltbild gestürzt worden, aber es gab und gibt immer mehr Meßergebnisse, die die Theorien der Quantenphysiker stützen und sogar zu Überlegungen führen, die wirklich völlig "verrückt" erscheinen. Ich werde sie im Folgenden an entsprechender Stelle einfügen.

Weil aber das einfache, alte Weltbild fast immer genügt, um durchs Leben zu kommen, werden wir uns auch weiterhin mit der unversöhnlichen Ansicht unseres Wachbewusstseins über die Beschaffenheit der Welt herumschlagen müssen. Zum Glück führt uns auch das weiter und wir wissen uns, siehe oben, im Verein mit vielen sehr ernsthaften Wissenschaftlern.

In den letzten Jahrzehnten ging eine bemerkenswerte Entwicklung in der wissenschaftlichen Forschung, auch und gerade bei Vertretern konservativer Ansichten vonstatten. Man beschäftigte sich mit den Konsequenzen der wiederholbaren Versuchsergebnisse und schlüssigen mathematischen Gleichungen. Man versuchte, auf dieser Basis folgerichtig weiterzudenken.

Denn obwohl wir uns nicht bewusst vorstellen können, wie das Universum wirklich aussieht und wozu es gut ist (beides völlig falsche Formulierungen, aber so sind wir eben), können wir doch weitere Schlußfolgerungen anstellen. Vielleicht verstehen wir sie nicht vollständig, aber sie helfen, Aussagen zu formulieren, die uns nach der Erkenntnis Heisenbergs nicht so hilflos im Regen stehen lassen. Die Feststellung, daß das Universum "objektiv" nicht beschreibbar sei, kann ja nicht der Vorwand für die Aufgabe jedes Erkenntnisstrebens sein. Wir müssen uns nur ein wenig mit unbequemer Denkarbeit beschäftigen. aber das kann Remote Viewer doch nicht schrecken? Wir waren so oft weit weg von zu Hause, in all den vielen Sessions. Das trügerische Sicherheitsgefühl, sich in einem geordneten Universum zu befinden, in zweitausend Jahren Entwicklung aufgebaut, hat uns doch schon längst verlassen. Die Gedanken sind frei, kein Mensch kann sie wissen? Was für ein euphemistischer Käse! Wir haben Persönlichkeitsanalysen gemacht. Jeder Mensch ist "einsehbar". Gut, man kann damit nicht hinaus auf die Straße gehen und es jemandem erzählen, der grad zufällig vorbeikommt. Obwohl, wahrscheinlich wird unser Feld uns jemanden zuführen, der genau dafür Verständnis hat.

"Natürlich!", wird er vielleicht sagen, "gar kein Problem. Ich halte jeden Tag Vorträge darüber. Ich kann es erklären. Was für ein Zufall, nicht wahr?"

"Nein", sagen wir, denn wir haben schon eine Menge gelernt. "Kein Zufall."

"Also, es ist doch so", fährt unser neuer Bekannter fort, "wir haben inzwischen Modelle, die funktionieren und neue mathematische Entwicklungen, mit denen man das Universum berechnen kann. Die auch die PSI-Effekte mit einbeziehen. Wir haben die mehrwertige Logik und wir haben die Arbeit von Burkhard Heim. Und wir können unsere RV-Erfahrungen dort einbringen und sehen, was passiert."

"Aha", sagen wie wenig begeistert, wissen wir doch, daß jetzt jede Menge unverständlicher Formelkram kommen muß. Wollten wir das?

"Ein paar kleine Darstellungen kann ich euch nicht ersparen", lächelt der zufällig Getroffene wissend. "Aber wir machen es wie in der Klötzchenschule. Hier zum Beispiel ein paar Logik-Klötzchen:"

P	$\sim$P
P	N
N	P

"Das ist doch nicht schwer zu verstehen. In dieser kleinen Tabelle ist symbolhaft unsere Betrachtung der Welt seit den alten Griechen aufgetragen. Wir als Subjekt können uns vom Objekt trennen und es isoliert betrachten. Entweder wir oder das zu Betrachtende. Nehmen wir dafür einfach P für Positiv und N für das Entgegengesetzte, die Negation.

Eine funktionierende Logik soll ja alle Zustände, die irgend etwas im Universum annehmen kann, beschreiben. Wenn wir die Faktoren dieser *zweiwertigen Logik* miteinander in Verbindung setzen, bekommen wir das heraus, was wir aus dem Alltag kennen, und deshalb hat diese Logik auch seit Aristoteles funktioniert:
es gibt nur eine *Konjunktion* ("und"), die beschreibt, daß alle Merkmale einer Betrachtungsmenge gleichzeitig darin enthalten sind. Diese Konjunktion ist scharf von der *Disjunktion*, der gegenseitigen Ausschließung getrennt. Entweder, oder! Klare Verhältnisse also. Und es bedeutet gleichzeitig, daß Ort und Impuls eines Quants gleichzeitig und gemeinsam feststellbar sein muß.

	P	q	P·q	P∨q
	P	P	P	P
	P	P	N	P
	N	P	N	P
	N	N	N	N

Leider trat ja dann Heisenberg auf den Plan und legte dar, daß bei den kleinsten meßbaren Teilchen dies nicht zuträfe. Entweder bekäme man die Eigenschaften eines Teilchens oder die einer Welle bzw. des Ortes und des Impulses. Beides gleichzeitig sei nicht meßbar. Und weil Wissenschaft exakt sein muß und auf alles zutreffen, konnte man, wie schon erwähnt, das ganze Gebäude, das auf dieser Logik beruhte, einreißen. Zweitausend Jahre Philosophiererei umsonst? Nicht ganz umsonst, denn man hatte ja geübt, sich mit solchen Problemen auseinander zu setzen.
Die Lösung, die ich den Ausführungen von Gotthard Günther, einem zu Unrecht sehr unbekannten Theoretiker, entnahm, ist relativ einfach: wir nehmen einen dritten Status in unsere

Realitätsbeschreibung mit hinein und dann nennt sich das Ganze "dreiwertige Logik".

P	~P	~'P
P	N	P
N	P	N'
N'	N'	N

Wir haben also die drei Faktoren: einmal das Objekt und dann zwei verschiedene Subjektbegriffe:
1. der Beobachter, der die Einheit von Ort und Impuls in einem System benötigt
2. der Beobachter, der nur eine der beiden physikalischen Resultate zu Gesicht bekommt.
In die Tabelle eingefügt haben wir also zwei statt einer Negation (N und N´)

Die ablesbar entstehenden Konjunktionen und Disjunktionen erfassen nicht nur alle geforderten Ereignisse, sie geben außerdem Hilfestellung in der Beurteilung einzelner "Fälle".
 Nehmen wir den experimentellen Beobachter: er existiert in zwei gegensätzlichen Beobachtungssystemen, die entweder *Ort oder Impuls* ergeben. Dies kann man im Gefüge der Konjunktionen als disjunktives Element verstehen, das die bestehende Konjunktion nur abschwächt, nicht aber aufhebt.
 Auf diese Art kann man gegensätzliche Ereignisse mathematisch-logisch in einem System einbinden, was eben die Erfordernisse der Quantenphysik erfüllt.
 Damit sind die drei Bedeutungen von "und":
1. Wir nehmen an, daß die Wirklichkeit beide Möglichkeiten *Ort und Impuls* konjunktiv enthält.
2. Beim Beobachten ist die Möglichkeit *Ort (Teilchen)* gegeben
3. Beim Beobachten ist die Möglichkeit *Impuls (Welle)* gegegen.
Dieser Sachverhalt wird in zwei "abgeschwächten" Konjunktionen beschrieben, in denen ein Teil der Daten disjunktiv auftritt.
Die dreiwertige Logik kann also das Unschärfeprinzip beschreiben. Alle Variation sind enthalten.

Es ist uns so sehr wohl möglich, eine Beschreibung "der Welt" zu formulieren. Sie ist "sowohl als auch" und das gleichzeitig. Das Problem dabei ist nur, die Ergebnisse in den Alltag zu übertragen und für unsere Lebensführung zu nutzen. Also in unserem Fall bedeutet es ganz konkret, praktikable Richtlinien für den Umgang von Remote Viewern mit dem Universum zu erarbeiten.

Wir haben ja oft gesehen, wie man durchaus die mit RV ermittelten Daten nutzen kann. Es geht also etwas. Die Erkenntnisse und Folgerungen der Quantenphysik werden uns zwangsläufig weitere Anhaltspunkte liefern müssen, handeln sie doch, wie wir sehen werden, von der gleichen Sache, in die wir mittels RV einsteigen und die wir Matrix nennen.

Allerdings müssen wir diese Aussagen auf unsere Verstandesebene herunterbrechen. Schauen wir mal, wie uns das gelingt. Vieles wird in der Sprache des Universums "falsch" sein, aber nur so nutzt es uns in "unserer" Welt. Wir kennen das doch schon:

Um Remote Viewing durchführen zu können, umgehen wir zwar unser Wach-Bewusstsein, hinterher versuchen wir aber genau damit diese Erkenntnisse zu verstehen. Daß das Bewusstsein dann oft die falschen Schlüsse zieht, übereifrig und anhand von wenigen Daten, muß klar sein. Auch, daß das Bewusstsein den Vorgang des Viewens mindestens als unnatürlich wahrnimmt und die gewonnenen Informationen oft als Blödsinn abtut, obwohl sie stimmen, sollten wir nicht vergessen. Aber als Remote Viewer haben wir uns doch schon daran gewöhnt, mit diesem schizophrenen Aspekt zu leben, oder? Das Wachbewusstsein ist ja unser Repräsentant und damit besitzt es auch ein gutes Stück Faulheit. Warum manche Fragen zur Lösung nicht an das Unterbewusstsein (Höheres Selbst, rechte Gehirnhälfte, Gott, das Schicksal, die Matrix) abgeben, wenn es doch funktioniert? Mehrwertige Logik ist schließlich auch nur ein Rechenexempel. Schon die Addition von Zahlen mit Komma und mehreren Dezimalstellen ist für uns nicht mehr vorstellbar. Trotzdem gehen wir damit um, als wäre es ganz anders.

Doch zurück Unschärferelation und zur Aussage der quantenphysikalischen Logik. Das Objekt ist ohne das Subjekt nicht definierbar sondern beide sind miteinander verknüpft, trennbar nur durch den Aspekt der Betrachtung, wobei aber die anderen Möglichkeiten immer "mit im Pool" sind.

Diese Aussage bedeutet im Grunde das Gleiche, was die Äthertheorie, die schon im 18.Jahrhundert entstand, so formuliert: Das Universum ist eine Einheit, alles ist eins, also ist alles mit allem verbunden, Bewegung gibt es nur "in sich selbst".

In einer nicht vorhandenen Teilung kann sich kein Punkt ohne seine Umgebung definieren und keine Erregung bleibt an einen Punkt, sondern dehnt sich über das gesamte Alles aus, ja, es ist im gleichen Moment Alles.

In diesem Erklärungsmodell finden sich sowohl die Anhänger der Super-String-Theorie als auch die Forscher wieder, die aufgrund von Computersimulationen meinen, die Materie des Universum rechne ihren Zustand von Quanten-Moment zu Quanten-Moment weiter.

Faßt man die kleinsten Teile des Universums als Schwingungen auf (Strings), so kann man davon ausgehen, daß diese Schwingungen miteinander interferieren, was auch ein reflexiver Vorgang ist. Damit ist die Forderung der Untrennbarkeit von Subjekt und Objekt eingehalten.

Im Modell der zufälligen Entwicklung, das amerikanische Forscher mit einem speziellen Programm im Computer nachspielten, existiert auch kein Partikel der gesamten Simulation für sich allein. Nach einem Anfangs-Anstoß entwickelte sich die Simulation hin zu durchaus geordneten Strukturen.

Übertragen wir das auf das Universum. Nach einem angenommenen Anfangsimpuls (egal nach welcher Theorie, ob Urknall, Schöpfung oder Werden/Entwicklung) kam es zu einer fortlaufenden Interaktion von Wellen/Partikeln. Vorhandene Schwingung oder Partikel aber ist gleichzeitig Information. Interagierende Informationen sind... ein Computer? Nullen und Einsen in kosmischer Größe. Das ganze Universum tatsächlich ein Computer?

Heute würde ich sagen: das ist die falsche Frage. Man müßte eher sagen, daß das Universum nicht bestehen könnte, wenn es nicht beständig aktiv wäre und damit Rechenoperationen durchführte. Wir kennen dieses Problem aus anderer Sicht: die Gefahr der Entropie. Wenn das Universum nicht rechnet, dann erstarrt es in gleichmäßiger Verteilung und das bedeutet den Energietod.

Nehmen wir also das Computermodell, weil es näherungsweise am besten die Funktion beschreibt.

Wenn man so weit mit der Herstellung von Bezügen ist, muß man aber auch zugeben, daß wir hier einen sehr großen Computer hätten, dem man sehr wohl schon aufgrund der Größe Intelligenz zubilligen könnte. Und relativ zu unserem kleinen menschlichen Wachbewusstsein erheblich mehr Intelligenz. Gott? In der Tat, was gäbe es für einen passenderen Begriff dafür?

Beachten Sie bitte, daß die Materie, die unser Bewusstsein bewohnt, nämlich das Gehirn, untrennbarer Teil dieses Universums ist und ebenfalls fleißig an der Weiterrechnung des Universums beteiligt ist.

Und wenn wir die Trennung zwischen unserem Bewusstsein und dieser Materie überwinden, was haben wir dann? Ganz einfach: Remote Viewing.

Die Idee des intelligenten Universums ist natürlich nicht neu. C.G. Jung hat dafür seinen berühmten Begriff vom kollektiven Unterbewusstsein geprägt. Machen wir es uns doch einmal explizit klar: Die Materie unseres Körper bildet in ihrer Struktur (Gehirn/Nervensystem) also die Möglichkeit für intelligente und bewusste Prozesse und ist selbst Teil eines intelligenten, vielleicht auch nur andersartig bewussten Systems. (Es fällt übrigens auf, daß Viewer in der Session stets hochmoralische und ethisch wertvolle Äußerungen abgeben, fest im Boden der göttlichen Zehn Gebote verwurzelt!)

Jetzt kommen wir ein wenig in Definitionsnöte. Die Psychologie definiert als Gegenpol zu unserem Bewusstsein ein Unter-Bewusstsein, in dem alle unbewussten Informations- und Steuerprozesse ablaufen und das mehr oder weniger autark zu unserem Bewusstsein handelt. Die Frage ist nun, hat dieses persönliche Unterbewusstsein eine Abgrenzung zum kollektiven Unterbewusstsein?

Quantenmechanisch gesehen wäre das unmöglich. Sind wir also mit unseren unterschiedlichen Bewusstseinen in unseren Scheinrealitäten alle auf das gleiche Unterbewusstsein angewiesen? Können wir vielleicht unbewusst ablaufende Regelprozesse aus diesem Begriff ausklammern oder sie als "Dienstleistungsprogramme für die Körperfunktionen" herausdefinieren? (Dazu gibt es neueste Forschungen, die bestimmte "intuitive" Erkenntnisse tatsächlich in den Bereich unterschwelliger Rechenoperationen verweisen können.)[3]

Dann könnte man sagen: Unterbewusstsein = kollektives Unterbewusstsein = Matrix = Universum/Existenzgefüge in seinem Schwingungsaspekt. (Und, wie wir wissen, existieren ja Ort und Impuls gleichzeitig.)

Stellen wir doch einmal zur Veranschaulichung diese Beziehung in einer Zeichnung dar. Als erstes zur Erinnerung Lyn Buchanans Vorstellung, die noch eine Trennung der Unterbewusstseine vorsieht.

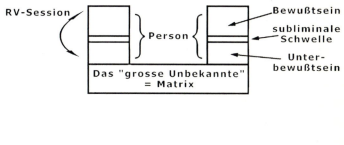

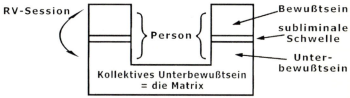

Aus unserem Schaubild wird klar, wie fremd und abgehoben unser Einzel-Bewusstsein in diesem System ist. Gebunden in einem eigenen Betrachtungssystem, ohne das es nicht existieren kann, ist es ihm unmöglich, die Gegebenheiten des Universums eindeutig zu

---

[3] siehe *Der Spiegel* Nr.15 vom 10.4.06. Die Gehirnforschung findet heraus. daß bestimmte "intuitive" Entscheidungen auf nicht auf bewusster Ebene ablaufenden Rechenprozessen ablaufen. Kartenspiel mit blauen und grünen Karten. Blau: Risko, grün kleiner Gewinn. Nach 50 Ziehungen wollen die meisten Probanden nur noch grüne Karten als gäbe es einen "internen Buchhalter".

beschreiben, schlimmer noch, es fordert diese Beschreibung, weil es ein System aufgebaut hat (das alltägliche Leben), in dem es damit zurechtkommen will. Es bleibt aber die Spitze eines Eisbergs, die versucht, das Weltmeer zu beschreiben. Aus den bisherigen Überlegungen wird klar, daß es hier versagen muß, und genau das sagen die Ergebnisse der Versuche und Schlußfolgerungen der Quantenphysik.

Gehen wir nun aber noch einen Schritt weiter in unserer Anwendung der Äthertheorie. **Wenn wir sagen, daß Matrix und Bewusstsein die gleichen Plätze einnehmen, weil das Bewusstsein einen Teil der Materie des Universums = Matrix für seine Funktion benutzt, nämlich die Neuronenanhäufung, die wir "Gehirn" nennen, benötigen wir plötzlich keine Sender/ Empfänger – Vorstellungen mehr, kein "Herunter-laden" als Modell des Vorgangs der Informations-übertragung beim RV und auch der Begriff der subliminalen Schwelle steht zur Diskussion. Das, was beim Viewen passiert, ist nichts weiter als das "Platz schaffen für ein Auslesen oder Zulassen der Verbreitung der in der Materie/Matrix enthaltenen Informationen. Die Übertragung in unsere sprachgesteuerte Alltagswelt ist also "nichts weiter" als ein Übersetzungsprozeß, nachdem wir uns auf eine bestimmte "Frequenz eingestellt" haben.**
Und das ist genau das, was Viewer in der Session verspüren. Sie haben alle Informationen immer parat, sie müssen nur in sie eindringen, ohne daß das Wach-Bewusstsein dazwischenquakt; aber dann kommt das Problem mit der Übersetzung.
Man kann Viewer beobachten, wie sie verzweifelt versuchen, einen Matrix-Eindruck in Worte zu fassen. Holt man sie nicht schnell aus diesem Dilemma, z.B. mit der Anweisung: "dann schreib das Geräusch eben so, wie es klingt, meinetwegen *Brmmtschsch*, du weißt doch, was gemeint ist!", dann kickt sie das nörgelnde Wachbewusstsein, dem das nicht genau genug ist, aus der "Zone".
Das bedeutet, auch die Informationen fließen nur hin- und her, vom Bewusstsein in die Matrix und von dort wieder in andere Bewusstseine, vorausgesetzt, die können etwas damit anfangen. Denn das leistet "normalerweise" die subliminale Schwelle, wenn es

sie gibt, der "Schutz des Systems": das Wachbewusstsein nimmt die Informationen nur in Ausnahmefällen an.

Diese Fälle können **absichtlich** hervorgerufen werden, vielleicht durch eine RV-Session, eine Hypnose-Sitzung, eine Familienaufstellung oder Ähnliches.

Unabsichtlich geschieht dieser Effekt durch den Energiegehalt von anstehenden Gefahren, deren informelle Wichtigkeit in die Aufmerksamkeit des Autobahn-dösenden Fahrers eindringt. Oder was es an schlimmen möglichen und tatsächlichen Ereignissen in der nahen Zukunft sonst gibt. Einfach ein Hineinschwappen des energiereich informierten Äthers in das Bewusstsein.

Aber vorhanden sind die Informationen jederzeit und somit auch aus einigem "Abstand" zu viewen.

Mit dieser Vorstellung läßt sich leicht die Frage klären, wie zum Beispiel andere Personen beeinflußt werden können. Buchanan sagt, man benötigt Bilder und Stimmungen, weil eine echte verbale Kommunikation nicht möglich ist. Sie würden die subliminale Schwelle nicht passieren können und das Bewusstsein würde die Botschaften nicht verstehen. Da diese Schlußfolgerungen aus der Praxis gewonnen wurden, haben sie einen großen Wahrheitscharakter (für die praktische RV/RI-Arbeit). Betrachten wir die Situation jedoch nun einmal mit dem veränderten Modell, das wir im Laufe dieser Betrachtung gewonnen haben. (Alles sind hypothetische Konstrukte, darüber waren wir uns im Klaren! Aber sie helfen.)

Buchanans Erklärung, daß wir nur Stimmungen und Gefühle auf andere Personen übertragen können, weil die subliminale Schwelle keine Worte zuläßt, ist nur eine seiner Aussagen. Genau so erzählt er aber auch von komplexen Situationen, die er übermittelt hat. Das ist ein eklatanter Widerspruch. Das Beispiel von dem Vater in einer geheimen Anlage, der den Wunsch hat, seinem Sohn alles zu zeigen und anerkannt zu werden, das alles ist viel zu komplex für die einfache Aussage. Wenn es stimmt, was Buchanan hier erzählt, wie verträgt es sich zu seiner Darstellung des Bewusstseinszuganges?

Aus der Zeichnung oben bietet sich eine andere Möglichkeit an. Man sieht, daß ein ständiger Informationsaustausch (ohne Schwelle) möglich ist. Das Individuum legt Informationen durch seine Handlung und sein Denken in der Matrix ab. Gleichzeitig werden auch Informationen aufgenommen, aber nur lebenswichtige und/oder absichtlich abgefragte kommen ins Wachbewusstsein. Es wird im Rahmen von Fragen wie: "Bin ich betroffen? Ist es wichtig?" gefiltert.

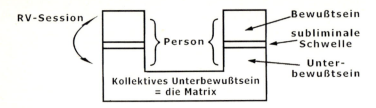

Das bedeutet, die Informationen, die man sendet, können durchaus sehr komplex sein. Man muß die Zielperson nur dazu bringen, diese Informationen abzuholen. Dazu gehört zweierlei: die Informationen müssen sich als relevant erweisen und/oder das Individuum muß wissen, daß es sie abholden soll, daß sie speziell für diesen *Teilnehmer im Netz* sind.

Dazu kann das Einbringen eines Köders hilfreich sein. Paßt er gut, weil er vorher geviewt wurde, wie auch Buchanan zugibt, wird sich das Individuum mit seinem Wachbewusstsein auf die Infos stürzen. Der Köder allerdings sollte so einfach oder so treffend sein, daß er die Übersetzungsschwelle überwinden kann.

Aus der Arbeit des Gehirnforschers Günter Haffelder wissen wir ja, daß unterschwellige Informationen für das zu empfangende Gehirn "typgerecht" verpackt werden müssen. Für die Übermittlung der Daten in den Bereichen, in denen er tätig ist (Lernprobleme, Steuerungsprobleme nach Herzinfarkten etc.) muß er die Unterschiedlichkeit von etwa 70 Gehirnmustern beachten, damit die Informationen vom Empfänger akzeptiert werden. Man muß also nur einen bestimmten Grad an Genauigkeit erreichen, nicht unbedingt die perfekte Passung. Was ja viel zu viel Aufwand bedeuten würde.

Hier wäre es auch möglich, nicht nur in den positiven sondern auch in den angsterfüllenden Vorstellungen des Opfers etwas Passendes auszuwählen. In unserem Beispiel: Geheimhaltungsvorschriften sind durchaus bedrohlich, nicht jede kann man einhalten. Dies ist durchaus ein Ansatz.

Verwirklicht wird er zum Beispiel bei einem Voodoo-Anschlag, wie ich ihn mal nennen möchte. Man tuned das Opfer ein, indem man ihm eine Puppe an die Tür nagelt. Dann weiß das Bewusstsein Bescheid, denn es kursieren ja genug Geschichten über so etwas und es holt sich die hintergeschickten PSI-Informationen zu seinen Ungunsten aus der Matrix.

Zeitgenössische Forschungen zeigen übrigens, daß im Bereich der Werbung diese Mechanismen schon lange benutzt werden, um die Mechanismen des Bewusstseins zu übertölpeln. Wir müssen uns auch diese Vorgänge bewusst machen. Erst dann sind wir in der Lage, tatsächlich abzuwägen, ob wir etwas brauchen. Das Bewusstsein ist immer noch der Herr der Entscheidung. Wenn man weiß, woher eine Beeinflussung oder gar Bedrohung kommt, ist sie bereits keine mehr.

Anders herum funktioniert natürlich auch folgendes: wenn ich etwa feststelle, daß ich irgend ein Industrieprojekt für eine bestimmte Problemlösung brauchen könnte, egal ob für die Gartenarbeit oder die Fertigstellung einer DVD, dann schicke ich diese Information in die Matrix hinaus und prompt liefert sie mir die entsprechende Werbeanzeige in den Aufmerksamkeitskegel meiner Bewusstseinslampe. Man kann sich drauf verlassen! Wunderbar! Nun kann ich mich bei den heutigen Dauerwerbesendungen unbelastet über die Einfälle der Werbetexter amüsieren.

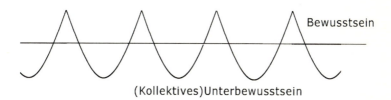

Unser neu gefundenes Modell der Matrix/Bewusstseins-Verhältnisse kommt also ohne Abgrenzung gegen das Universum aus und die subliminale Schwelle ist nur die Sperre des Bewusstseins für etwas, das es nicht zur Kenntnis nehmen möchte, das sich aber durchaus einschleichen könnte. Bewusstsein und kollektives Unterbewusst-

sein nutzen gleiche Gehirnmaterie. Gemäß Äthertheorie gibt es nur die Verlagerungen von Anregungen.
Wie wir schon gesehen haben, ist jeder Prozeß multidirektional. Wir holen nicht nur ab, unser Bewusstsein kann auch Anstöße geben. Wir schwingen in der Existenz. Das ist das Besondere daran. Und alle anderen Existenzen sind auch dabei.

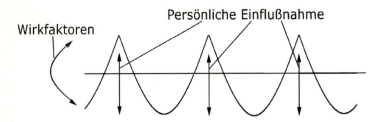

Kehren wir kurz zurück zu dem schon besprochenen Computermodell. Vielleicht ist unser Universum eine Simulation um mal zu testen, wie es wäre, wenn man quasi-autarke Systeme zur zusätzlichen Stimulierung im Entropie-Prozess einsetzt? Unser ständiges Bestreben, "Ordnung zu schaffen", Neues anzufangen und der natürlichen Chaotisierung die Stirn zu bieten und damit der thermischen Gleichverteilung, ist das nicht ein beachtliches Instrument zur weiteren Erhaltung unseres Daseinsgefüges? So lassen wir durch unser tägliches Gewusel, die Angst, daß uns etwas passiert und die Freunde, etwas zu gestalten tatsächlich in jedem Moment von Neuem ein Universum entstehen.

6.Kapitel: Zukunft und Voraussage

Nichts hat Remote Viewer jemals so sehr interessiert wie die Zukunft. Und in keinem Bereich hatten sie so viele Schwierigkeiten, wie hier. Nach "drüben", ins "Jenseits", kamen sie immer, sie mußten nur aufpassen, daß sie wieder zurückkamen. "Göttliche Instanzen", "Engel" kann man auch jederzeit treffen. Kein Problem.

Und was die Vergangenheit anbelangt, so konnten wir in der Session alles richtig eintragen: den zweiten Weltkrieg, die erste deutsche Fußball-Weltmeisterschaft, den Tod von Ludwig dem 14. Das sind alles Daten, die wir aus bereits existierenden Geschichtsbüchern entnehmen können. Das ist die einfachste Übung. (Mit kleinen Ausnahmen, aber das soll an dieser Stelle nicht als relevant betrachtet werden.)

Zukunft ist anders.

"Das ist doch ganz klar!", werden vielleicht einige, besonders die Kritiker sagen, "Das ist alles noch nicht passiert, alles ist noch möglich, das kann man nicht voraussehen!"

Doch, man kann, das haben wir in Lehrbuch 3 schon gesehen. Und es gibt eine Menge Beispiele für tatsächlich eingetretene Zukunftssichten. An dieser Stelle des nunmehr vierten Lehrbuchteils sollten Sie zu diesem Thema auch schon einiges beitragen können.

Demgemäß hat sich unser kleines Bewusstsein zwar seine Winzigkeit im Kosmos klargemacht, weiß aber aus den bisherigen Anwendungen, daß es für seinen überschaubaren Bereich des täglichen Lebens Hilfen aus der Matrix haben kann, um sich (sogenannte) Vorteile zu verschaffen und möchte das nun auch. Wir wenden Remote Viewing also auch für die Zukunft an, um daraus Kapital zu schlagen. Aber einiges scheint nicht zu funktionieren. Und mit der seriellen Betrachtungsweise unseres Wachbewusstsein tun wir uns sehr schwer, die verantwortlichen Mechanismen ad hoc zu verstehen. **Deshalb: bevor wir uns daran machen, die Zukunft mittels Remote Viewing zu beeinflussen,** denn das soll doch in diesem Buch besprochen werden, **müssen wir mehr Verständnis für dieses Phänomen erarbeiten.** Hier nun ist der Platz, aber auch die Notwendigkeit, unsere Kenntnisse zu vertiefen.

Ich werde anhand von realen Projekten weiter in die Thematik eindringen. Nichts ist anschaulicher als tatsächliche Ereignisse und wie ich erfahren habe, liefert einem die Praxis auch genau die Art von Beispielen, an denen man alle Schwierigkeiten aufzeigen kann. Es ist wie eine Anwendung von Murphys Gesetz: alles Schlimme, das passieren kann, passiert auch. Nun, wir wollen diese Projekte und Sessions benutzen, um etwas zu lernen. So haben sie auch ein Gutes, selbst wenn sie ihren ursprünglichen Zweck nicht erfüllen konnten.

Es gibt mehrere Kategorien von Problemen mit der Zukunft. Als erstes möchte ich das Verständnisphänomen aufgreifen.

Vielleicht das beeindruckendste Projekt der letzten Jahre war das sog. "Schröder-Target". Ich begann im August 2002 dieses Thema interessant zu finden. Auslöser waren die bekannten Schlingerkurse der Regierung Schröder und die für den nächsten Monat anstehenden Bundestagswahlen.

Dieses Target tauchte gelegentlich in Gesprächen und Foren im Internet auf, wurde aber nicht weiter hochgespielt. Die an dem Projekt beteiligten 18 Personen (15 Viewer) hielten sich in Äußerungen zurück, denn uns allen war klar, daß es niemandem dienlich wäre, wenn wir wie weiland Ed Dames immer wieder die neuesten Sessiondaten unreflektiert in die Welt hinauskrähen würden. Allen war nach den schon beschriebenen Erfahrungen mit zukünftigen Ereignissen klar, daß wir unbedingt eine längere Zeit daran arbeiten mußten und die jeweiligen Ergebnisse erst mit den tatsächlich eintreffenden Ereignissen vergleichen sollten, bevor eilige Schlussfolgerungen unötige Diskussionen hervorriefen. Man könnte über den Ablauf des Projektes ein ganzes Buch schreiben, vielleicht geschieht dies noch; anderseits aber, wen interessiert Schröder heute noch? Wobei natürlich zu überlegen sei, ob man das Projekt nicht weiterführen sollte, denn seine Position als Vorstandsvorsitzender der russischen Erdgasversorgers GASPROM hat sicher noch einiges zu bieten.

Hier an dieser Stelle möchte ich mich aber kurzfassen und nur die Daten herausgreifen, die für die augenblickliche Überlegung zum Wesen der Zeit und ihrer Rezeption hilfreich sind.

Ablauf des Projektes: Die Sessions wurden meist im Rahmen von Projekttagen oder anderen Treffen durchgeführt. Diese Treffen lagen zwischen einem halben und einem ganzen Jahr auseinander. Andere Sessions wurden im Rahmen eines Trainings durchgeführt und bieten Eckpunkte dazwischen.

Ein Ergebnis des Projekts fällt sofort auf und kann durch die Anzahl der Sessions (21) als hinreichend belegt anerkannt werden: Die Aussagen der Viewer waren weitgehend homogen in ihren Aussagen. Aber die Informationen veränderten sich mit der Zeit.

Durchgehend war immer der politische Aspekt des Targets mit Versammlungen, Gesprächen, Öffentlichkeit, Fernsehreden, rivalisierende Gruppen und die Grundfarbe rot. Ein konservativer Viewer sprach sogar von "politischem Wirrkopf".

Ende 2002 waren die negativen Einschätzungen der Person P1 sehr stark. Die Gesundheit schien angegegriffen aufgrund vieler Querelen, für das Jahr 2003 wurde sogar ein Zusammenbruch vorausgesagt mit Symptomen wie Herzinfarkt und eine Viewerin vermutete sogar ein Attentat.

Wir erinnern uns: im September 2002 gewinnt die SPD wider Erwarten mit nur drei Überhangmandaten Vorsprung die Bundestagswahl. Im folgenden Jahr hat Schröder mit dieser knappen Mehrheit, der eine eigene Minderheit im gesetzesabsegnenden Bundesrat gegenübersteht, große Probleme, seine Vorstellungen von einer sozialen Umstrukturierung durchzusetzen. Niederlagen bei den folgenden Landtagswahlen, Tiefstwerte bei Umfragen, interne Streitigkeiten um die Sozialreform führen dazu, daß er am 6. Februar 2004 seinen Posten als Parteichef abgibt. Der Herzinfarkt trat aber nicht ein, obwohl man dem Bundeskanzler ansah, daß die Ereignisse seiner Gesundheit nicht gerade zuträglich waren. Vielleicht haben die Viewer dieses Ereignis im metaphysischen Sinne, sozusagen als AI geviewt, aber der Aspekt des Attentats gibt uns doch zu denken. Dann überraschte mich Frank Köstler mit der Nachricht, er habe im Internet Berichte einer litauischen Nachrichtenagentur gefunden, der Hinweise aus Geheimdienstkreisen zugespielt worden seien. Demnach soll für Mai 2005 ein Attentat auf Schröder geplant worden sein, von welcher Interessengruppe aus sei allerdings nicht klar zu erkennen.

Nehmen wir das einmal so hin. (Ein Verschwörungstheoretiker würde vielleicht sagen, es hätte den Versuch gegeben, Schröder mittels Fernbeeinflussung einen Herzinfarkt zu verpassen.)

Viel interessanter ist, daß schon Ende 2002 Beschreibungen eines ganz anderen Problemfeldes auftauchten (das ich wegen seiner Absurdität zunächst nicht beachtet habe).

Die Hauptaspekte hier waren die Einsicht von Person 1 (P1) in seine prekäre Lage, die "Blockierungen" seiner Arbeit und persönlichen Entwicklung (auch "die Familie kommt zu kurz"), die Suche nach einem Ausweg, auch in "finanzieller" Hinsicht und viele Gespräche, in denen ein blonder großer und wichtiger Mann eine Rolle spielte. Nach einer "Übergangszeit" von "nicht mehr als zwei Jahren" sahen die Mehrzahl der Viewer zu verschiedenen Zeitpunkten für das Jahr 2004 eine Entscheidung, eine Übereinkunft voraus, die einen "Neuanfang" bildet. Damit "hat keiner gerechnet", sie "läßt Menschen aufhorchen, ist ethisch nicht korrekt", es gibt "finanzielle Interessen", "Diffamierung und Wahrheitsvertuschung" und die Redewendung "So etwas macht man nicht!" In ca. 70% der Session taucht der Begriff "Röhre, Energie, Transport" auf.

Dieses Szenario verfestigte sich, je weiter die Zeit voranschritt (doch, doch, ich nenne das jetzt mal so, immerhin erleben wir es ja so im Alltag!).

Man sieht hieraus, daß sich offenbar der Blickwinkel des Viewers für die Zukunft änderte. Aber neben den Kommentaren zu aktuellen Ereignissen wie z.B. der schwierigen Regierungszeit ("Chaos, Widerstand, Revolte, Leute zerstreiten sich, Gruppenkonflikte") bis hin zur vorgezogenen Bundestagswahl 2005 wurde immer wieder ein anderes, zukünftiges Szenario sozusagen "mitgeschleppt".

Am Anfang des Projektes stand es noch etwas im Hintergrund, mit "uneinsehbaren Übergangszonen, in denen etwas Wichtiges passiert", aber ab Mitte 2003 wurde es immer intensiver und lakonischer.

Witzigerweise beschrieb dazu Monika S. bereits am 7.6.2003 "Kühlrohre, durch die etwas fließt, Energieaspekt, sehr wichtig" und gab als Datum ihrer Session versehentlich(?) 2006 an.

Das Versehen ist wirklich merkwürdig, denn genau 2006 wird ihre Beschreibung des geschäftlichen Umgangs von Personen innerhalb eines Kontextes, den sie überhaupt nicht ausstehen kann (Politiker,

Konzernchefs usw.) sehr real. Nur ihre Timeline blieb in den Jahren 2003/2004. Eigenartig war auch, daß bei dieser Session ihre Eindrücke von Personen im Target ganz im Gegensatz zu ihren üblichen Empfindungen merkwürdig blaß blieben.

Die letzte der "negativen" Sessions machte Nikola S. am 18.7.2004. Sie sprach von "ernsten Unterhaltungen" mit AULs wie "Feuerwerk" und "Terroranschlag". Die Beteiligten waren u.a. ein "Redner" mit kurzen, blonden Haaren, blaugrünen Augen, der im Mittelpunkt steht", daneben stand eine männliche Person, Aufgabe: "Bewachung". Sie fühlte in die Situation hinein und sagte: "AI: als ob mir schlecht wird, Schwindel, mir ist, als ob alle besoffen sind!"

Aus eigener Erfahrung möchte ich hier einflechten, daß das eine normale Situation in Geschäftssitzungen ist, in denen vornehmlich russisch gesprochen wird. Zum Glück hatte ich damals selbst einiges konsumieren müssen, so daß mir die anschließenden Fahrten durch Chinseau (Moldawien) im BMW 7-irgendwas mit einem Fahrer, der sich nach groben Schätzungen im Zwei-bis-drei-Promillebereich befinden mußte, nicht mehr so an die Nieren gegangen sind. Es kam auch alles sehr professionell herüber, als ob es immer so abliefe, und da brauchte ich mir keine Sorgen zu machen.

Doch zurück zu den Ergebnissen der Schröder-Sessions. Ich beziehe mich bei den Hinweisen auf bestimmte Verhandlungen natürlich auf Unter-stellungen, die neidische Konkurrenz-Politiker, die selbst nicht in der Lage waren, ihre Position zur Sicherung ihrer weiteren Zukunft nutzen zu können, dem Ex-Bundeskanzler gemacht haben. Die beschriebene Session kann natürlich einen ganz normalen Besuch bei Putin und ganz andere Inhalte beschrieben haben. Wenn man die Nachricht des litauischen Pressedienstes ernst nimmt, könnte hier Putin seinen Duz-Freund Gerhard vor einem Anschlag gewarnt haben. Natürlich war sicher noch Zeit für andere Besprechungen. Kritikern von Schröder war ja schon aufgefallen, daß der Bundeskanzler öfter mal seinen russischen Freund besuchte, und das sicher nicht nur, um mit ihm einen zu heben. (Es ist wirklich eine interessante Perspektive für geschäftliche Besprechungen, wenn man vorher weiß, daß eine einmal geöffnete Flasche nicht wieder zugekorkt und Konsumverweigerung als Beleidigung der Gastfreundschaft ausgelegt wird.)

Bereits am 2.8.2004, also nur zwei Wochen nach Nikola, befand Gerd M. in seiner Session, daß "der Mann im Anzug, der sehr gepflegt auftritt, dunkle Haare, Bürosituation" auf der Timeline ungefähr Ende 2005/Anfang 2006 "gut lachen" hat, "Geld, alles erreicht, positiv!" Das, was diesen Endzustand(?) bewirkt hat, muß also kurz davor geschehen sein, vielleicht war Nikola genau bei der entscheidenden Sitzung dabei?
Jedenfalls bestätigten Anja S. (13.9.2004) und Siegfried E.(28.6.2005) diese Situation.
"Der Mann, groß, dunkle Haare(!), mutig, genießt Anerkennung: guck mal, was der macht! Er ... kann schnell schalten, Reaktionen schnell, anpassungsfähig, möchte sich auf das konzentrieren, was er tun muß, ist einerseits verabschiedet, anderseits willkommen, wird aber später noch besser."
"Target war schon irgendwie kaputt, hat aber alte Technik neu aufgelegt, Vergangenheitscharakter, schaut (jetzt) gut aus, wie frisch geputzt, erneuert, schauen sich alle an."
Mitte/Ende 2003 wird G. Schröder wahrscheinlich klar, daß seine Situation sehr unbefriedigend ist und auch keine Aussicht auf eine positive Wende in seinem derzeitigen Betätigungsfeld bestand. Folglich suchte er ab Herbst 2003 nach einer Möglichkeit, den "Knoten zu sprengen". Nach langem Bemühen kommt es Ende Juli 2004 nach mehreren Konferenzen zu einer wichtige Entscheidung. Daraufhin erreicht er im Mai 2005 die Vorraussetzungen für Neuwahlen, die er eigentlich nicht gewinnen kann. Er hat auch nicht die Absicht, was ihn viel lockerer im Wahlkampf erscheinen läßt, und gerade das bringt ihm einige Pluspunkte gegenüber seinen verbissenen Konkurrenten ein. Eigentlich hätte er in der nächsten Regierungsmannschaft bleiben können, als Außenminister hätte er auch keinen schlechten Job gehabt, er schlägt aber alle diese Angebote aus und wird schließlich Aufsichtsratsvorsitzender bei GASPROM. "So etwas macht man nicht!", rufen seine neidischen Kollegen und die immer so bewusst ethisch argumentierenden Medien sowieso. Schließlich aber "schert sich keiner mehr drum".
Wie dem auch sei, diese (mutmaßlichen) Inhalte sind aber für die Besprechung des Falles, die ich hier durchführen möchte, im Prinzip völlig unerheblich. Mir geht es nur um die Diskussion eines Ablaufs, und da benötige ich möglichst einen langfristigen, relativ gut

dokumentierten Vorgang. Zufällig war das das Schröder-Target, weil das "Mikrosoft-Target" schließlich zu komplex und zu schwer darstellbar wurde. Mich interessiert hierbei, daß schon wieder ein zukünftigen Ablauf detailliert geviewt wurde, dabei aber wieder Fehler auftraten, sowohl bei den Ereignissen als auch bei den Zeitpunkten. Woran lag es?

Die Rahmenbeschreibungen waren bei allen Sessions (außer einer) kongruent: "Politik, Leute in einer Halle/ einem Kuppelbau, viele Reden/Geschwätz, Versammlungen, Gruppierungen, Öffentlichkeitsarbeit, Entscheidungen" etc. Die Szenarien waren deutlich, die beteiligten Personen zu identifizieren.

Dennoch wurden wir von einigen Entwicklungen überrascht und bestimmte Informationen waren überhaupt nicht zu bekommen.

Ist das nicht ein erheblicher Rückschritt gegenüber einem "normalen" Hellseher, der selbstsicher verkündet: "Sie werden eine große Reise machen!"

Nein, denn es gab ja konkrete Aussagen. Die Regierungskrise hatten wir auf dem Schirm, und wir hätten auch sagen können, daß es sehr schwierige Verhandlungen geben würde und daß Schröder hinterher immer noch oder wieder einen sehr befriedigenden Job hat.

Wir erwarten von Remote Viewing jedoch eine ganz andere Präzision, ganz einfach, weil wir sie von dieser Methode gewohnt sind. Bei diesem Target hatten wir es aber mit einem Ausschnitt des Universums zu tun, der durch die beschränkte Anzahl der Viewer (vielleicht hätte man 100 gebraucht) nicht zu definieren war.

Außerdem hatten wir im Fall Schröder nur die Entwicklung seiner Regierungsarbeit im Target formuliert. Das war ein sehr kleiner Ausschnitt aus dem ganzen zukünftigen Geschehen. Wir versuchen solche Eingrenzungen, weil wir von vornherein wissen, daß sonst zuviel an verwertbaren Informationen hereinkommt. Erinnern Sie sich noch an das Trainingstarget mit den multiplen Stadtansichten auf der Postkarte? Durch Einkreisen und einen Pfeil darauf gelang es uns einigermaßen, die Daten der anderen Bauwerke auszugrenzen. Einigermaßen, denn ein wenig schwappte immer mit hinüber.

Nun hatten wir gehofft, diese Eingrenzung möge auch bei Personen und zukünftigen Szenarien funktionieren. Nun ist aber die "Postkarte der Zukunft" ungleich größer als unsere Stadtansichten im Training.

Darstellung der Zielperson wie üblich: Mann, groß, dunkle Haare, genießt Bewunderung, "guck mal, was der macht, ... kann schnell schalten, Reaktionen schnell, anpassungsfähig. Zukunft: verabschiedet, war willkommen, aber später besser.

Oder aus einer anderen Session: (rechts) Anzug, gepflegtes Auftreten, dunkle(!) Haare, eher 40, Büro, Papierkontrolle. Hat Aufgabe, (etwas) in Bewegung zu setzen.
 Zukunft: P1 (hat) gut Lachen, Geld, alles erreicht, positiv. Alles ist in Ordnung.

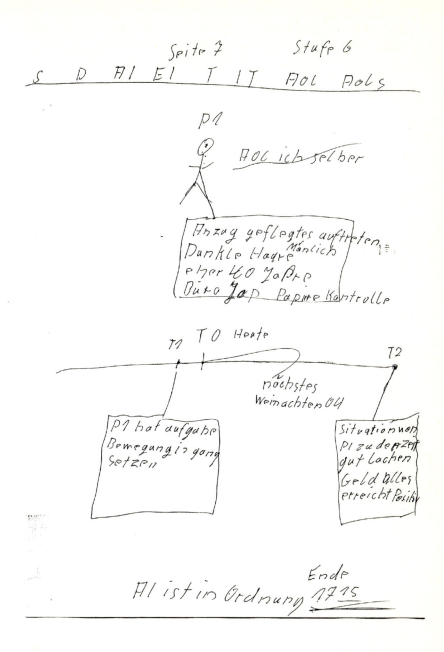

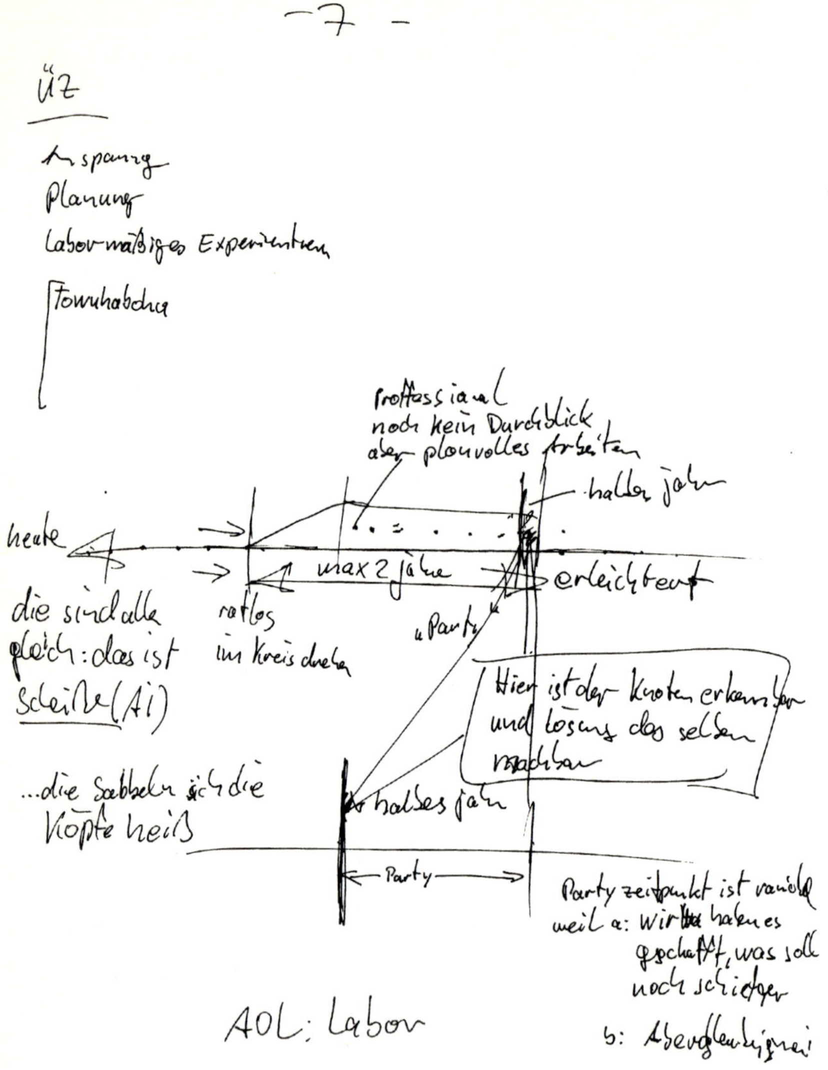

— 7 —

ÜZ

Inspannung
Planung
Labormäßiges Experimentieren
Tomrohabdur

[handwritten diagram with annotations:]
- professional
- noch kein Durchblick aber planvolles arbeiten
- halbes Jahr
- heute
- max 2 Jahre
- erleichtert
- die sind alle gleich: das ist Scheiße (AI)
- ratlos im Kreis drehen
- "Party"
- Hier ist der Knoten erkennbar und Lösung desselben machbar
- ...die sabbeln sich die Köpfe heiß
- halbes Jahr
- Party
- Party Zeitpunkt ist variabel weil a: Wir haben es geschafft, was soll noch schiefgehen
- b: Aberglaubigkeit

AOL: Labor

Auf der Timeline: ratlos im Kreis drehen, "die sabbeln sich die Köpfe heiß", dann: noch kein Durchblick, aber planvolles Arbeiten, schließlich erleichtert, dann "Party, was soll noch schief gehen".

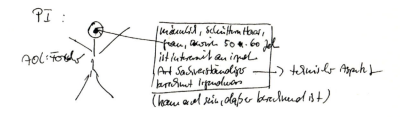

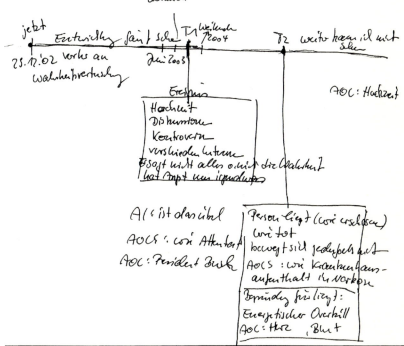

Nach der "Hochzeit der Diskussionen und Kontroversen, er sagt nicht allen die Wahrheit, hat Angst um irgendwas: Person liegt (wie erschossen) wie tot, bewegt sich jedenfalls nicht. Energetischer Overkill" mit AULs wie Attentat etc.

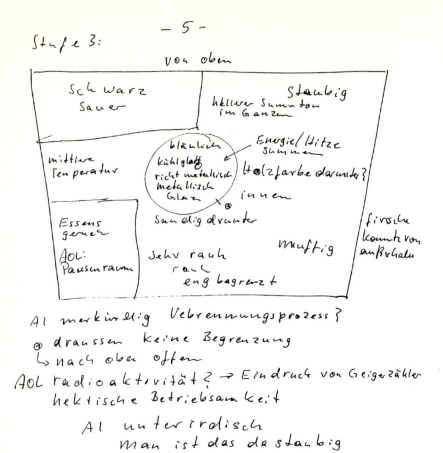

Immer wieder der Röhrenaspekt mit Energie und Durchfluss, durchgeschleppt durch viele Sitzungen.

Stufe 5:

Energetischer Prozess
hat was mit Zerfall zu tun
destruktiv
kalt
zwecklos
    Gegenstände:
    Forschung

<u>länglicher Zylinder?</u>
Eigenschaften
metallisch
Kühlrohr
Aufgabe von längl. Zyl.
Kühlrohr
fließt was durch

<u>fließt was durch</u>
hat einen grünlichen Schimmer
<u>mitte wierunde Knopf</u>
Objekte:
kleinere Objekte drin, fühlen sich an wie
Stifte
verursacht Schmerz ist ungesund

"Wie Fernsehansprache, läßt Menschen aufhorchen, hat fast keiner mit gerechnet, ist ethisch nicht korrekt, ist für mich nichts Neues. Diffamierung! Wahrheitsvertuschung! Veröffentlichung, steht zwischen den Fronten, streitet was ab."

"Wie wird es Schröder ergehen?" beinhaltet so viele Geschehnisse, daß es im Detail nicht zu machen war. Und das wiederum beeinflußte die Kausalität und das Verständnis dafür. Man könnte auch sagen, wir hätten falsch eingegrenzt, aber wie macht man das richtig, wenn man doch das Ergebnis noch nicht kennt?

Sicherlich hätte es geholfen, wieder die Timeline-Methde zu verwenden: die Linie entlangfahren und jedes wichtige Ereignis beschreiben. Damit bekommen wir jedoch einen Ressourcen-Notstand: wie viele Viewer und wieviel Zeit hätten wir damit gebraucht, um alle Ereignisse zu beschreiben, die dann das Endergebnis verstehen lassen?

Wir hätten auch in eine Person der Zukunft eintauchen können, um von dort eine Zusammenfassung zu erfahren. Das ist ein probates Mittel, vorausgesetzt, wir finden jemanden, der ausreichend Bescheid weiß. Vielleicht den Bundeskanzler selbst? Weil er ja am besten alle Umstände kennt? Darf man das überhaupt?

Nun, wir haben es nicht gemacht und wir hatten nicht genug Leute, um die Entwicklung der Ereignisse ausreichend zu beschreiben, um sie zu verstehen. Und wir hätten mit Überraschungen rechnen müssen. Das, so meine Erfahrung, ist der häufigste Grund, wenn die Zukunft nicht verstanden wird. Man denkt zu linear.

Aber schon die Aufarbeitung einer gradlinigen Entwicklung benötigt viel Zeit. Und nun noch die überraschenden Wendungen viewen, ihre Folgen und weshalb sie zustande kamen! Eine Menge Holz!

Wie wir bei der Auswertung des Schröder-Targets sehen konnten, nutzten uns die Erkenntnisse über seine Zukunft nichts, weil wir sie nicht verstanden. Der Fehler lag nicht in den Sessions oder bei den Viewern, sondern in der Interpretation der Daten. Es war wie beim Doping: wenn man nicht weiß, nach welchem Stoff man suchen muß, kann man den Sünder nicht überführen. Deshalb sollte man bei der Interpretation von Daten immer abwägen, ob man nicht vielleicht zu wenig Ergebnisse oder solche aus der falschen Ecke bekommen hat.

Eine Variante dieses Problems begegnete mir bereits 1997, und zwar mitten in meinem eigenen Training. Die mir bekannten (noch sehr wenigen) Remote Viewer beschäftigte damals ein zentrales Thema: wann ist wie der Weltuntergang. Es wurden die schrecklichsten Sessions abgefaßt. Darin wurde die Erde bis zum Jahr 2000 mehrmals gleichzeitig zerstört.

Das war für mich ein ziemlicher Schock. Gerade hatte ich gelernt, daß Remote Viewing funktioniert, da mußten wir feststellen, daß demnächst die Erde untergehen würde. Das gefiel mir nicht und ich beschloß, die Gegenprobe zu machen: einen mir bekannten Ort zu einem Zeitpunkt nach der vorausgesagten Katastrophe zu viewen. Das Ergebnis war die von mir schon früher dargestellte Haussession 2000. Danach sollte mein Haus im Sommer 2000 noch stehen und auch Menschen drin wohnen, die uns als derzeitigen Bewohnern sehr ähnlich war.

Was tatsächlich eintrat war die Situation des Hauses. Der Weltuntergang fand nicht statt. Auf der Erde gab es mehrere Katastrophen, für viele Bewohner furchtbar, aber im Gesamtbild des Planeten marginal. Nicht mal die Münchener Rückversicherung ging dabei pleite. Toll, und ich hatte es gewußt! Ein Hoch auf Remote Viewing!

Die ganze Sache hatte nur einen Haken: die geviewten Bewohner im Jahr 2000 waren uns (mir und meiner damaligen Frau inklusive unserer Kinder) nur ähnlich. Aber sie waren nicht identisch. Ein paar Details wie die Anwesenheit weiterer größerer Tiere (meine Frau konnte, Katzen ausgenommen, mit Tieren und gar größeren nie etwas anfangen) und andere Kleinigkeiten hätten mich darauf hinweisen können, aber ich war so mit der prinzipiellen Botschaft dieser Session beschäftigt, daß ich solche Kleinigkeiten übersah und sie beiläufig in mein Wunschbild der Zukunft einfügte.

Tatsächlich aber trennte sich meine Frau von mir, nahm die Kinder mit, ich geriet finanziell unter Druck, mußte zeitweise den Ort verlassen und einen großen Teil des Hauses vermieten.

Die Leute, die im Sommer 2000 dort wohnten, waren auch ein Paar mit zwei kleinen Kindern, aber sie hatten ein paar größere Hunde; Dalmatiner waren es, glaube ich. Ich hatte alles richtig gemacht, was das Ziel der Session anbetraf. Aber ich hatte versäumt, den ermittelten Daten weiter auf den Grund zu gehen. Aber wahrscheinlich war das auch damals gut so, denn ich brauchte eine gewisse Beruhigung im Angesicht des prophezeiten Weltunterganges. Wer weiß, wie sich zusätzliche Erkenntnisse über unsere zukünftige Familiensituation ausgewirkt hätten. Aber der

Weltuntergang hatte tatsächlich nicht stattgefunden, und genau das war die Hauptaussage der Session gewesen.

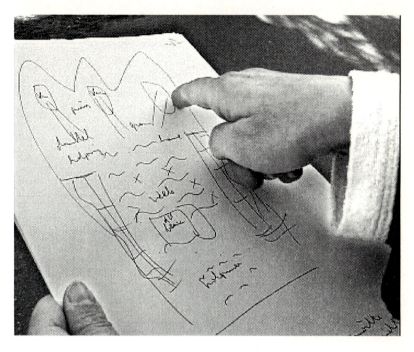

Die Haus-Session 2000: Bild aus dem Video "Erkenntnisse aus dem Unsichtbaren"

Dazu fiel mir just in der Zeit, da ich dieses Kapitel schrieb (April 2006), ein alter Prophezeiungs-Artikel des "Magazin 2000plus, Nr. 168" von H. J. Ewald in die Hände. Der Autor beklagt im August 2001, daß die ganzen katastrophalen Voraussagen für den Weltuntergang von Nostradamus bis Irlmeier bis zum Jahr 2000 nicht eingetroffen sind und hält dem einen eigenen Klartraum entgegen, worin ihm offenbart worden sein soll, daß ab 1995 alle Ereignisse "um fünf Jahre verschoben" sein sollen und nun das "große Weltbeben" nicht am 12. Mai 1997 sondern dann eben am 12.Mai 2002 stattfinden würde.

Nun gut, es fand auch wieder nicht statt, aber ohne jetzt die natürlichen Hellseher über Gebühr in Schutz nehmen zu wollen muß man sich daran erinnern, daß Weihnachten 2004 tatsächlich ein

"Weltbeben" stattfand, das einen wirklich sehr beachtlichen Tsunami hervorrief und einen nicht allzu geringen Teil unserer Erde verwüstete. Leider hatte sich der Prophet um weitere eineinhalb Jahre geirrt, aber wir wollen nicht spotten, denn solche Dinge passieren auch den selbstgefälligen Remote Viewern.

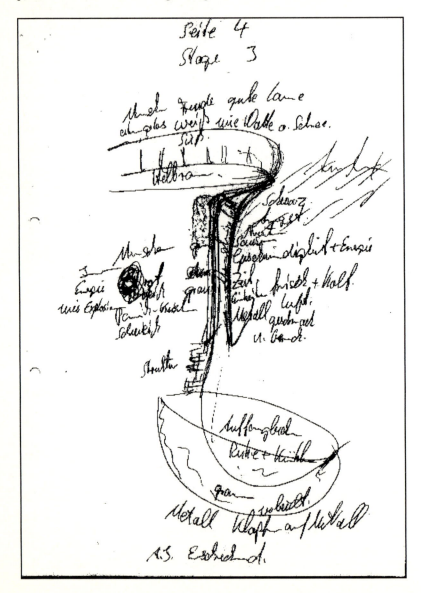

Mein nächstes gravierendes Abenteuer mit der Timeline war nämlich die Dax-Session von Dirk Janson, in der er Anfang 2000 perfekt den Vorgang vom 11.September 2001 und seine Folgen voraussah. Nur daß wir dieses Ereignis bereits für April 2000 eingeordnet hatten. 17 Monate danebengehauen! Alles war richtig, nur die beschriebenen Ereignisse traten nicht zum angepeilten Zeitpunkt ein. Ist das nun ein Mißerfolg? Wir müssen uns ja immer vor Augen führen, daß wir von "blinden" Sessions ausgehen, also daß der Viewer bewusst nichts über das Target erfährt als ein paar dürre Zahlenreihen. Aber er beschreibt Szenerien, die wirklich im Target auftreten, z.B. ein Haus, eine Landschaft, gesellschaftliche Zusammenhänge. Wenn wir auf der Erde bleiben, können wir das verifizieren.

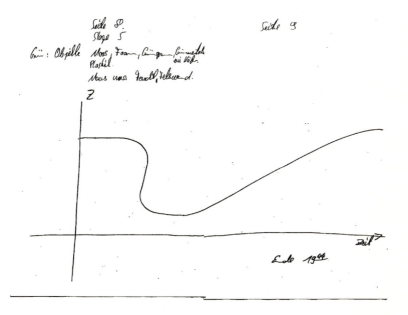

Seite 8 und 9 der berühmten Dax-Session: die Kursentwicklung der nächsten Jahre auf der nicht kalibrierten Timeline: das Paradigma war für den Viewer entscheidend.

Die Dax-Session von Dirk J. zeigt wunderbar, wie der Viewer zwar die Kurve der Kurs-Entwicklung präzise wiedergab, 90% der Zeit aber mit den Begleitumständen bzw. dem Zustandekommen dieser Ereignisse beschäftigt war. (Stufe 1-3) Die Rand-Daten ließen sich nicht unterdrücken und waren ja auch sehr hilfreich. Hier war die Interpretation aber einfach. Wir wußten, es gibt ein Unglück und der Kurs stürzt ins Bodenlose. Wobei schwer zu trennen war, was nun alles stürzen würde. Die Interpretation lag aber nahe, daß man sich möglichst sofort von seinen Aktien trennen sollte, um nicht mit im beschriebenen Szenario enthalten zu sein. Damit wäre man sehr gut gefahren, denn schon im April 2000 begann ein Niedergang des DAX, der dann fast eineinhalb Jahre später richtig abstürzte. Dirk zeichnete aber auch die Zeit danach auf. Wer Ende 2001 Aktien eingekauft hatte, freute sich zwei Jahre später über eine Verdoppelung seines Vermögens. Denn der Dax stieg, wie beschrieben, wieder an.

Die "Haus-Session 2000" zeigt, wie eine Erwartungshaltung (Ist ja unser Haus, wer soll schon anderes darin wohnen) die Interpretation beeinflußt. Hätte man sich die Mühe gemacht, die Personen zu beschreiben oder die Ereignisse auf einer Timeline zu verfolgen, vielleicht wäre so die Wahrheit ans Licht gekommen. Andererseits muß man entgegenhalten, daß die targetrelevanten Fragen richtig beantwortet waren.

Und im Prinzip war die geviewte Zukunft auch eingetroffen, wenn man sie auf Einzelereignisse reduziert. Die furchtbaren Katastrophen traten tatsächlich ein, allerdings regional in Sumatra, Nicaragua und an einigen anderen, für uns ziemlich weit entfernten Orten. Das Haus blieb stehen und war bewohnt, dort war also nichts passiert. (Es gibt andere Sessions, die meinem nordfriesischen Wohnort ganz entgegen anderer Voraussagen noch mehrere Jahrzehnte trockenen Boden unter den Füßen voraussagen.) Der Dax stürzte tatsächlich ab und erholte sich wieder. Und Schröder hatte auch "danach" noch einen Job in einem schönen Büro mit guten Einkünften. Man könnte sagen, wir hätten Recht gehabt und müßten eben noch lernen, genug Sessions zu machen und alles richtig zu interpretieren.

Gut, aber was das Schröder-Target anbelangt, haben wir immerhin genug Sessions gemacht um zu bemerken, wie Vorgänge der

Zukunft sich veränderten, **während** wir uns damit beschäftigten. Ist deshalb die Zukunft doch nicht festgelegt?

Dazu zwei weitere Beispiele aus meinem reichhaltigen Fundus.

1. Anfang 2000 ließ ich von einem Trainee meine optimale Jahresentwicklung viewen. Darin kam eine Fernsehsendung vor, in der ich mein damals gerade erschienenes erstes Buch würde in die Kamera halten können. Im Herbst rief mich wie aus heiterem Himmel ein Anwerber für die Nachmittagstalkshow "Arabella" an und lud mich ein, dort Remote Viewing zu erklären. Angesichts der bekannten "Qualität" dieser Sendereihe lehnte ich ab, obwohl ich damit meinem Buch durchaus einen "optimalen" Schub hätte geben können.

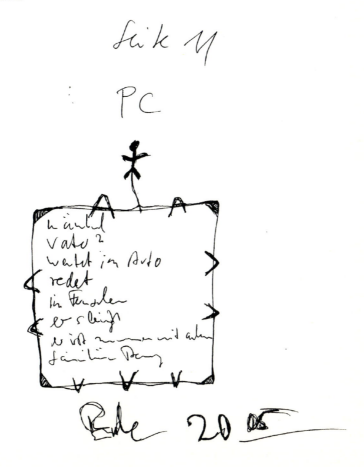

2. Mitte 2005 steckte ich mit einem Stufe-6-Trainee nach einer Stunde in einer fatalen Situation. So wie ich es als Monitor und in Kenntnis des Targets abschätzen konnte, befand sich der Viewer entweder meilenweit vom Zielgebiet entfernt oder es gab keine befriedigende Antwort. Die Zeit wurde knapp. Das Ergebnis der Session war aber sehr wichtig, eine zweite konnten wir uns organisatorisch nicht leisten.

In Anwendung eines schnell entworfenen Werzeuges ließ ich den Viewer nachschauen, ob es sinnvoll sei, die Session fortzuführen. Das Ergebnis war: ja, die Informationen würden kommen, wenn man weitermachte. Zehn Minuten später waren wir am entscheidenden Punkt in der Matrix angelangt und die speziell wichtigen Informationen kamen herüber. Wir konnten die Session erfolgreich beenden. Hätte ich sie vorher abgebrochen, (was auch durchaus begründet gewesen wäre), hätte es kein befriedigendes Ergebnis gegeben.

Die jeweils geviewte Zukunft war also real, sie traf tatsächlich ein. Einmal brauchte sie acht Monate, das andere Mal nur zehn Minuten. Wäre sie auf jeden Fall eingetroffen? Sollten wir daraus schließen, daß wir zwar eine Zukunft viewen können, sie dann aber akzeptieren müssen, "Kismet!" sagen und das Ganze über uns ergehen lassen sollen?

Dazu hätten wir nicht RV lernen müssen und ganz ohne Beeinflussung ist es ja auch nicht, weil wir diesen Blick über den Tellerrand nun einmal getan haben. Wenn Sie das nicht so sehen, haben Sie sich bis hierher durch mehr als drei Bücher eines Wissensgebietes gequält, das Sie gar nicht wahrnehmen wollten. Kommt tatsächlich auch vor.

Denn die beiden Beispiele sind nur auf den ersten Blick gleich. In Beispiel zwei **benötigten** wir das Eintreffen der geviewten Zukunft und machten also weiter, wie es der Voraussage entsprach. Hätte ich mich nicht entschieden, den Erfolg unseres weiteren Vorgehens abzufragen, hätte ich die Session so beendet und diese Zukunft wäre dann auch nicht eingetroffen.

Im ersten Beispiel ist die Zukunft "von selbst" eingetroffen, allerdings habe ich das "optimale" Angebot abgelehnt, weil es mir einfach zu unangenehm war, mich in dieser Talkshow vorführen zu lassen, mit den bekannten hämischen Falltüren über PSI und einer

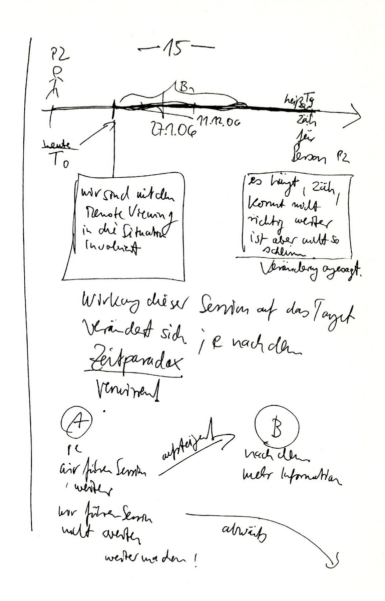

"Wirkung dieser Session auf das Target: verändert sich; je nach dem": der Viewer findet das "verwirrend, Zeitparadox(on)"

Moderatorin, die erheblich sprachgewandter war als ich und die auch noch über die Möglichkeiten der Postproduktionen, also des nachträglichen Schnittes dieser Sendung verfügte. Man muß nur eine dieser Shows gesehen haben, um zu begreifen, daß die Gäste zum Gaudi der Zuschauer und als Tanz um die goldenen Einschaltquoten über den Tisch gezogen werden sollen.

Ich habe abgelehnt, worauf die ganze **weitere** geviewte Zukunft also ins Wasser fiel. Stand das auch schon fest? Womöglich auf einem Blatt der berühmten Palmblattbibliothek? Dann müßte man mehr Palmblätter haben, als man in ganz Indien stapeln könnte.

Denn was ist dann eine "sichere" Zukunft? Hier im Fall der Fernsehshow habe ich die Zukunft bewusst geändert und mir war klar, daß die weitere Zukunft der Session damit außer Kraft gesetzt wurde. Zum Beispiel habe ich später kein blondes Mädchen als drittes Kind bekommen, sondern die Frau, die mir ebenfalls durch Sessions vorausgesagt wurde, kam mit einem mittlerweile ziemlich dunkelhaarigen Jungen nieder, der wenig mädchenhaftes Verhalten zeigt, um es mal vorsichtig zu beschreiben.

Was aber, wenn wir unbewusst die Zukunft ändern, indem wir eine andere Entscheidung treffen, als die, die "vorgesehen" war? Stellen Sie sich doch einfach vor, sie führen ein Vorhaben nicht aus, weil Sie "ein ungutes Gefühl" haben, denken aber nicht weiter darüber nach. So etwas passiert nach meinen Recherchen fast jedem Menschen mindestens einmal im Jahr, wahrscheinlich aber erheblich häufiger. Und was passiert, wenn Sie auf das "ungute Gefühl" eines anderen reagieren müssen.

Kann es vielleicht sein, daß die Zukunft überhaupt nicht feststeht, und die bisherigen Beispiele einfach nur "Zufallstreffer" waren?

Das bringt uns zu einem weiteren Phänomen in Zukunftssessions: den "grauen Zonen". Man könnte sagen, bis hierher war das Thema Zukunft unterhaltend. Ab jetzt wird es spannend.

7. Kapitel: Das Archiv der Wahrscheinlichkeiten

Sicher wird es eine Menge Leser geben, die meine Ausführungen für zu schnell halten und anmerken, daß ich Wichtiges, das dem Verständnis dienen könnte, vielfach weggelassen habe. Andererseits kenne ich tatsächlich und persönlich Leute, die während der letzten Kapitel gegähnt haben werden und im Stillen gedacht: "Bitte etwas schneller voran!" Das sind zumeist aktive Remote Viewer, und für die sollte dieses Buch hier auch sein. Was tun?

Wie immer habe ich mich entschlossen, so zu schreiben, daß *wenigstens ich* den Eindruck habe, die wichtigsten Punkte thematisiert zu haben und auch glaube, das, was ich schrieb, selbst verstanden zu haben. Das sind meine – wie man es bei Computerprogrammen beschreibt – Mindestsystemanforderungen.

Viele Dinge "verstehe" ich auch nicht, trotzdem kann ich Handlungsvorschläge ableiten. Die traditionelle chinesische Medizin (TCM) funktioniert auch, obwohl dafür kein Mensch seziert werden durfte. Man versuchte sich aber immerhin in genauer Beobachtung und Vorsicht in den Schlußfolgerungen.

Ich werde daher meine Erfahrungen dazu benutzen, in diesem Buch das Zeitproblem so zu durchleuchten, daß der Leser nicht noch einmal bei Adam und Eva anfangen muß, sondern Techniken und Wege erfährt, mit Zukunft und Voraussage umzugehen, auch wenn er/sie es in letzter Konsequenz nicht versteht. Viele grundsätzliche Erörterungen kann ich hier nicht durchführen, weil sie den Rahmen dieses Buches sprengen würde.[4]

Auch wenn meine Erklärungen nur Theorien und hypothetische Konstrukte sind, (und das läßt sich auch nicht ändern), so ist es doch möglich, aus diesen Überlegungen Handlungsanweisungen zu konstruieren. Und mehr wollten wir doch nicht, denn Remote Viewing sollte doch letztlich eine Technik für die praktische Nutzung sein.

Wenn Sie etwas besser wissen, informieren Sie mich bitte. Vielleicht kann ich diese Erkenntnisse in einer späteren Auflage dieses Buches einarbeiten und damit auch den Leser erleuchten.

---

[4] Alles, was Ihnen zu diesem Thema hier fehlen mag, habe ich in dem Buch "Schritte in die Zukunft" aufgeschrieben.

In diesem Zusammenhang möchte ich, wie immer, davor warnen, allzu unüberlegt an Eigenversuche heranzugehen. Obwohl ich auch, wie immer, weiß, daß das nichts nutzt. Wir Menschen gehen heutzutage mit vielen global wirksamen Effekten um, für die wir einfach noch zu unwissend sind. Mit Beispielen dafür muß ich hier keine Zeilen schinden. Wir wissen doch: der Mensch ist, wie er ist: immer bemüht, an Dingen herumzubasteln, die er/sie nicht versteht. Wir denken immer: wenn wir einer Sache einen Namen geben können, sind wir schon in der Lage, damit umzugehen. Klimakatastrophe, graue Zonen, na und?

Remote Viewer sind da nicht anders, besonders solche, die ich kenne.

Wenn ich hier also warne, bestimmte Dinge nicht zu versuchen, zum Beispiel Zukunftsbeeinflussung, werde ich auch ein ganz klein wenig unglaubwürdig, denn ich gehöre ja auch zu diesen "Bastlern". Ich war im Laufe der letzten Jahre an unzähligen Projekten und Sessions beteiligt, die sich mit Zukunftsszenarien beschäftigten. Das ist kein Wunder, denn es gab kein Thema, mit dem sich Remote Viewer so oft und gern beschäftigten.

Ein Effekt, der mich dabei besonders interessierte, war die immer wieder auftretende Aussage von Viewern, daß sie bestimmte Ereignisse in der Zukunft nicht beschreiben könnten.

Andere Formulierungen, die ich in die gleiche Schublade einordnete, waren z.B.: "Übergangszone, für Target wichtig", "weiter kann ich nicht sehen", "dieser Bereich ist irgendwie nur grau" oder "Zeitpunkt (für Party) ist variabel".

Ich erinnere mich, daß der Begriff der "grauen Zonen", die man "nicht einsehen kann", das erste Mal in den Projekten Microsoft und Freie Energie auftraten.

Es begann Mitte 2001, als wir in der Berliner Gruppe die Pyramiden, Atlantis und Beziehungsprobleme durch hatten. Ein Bekannter aus dem Börsenbereich machte mir darauf aufmerksam, daß "die geschäftliche Entwicklung der Firma Microsoft" ein interessantes Target sein könnte, um generelle zukünftige Entwicklungen der Weltwirtschaft zu erkunden.

"Nimm einen der größten, wenn dem was passiert, geht es auch den anderen so!", sagte er.

Bereits in den ersten Sessions kamen wir zu gesellschaftlichen Umwälzungen, einer Erfindung, die kostenlose Energie für alle bedeutete und, etwas davor, aber auch danach, zu "graue Zonen", in denen "Entscheidungen ablaufen, die jetzt noch nicht gefallen sind). Aus den Viewerinnen war dazu nichts weiter herauszubekommen. Die grauen Zonen befanden sich in den Jahren 2003 und 2004.

Das Projekt lag einige Zeit auf Eis, hauptsächlich wegen privater Umgestaltungen der Beteiligten, aber auch weil andere Themen interessanter wurden bzw. Unterthemen verfolgt wurden. Eines davon war z.B. der Erfolg des neuen Zweiradfahrzeuges "Ginger", (hierzulande inzwischen als "Segway-Roller" bekannt) des erfolgreichen amerikanischen Erfinders Dean Kamen (z.B. treppensteigender Rollstuhl).

Erst 2006, als ich in einem Abschlußtraining das Thema "alternative Energien" wieder aufgriff, geriet "Freie Energie" wieder in den Blickpunkt. Der Viewer kanzelte alle derzeitigen Versuche, aus nachwachsenden Rohstoffen Treibstoffe zu gewinnen bzw. mit Windmaschinen Strom zu erzeugen, höhnisch mit den Worten "kein Interesse mehr daran" ab und meinte, damit wäre es in wenigen Jahren völlig vorbei.

Man wäre bereits jetzt dabei, in der richtigen Richtung zu forschen, hätte aber noch einen eklatanten Fehler in der Rechnung. Dieser würde gerade rechtzeitig entdeckt, bevor auf der ganzen Welt das Licht ausgehen könnte. Fünf vor zwölf, sozusagen.

Wir machten eine Timeline, auf der ich einen Ausschlag ungefähr in zehn bis fünfzehn Jahren erwartete. Die Hand des Viewers ratschte nach rechts und ich stellte fest, daß er nur ungefähr fünf Jahre vorangekommen war. "So früh schon?", fragte ich erstaunt. "Ja!", war die völlig sichere Antwort. "Das dauert nicht mehr lange. Das andere ist alles Quatsch. Wird dann auch völlig eingestellt. Sinnlos, sich damit weiter zu beschäftigen!"

"Und", fragte ich, "unter welchem Schlagwort, Zeitungsüberschrift oder so wird das dann bekannt gemacht?"

"Wie meinst du das?", fragte der Viewer zurück.

"Naja, ein Name, eine spezielle Bezeichnung, worüber man spricht, sowas..."

"Da ist kein Name. Das heißt FREIE ENERGIE, das ist alles. Und das ist es dann!"

Im Prinzip doubelte er die Session von Simone B. im Juni 2001, in der sie einen Wissenschaftler sah, der eine Röhre beobachtete, in der sich irgend etwas abspielte. (Leider hat sie in Physik und Chemie keine Erinnerungen an ihr Schulwissen mehr.) Aber der Wissenschaftler sei sehr froh gewesen, sagte sie, und das Energie- und Fortbewegungsprinzip sei damit vollständig gelöst. Leider wäre da aber noch eine graue Zone...
Für den Viewer 2006 existierte die Zone nicht mehr.
"Natürlich muß das erst noch geschehen, die Lösung liegt in der Zukunft, aber es sieht ganz danach aus, als würden sie es finden. Ist ja nur ein Denkfehler. Das kriegen sie raus!"

Inzwischen hatten wir auch andere Projekte, in denen Fortschritte zu bemerken waren. Auch politische Entwicklungen waren darunter. In vielen Fällen mußten wir feststellen: es wurden Zonen der Entscheidung gefunden, die sich später auflösten, *ohne* daß *wir* dazu etwas beigetragen hatten. (Ich will jetzt einmal davon absehen, daß wir dazu gesagt hatten: "Au ja, Freie Energie, das wär wirklich gut!" So einfach funktioniert Wünschen auch wieder nicht. Obwohl... aber lesen Sie das selbst noch nach. Kommt ziemlich bald. Bleiben Sie dran!)
Wir müssen also annehmen, daß die Zukunft auf jeden Fall veränderlich sein muß und wir auch alles zu erreichen vermögen, was uns die Zukunft bieten könnte.
Das bedeutet aber, daß Zukunft nicht einfach gleichbedeutend mit der Timeline ist und wir gezwungen sind, uns und unser Verständnis etwas zu entwickeln. Immerhin haben wir drei Lehrbücher durchgeackert und sind in vielen Sessions gnadenlos versumpft! Aber wir haben die Bereitschaft behalten, weiterzumachen und dabei neue Sichtweisen anzunehmen. Denn "etwas" funktioniert ja.
Im Lehrbuch 3 habe ich schon eine Darstellung von möglichen Entwicklungen der Zukunft vorgelegt. Es ist, wie ich gern zugebe, der konservative Ansatz, ich möchte ihn jedoch kurz durchgehen.
Aus den Möglichkeiten einer Situation erwächst eine Entscheidung, die dann die weitere Zukunft bestimmt. Es ergibt sich nach kurzer Zeit eine Verästelung, die über kurz oder lang die Bezeichnung "unendlich" durchaus verdienen könnte.

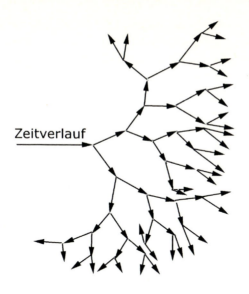

Die Schlußfolgerung aus diesem Beispiel für eine Darstellung von zukünftigen Situationen wäre, daß wir einen angepeilten Termin in der Zukunft heute überhaupt nicht verstehen können, weil ganz offensichtlich eine Informationsüberflutung zu erwarten ist, wenn wir uns in der Zeit voranbegeben. Diese Effekte kennen wir aus den schon geschilderten Beispielen. Dann müßte man wirklich sehr viel viewen, um eine Geschichte der Zukunft zu schreiben. Denn auch unbedeutende Ereignisse können einen große Wirkung entfalten. Wir alle kennen das Sprichwort vom Sack Reise, der in China umfällt und hier einen Sturm auslöst. (Wenn man die Weltwirtschaftsdaten heute vergleicht, wird das auch bald Realität, ganz ohne RV).

Wir müßten also im Prinzip ALLES herausfinden, um den zukünftigen Verlauf dann doch nicht bewerten zu können.

Wie können wir in dieser Situation überhaupt etwas voraussagen? Ist nicht alles zufällig? Wie sicher ist die Zukunft überhaupt? Was können wir durch RV erfahren, was verwertbar ist?

Demgegenüber steht unsere Erfahrung, daß die Sessionergebnisse immer recht nahe an der Realität lagen, oft sogar völlig richtig waren und es war vielleicht nur die Schuld unserer laxen Interpretation, die uns in die Irre führte.

Woran mag das gelegen haben? Können wir denn auch in zukünftigen Entwicklungen "richtige" von "falschen" Daten unterscheiden? Das wäre doch völlig uneinsichtig, nach dem, was uns dieses Beispiel der Zukunftsentwicklung anbietet. Weil es aber passiert ist, ahnen wir schon, daß gerade Remote Viewing hier ein effektives Instrument sein kann, wenn wir es nur richtig gebrauchen.

Es gibt sehr wohl Kontrollmöglichkeiten, die wir einsetzen können, wenn wir sie *kennen* und – wenn sie uns *bewusst* sind, was komischerweise ein Unterschied ist.

Wenn wir die wissenschaftlichen Zukunftsvoraussagen betrachten, die ohne Medien und Remote Viewer auskommen, so finden wir schon hier verwertbare Techniken.

Die Zukunft ist nämlich nicht zufällig. Gesellschaftliche Entwicklungen folgen statistisch verwertbaren Parametern. Es gibt meßbare Konsumgewohnheiten und kulturell bedingte Entscheidungsfindungen. Und schließlich gibt es Gesetzbücher, die den allgemeinen Handlungsrahmen stark einschränken. Es kann also NICHT ALLES passieren. Und wenn, dann wäre es sehr, sehr unwahrscheinlich. Denn an wirtschaftlichen Entwicklungen sind eine Menge Leute interessiert, die ihrerseits im Laufe einer als unliebsam erkannten Entwicklung entgegensteuern. In diesem Rahmen sind auch die seit Jahrzehnten zunehmenden Verschwörungstheorien zu sehen. Es gibt keine Großmacht, die sich wirklich ALLES erlauben kann, ohne dafür zu bezahlen, das haben wir gerade in den letzten Jahren gesehen. Und die Superreichen, die nur durch ihr Vermögen die Entwicklung dieser Erde bestimmen können, benötigen eine Spielwiese. Eine Erde, auf der außer ihnen nur Arme leben, ist völlig uninteressant. Alle diese Parameter filtern eine relativ eng begrenzte Voraussage.

Ein weiterer Punkt sind natürliche Großereignisse, die nicht zu verhindern sind. Es gibt Ereignisse in der Zukunft, die passieren müssen, die anscheinend nicht zu umgehen sind. Der Aufprall eines sich auf Erdkurs befindlichen Asteroiden wäre so ein Fall. Heutzutage könnten wir noch keine Rakete schnell mal hochschießen, um ihn wegzusprengen.

Wir wissen aus RV-Sessions, daß sich ungefähr um 2030 diese Gefahr ergibt. Aus der Astronomie wird dies vorsichtig bestätigt

(Asteroid MN4, 400m Durchmesser, enger Vorbeiflug im doppelten Mondabstand).

Ein ganz großer Brocken namens *ALH2804-C* soll aber tatsächlich im Jahr 2102 mit der Erde kollidieren. Mit einem Durchmesser von 2 km wäre das tatsächlich ein "Global Killer". Bereits jetzt werden von den Raumfahrt betreibenden Nationen Projekte begonnen, die sich genau damit befassen. Dann wäre der Aufprall wiederum kein feststehendes Ereignis, denn wir können ja etwas tun.

Hier wird uns eine Zukunftssicht mittels moderner Teleskope und astronomischer Rechenmethoden zugänglich gemacht. Die Zukunft ist real, die Erde würde zerstört werden. Oder auch nicht, wenn die entsprechenden Raketen fertig sind. Das sind Dinge, die man ermitteln kann. Dafür werden Informationen benutzt, die mit einem bestimmten Wissensstand jedem zugänglich sind.

"Das Ende der Erdölreserven" ist ein ähnliches Thema. Auch Altersdurchschnittsprognosen für ein Land erfüllen sich Jahr um Jahr mit irritierender Zwanghaftigkeit. Und die Vorausberechnungen des Erdklimas erinnern sehr stark an Remote Viewing-Sitzungen, wie wir sie schon kennen: manchmal um ein paar Jahre von der Realität abweichend, nicht aber in den Konsequenzen. Sie wurden aber von Computern erstellt.

Wenn wir nun mit Remote Viewing die Zukunft ermitteln wollen, greifen wir nicht vielleicht auf auch genau solche Mechanismen zurück? Wir haben doch erfahren, daß diese Technik funktioniert. Wir benutzen ebenfalls überall zugängliche Informationen aus einem jedermann zugänglichen Speicher. Wir können tatsächlich feststellen, ob uns unliebsame Ereignisse ins Haus stehen und wie wir sie beseitigen.

Die Frage ist doch nur, genau so wie bei den konservativen Wissenschaften, wie wir optimal aussortieren können.

Genau das haben wir offenbar schon getan, und zwar bereits in unserer ersten Session, und danach immer wieder. Wir haben doch die Postkarten unverwechselbar beschrieben. Danach wurden wir auch immer besser. Auch die Zukunftssichten waren nie wirklich verkehrt. Die Umgebungen waren auffindbar, die Beschreibungen ergaben Ereignisse, die tatsächlich auftraten. Wir landeten bei der richtigen Beschreibung des eigenen Hauses, und nicht irgendwo in

Australien oder auf dem Mars. Dort kamen wir hin, wenn wir genau dieses Ziel formulierten.

Wenn wir nun denken, daß das ein großes Wunder, ja, das Wunder schlechthin in diesem Universum wäre, dann zeigen wir nur, wie kleingeistig unser Begriffsvermögen ist. Wir haben gesehen, daß sogenannte "PSI-Phänomene" nicht nur völlig natürlich, zwangsläufig existent und damit auch sinnvoll und bestimmend für unser ganzes Leben sind.

Man kann sogar sagen, wenn das nicht funktionierte, würde es sowieso kein Leben geben, wie wir es kennen. Allerdings nur, wenn innerhalb der allseitigen, morphogenetischen und holographischen Existenz auch eine Zuordnung in kleinen und allerkleinsten Teilbereichen möglich wäre, denn nur so ergibt alles einen Sinn und funktioniert. Die Daten um uns herum sind am leichtesten zu erreichen. Gefahrwarnungen betreffen zunächst einmal uns selbst, wenn sie die subliminale Schwelle des Alltags durchstoßen. In selteneren Fällen Angehörige, dann meist sehr nahestehende. Um dem Geist von Goethe zu begegnen, muß man schon einiges tun, die verstorbenen Eltern können einen schon mal sehr schnell besuchen.

Wenn wir ein Ziel auf der Erde definieren, meinetwegen das eigene Haus in der Zukunft, WEISS die Matrix, also alle beteiligten Funktionen, daß wir nicht unser Haus auf dem Mars meinen, sondern hier auf der Erde. Obwohl wir es nicht ausdrücklich in die Targetformulierung schriftlich einbezogen haben. Wir haben daran gedacht! Vielleicht nicht bewusst, aber es stand auf jeden Fall fest, daß hier eine Zuordnung geschaffen wurde.

Das ist die andere Seite der Psychohygiene, wie wir sie beim Targeting angesprochen haben: **Wenn nicht anders gedacht, ist das Naheliegende gemeint!**

Anders herum haben wir auch festgestellt, daß wir, wenn wir ein Target auf dem Mond formulierten und dabei an den nächsten Urlaub dachten, der Viewer eher in die Urlaubsortszenarien rutschte, als daß er auf dem Mond ankam.

Das hätten wir schon vorher formulieren können, aber ich finde es gut, daß wir erst jetzt dazu kommen, über diese Fakten nachzudenken. Früher haben wir schon den Begriff "Akasha-Chronik" benutzt, um das Informationsfeld zu bezeichnen, das unsere Erde enthält. Wir bleiben zunächst im heimatlichen Feld, wenn nichts anderes ausdrücklich gewünscht wird!

Mond, Mars oder Venusbewohnern würde es ähnlich ergehen. Sie müßten explizit die Erde anpeilen, um hier zu landen. Natürlich kann man mit Remote Viewing überall hin gehen, auch zu fernen Sternen, das haben wir ebenfalls ausprobiert. Wir müssen nur daran denken, es deutlich formulieren! Sonst landen wir in einer ähnlichen Szenerie hier auf der Erde! Frank Köstler hat dazu 2002/2003 eine Reihe von standardisierten Doppelblindversuchen gemacht, in denen diese Unterschiedlichkeiten zum Tragen kamen.[5]

Er landet immer dort, wohin ihn die Formulierung leiten sollte. Es kommt also auf unsere eigene Entscheidung an, dann sortieren wir die Daten aus der Matrix beim Viewen oder aber die Matrix sortiert sich für uns, letztlich ist das für das Ergebnis egal.

Diesen Vorgang kann man auch nicht durch irgendeine Variante von "Ockhams Messer" belegen. Diese Entscheidungsfindung, die den Hang der Natur zur einfachsten Lösung beinhaltet, würde hier tatsächlich einen Entscheidungsprozeß der Matrix oder in ihr voraussetzen. Es ist nicht die naheliegendste Entscheidung sondern die entscheidende Nähe im Feld, die angepeilt wird. Auch wenn der Viewer unreflektiert etwas voraussetzt, ist das bereits eine Programmierung. Es kommt sozusagen zuammen, was zusammengehört, und dieses Feld bildet sich auch im Bewusstsein des Targeters ab.

Dazu gibt es übrigens interessante Ergebnisse von Dirk Rödel, bekannt auch als Berichterstatter in den Remote Viewing-Magazinen "Die Bar am Ende des Universums"[6]

Bei Reihenversuchen zu einer RV-Methode für das Lottospiel stellte er fest, daß Targets, die nur vom Computer generiert werden, deren Aufgabenstellung (Koordinaten sowieso) vollautomatisch erstellt wurden, praktisch nicht zu viewen waren. Das bestätigt eindeutig die These, daß nur ein wirklich organisches denkendes Wesen die Verknüpfungen vornehmen kann.

Wie also erweitern wir nun unsere bisher benutzten Targetformulierungen, um auch die Zukunft sicherer zu machen?

---

[5] Frank Köstler: Verdeckte Ziele, 2003
[6] Erster Anflug: 2003, zweiter Anflug: 2007

Wir könnten an dieser Stelle schon einige Vorgehensweisen bestätigen:

1. Das Wenn-dann-Prinzip auf der Timeline: wir fahren die für uns gültige Timeline ab und suchen nach wichtigen Orten, nach Entscheidungspunkten und deren Begründung. Dann gibt es einen Abzweig, und wir können die Möglichkeiten, die sich ergeben und deren Relevanz untersuchen. Es versteht sich von selbst, daß diese Methode nur bei recht einfachen Targets, z.B. die nicht sehr weit in die Zukunft reichen, anzuwenden ist. Auf diese Weise bekommen wir "Meilensteine", die wir dann, wenn sie eintreffen, bewerten können. Wir haben schon vorab die Möglichkeiten gescannt, deshalb können wir jetzt richtiger und schneller entscheiden.

2. Die Entwicklung "unter normalen Umständen" wird in die Targetbeschreibung einbezogen. Damit meinen wir, daß Entwicklungen so verlaufen, als würden sie den schon besprochenen Gesetzen einer wissenschaftlich begründeten Auswahl folgen. Damit können wir etwas weiter vorangehen, verlieren aber die Beschreibungen der einzelnen Abzweige.

3. Der Sprung hinter die "Zeitschranke": wie sieht es an einem Ort aus, den wir hier kennen, zu einem weiter gelegenen Ort in der Zukunft, der definiert wird, aber weiter, als ein vorher genannter, befürchteter Termin liegt. Die richtige Formulierung bewirkt, daß wir ihn erreichen. Das Problem liegt hier darin, daß wir alle Einzelheiten der Beschreibung analysieren müssen, ohne den Weg dorthin zu kennen. Der Vorteil liegt darin, daß wir nicht an problematischen Bereichen vorbeimüssen, die unter Umständen unser Wachbewusstsein emotional angreifen könnten, sodaß wir aus der "Zone" gekickt werden. Beispiele dafür sind jede Art von Gewalttaten, Katastrophen und Unfälle.

Mit diesen Plänen im Kopf können wir schon einiges aussortieren, müssen aber immer damit rechnen, etwas nicht genug beachtet zu haben. Wir können trotz allem von der Informationsflut überwältigt werden. Um weiter zu minimieren müssen wir uns zunächst noch einmal weiter ausbreiten und unsere Betrachtungsweise ändern, ich erwähnte es ja schon. Wir nehmen Abschied von der linearen Welt, denn so haben wir sie bisher betrachtet, trotz der vielen Abzweigungen und Komplexitäten. Wenn wir uns in die quantenphysikalische Betrachtung der Welt stürzen, wird klar, was damit gemeint ist.

Wir sprachen im dritten Kapitel von der Unteilbarkeit der Welt als Basis für jede "übersinnliche" Kommunikation. Im fünften Kapitel sahen wir, wie die Heisenbergsche Unschärferelation zu einer neuen Beschreibung der Gesetze unserer Welt führen kann. Jetzt müssen wir daran gehen, nachzuschauen, wie man die Welt an sich beschreiben kann und was sich daraus für Konsequenzen ergeben, auch und besonders für Remote Viewing.

Natürlich kann ich an dieser Stelle keine wissenschaftlich akzeptable Herleitung der verwendeten Beschreibungen leisten. Ich bin weder Einstein noch Heisenberg, Feynman oder Heim. Außerdem hat keiner dieser berühmten Leute es geschafft, das alles zwischen nur zwei Buchdeckel zu packen. Ich möchte wirklich nur die Konsequenzen dieser Darstellungen und ihre Bedeutung diskutieren.

Fragt man halbwegs gebildete Bürger, wieviel Dimensionen unsere Welt habe, bekommt man die Antwort: "Na, vier! Länge, Breite, Höhe und Zeit! Hat doch schon Einstein gesagt."

Und recht haben sie. Man kann diese vier Dimensionen einfach aufzeigen: ein Raum, der sich auf einer Zeitlinie voranbewegt. So machen wir es ja auch im Remote Viewing.

Aber nur mit diesen vier funktioniert die Welt nicht.

Das beste Beispiel ist die Beschaffenheit des Lichts, die man so nicht erklären kann. Und damit fing auch die Misere der modernen Wissenschaft an.

Licht kann nur funktionieren, wenn es in Quanten vorliegt. Es hat gleichzeitig einen Wellen- und einen Partikelaspekt, die nicht gleichzeitig zu sehen sind. Betrachtet man die Wellenfunktion, verschwindet der Teilchenaspekt und umgekehrt. Daraus entwickelte Heisenberg die sogenannte "Unschärferelation", was aber nicht unbedingt Klarheit in das Weltbild brachte.

Zuerst Mac Born und dann Nils Bohr versuchten mit der "Kopenhagener Deutung" eine Interpretation dieses Problems. Ersterer erhielt dafür den Nobelpreis. Auch ich lernte in der Schule das Bohrsche Modell, demzufolge sich ein Teilchen nicht an einem bestimmten Ort befindet, sondern an allen Orten, wo die Welle festgestellt oder errechnet werden kann, also die Wellenfunktion nicht gleich Null ist. Die Kopenhagener Deutung besagt, daß erst im Moment der Messung die Wellenfunktion zusammenbricht und der Ort hervortritt.

Damit kann man nur noch mit einiger Wahrscheinlichkeit den Ort eines Teilchens ermitteln. Das war selbst Einstein suspekt, auch wenn man durch den Kollaps der Teilchenwelle zu vereinfachten und richtigen Berechnungen kam.

Er suchte Zeit seines Lebens nach der universalen Gleichung, die z.B. auch die "spukhaften Fernwirkungen", die Quantenverschränkung erklären konnte. Von ihm stammt die Formulierung "Gott würfelt nicht", er vermutete weitere Variable und kam genau deshalb nicht auf eine allseitig anwendbare Formel.

Burkhard Heim stellte als erster ein Gleichungssystem auf, mit dem er das Universum beschreiben konnte und sich alle bekannten Elementarteilchen exakt berechnen lassen, was die Richtigkeit seiner Theorie enorm stützt. Auch den Beobachtereffekt konnte er integrieren, sodaß die Kopenhagener Deutung an sich gewissermaßen obsolet wurde. Das ist für Remote Viewer eine sehr wichtige Erkenntnis für das Verständnis des Universums, wie wir sehen werden.

Heims Gleichungssystem spannt einen 6-dimensionalen Raum auf. Er benutzt für seine Berechnungen die Vektordarstellung. Drei Vektoren sind gerichtete und bemaßte Einheiten, also im Prinzip Pfeile, die eine genaue Länge und Richtung haben. Für die Beschreibung von "Dimensionen" benutzt man Vektoren, besser "Tensoren" (Kraftvektoren), die jeweils senkrecht aufeinander stehen.

Das kennen wir bereits: Länge, Breite und Höhe. Wichtig ist aber die Vorstellung, daß Tensoren sozusagen den "Raum aufspannen", ihn also erst (rechnerisch) existieren lassen. Einen weiteren Tensor könnten wir "Zeit" nennen und hätten damit wieder unser vierdimensionales "Raum-Zeit-Kontinuum", das Burkhard Heim mit der Bezeichnung R_4 benennt.

Um diese vierdimensionale "Raumzeit" beschreiben zu können, benötigt Heim 64 Feld-Tensor-Gleichungen, von denen 28 in der Diskussion Null ergeben, also abgespalten werden können. Die übrigen 36 kann man in eine Matrix von 6 x 6 Vektoren einsetzen.

Die mit "0" bezeichneten Vektoren sind nur im Mittel = 0, kurzzeitig treten hier durchaus Werte auf, die aus dem Entstehen und Vergehen von Quanten resultieren.

$$T_{ik} = \begin{pmatrix} T_{11} & T_{12} & T_{13} & T_{14} & 0 & 0 \\ T_{21} & T_{22} & T_{23} & T_{24} & 0 & 0 \\ T_{31} & T_{32} & T_{33} & T_{34} & 0 & 0 \\ T_{41} & T_{42} & T_{43} & T_{44} & T_{45} & T_{46} \\ 0 & 0 & 0 & T_{54} & T_{55} & T_{56} \\ 0 & 0 & 0 & T_{64} & T_{65} & T_{66} \end{pmatrix}$$

In dieser Matrix des nun sechsdimensionalen Raumes ergibt das linke obere 3 x 3-Feld den dreidimensionalen uns bekannten R_3, die Felder im darum liegenden Streifen sind die für den R_4 zusätzlichen Vektoren. Die vier Felder der rechten unteren Ecke stellen für Heim etwas dar, was außerhalb unserer Raumzeit liegt und von ihm "Transmatrix" genannt wird. Die vier benachbarten Felder mit den Tensoren T_{45}, T_{46}, T_{54} und T_{64} koppeln den R_4 an den sechdimensionalen Raum R_6 an.

Alle dieser 6 Dimensionen sind physikalische, worin die Ursache dafür liegt, daß man mit ihnen die Messwerte aller Elementarteilchen exakt berechnen kann. Soviel zur Realitätsbedeutung und Praxisrelevanz der Heimschen Gleichungen.

Die Schlußfolgerungen aus dem Umgang mit dieser Lösung sind für alle, die sich für Phänomene oberhalb der Materieebene überaus bedeutungsvoll.

Alle existierenden Teilchen unserer Welt benötigen zur Berechnung mindestens einen Faktor aus einer der Transdimensionen X_5 und X_6. Damit ist für jeden Teil unseres wahrnmehmbaren R_4-Gefüges eine

Abhängigkeit, ja "Steuerung" aus den höheren Dimensionen aufgezeigt. Die 5. Dimension bewertet die zeitabhängigen Organisations-Strukturen, gibt sozusagen ein Maß für alle möglichen Strukturen im Universum. Heim nannte sie die **Entelechie**, nach Aristoteles: das sich selbst (Form, Seele) Ausgestaltende, die zwecktätige Kraft. Die 6. Dimension steuert die X_5 -Struktur bei ihrer zeitlichen Änderung in den stationären, dynamisch stabilen Zustand und gibt demgemäß ihre "Verwirklichung" an. Sie ist nach Heim die **Äonische Dimension** (Höhere Ordnung aller Raumzeiten und Geschichten unseres Existenzgefüges).

Heim unterscheidet also zwischen manifesten Ereignissen im R_4 und latenten Ereignissen im Transraum als Ursache für diese manifesten Ereignisse. Hierbei kommt offenbar den "Bosonen" (Wechselwirkungs-Teilchen) besondere Bedeutung zu. Kernphysiker sind inzwischen der Meinung, daß sie erheblich wichtiger sind als Materieteilchen und in ungeheuer größerer Anzahl im Kosmos vorkommen, als diese. Das könnte bedeuten, daß hier der Grad der Veränderung und Organization der Materie bestimmt und gespeichert ist. Mich erinnert diese Formulierung an die Funktionsweise von Video-Schnittsystemen: die ursprüngliche Datei, die "Filmaufnahmen" bleiben während und nach der Bearbeitung unverändert gespeichert. Alle Aktionen, die der Cutter/Editor durchführt, bleiben lediglich Handlungsanweisungen, bis der fertige Film gerendert oder ausgespielt wird und damit dann eine neue Filmdatei bildet.

Ich möchte bereits an dieser Stelle eine Interpretation einschieben, die diese Erkenntnisse in den Alltag einfügen. Wir sehen hier eindeutig, daß unsere Vorstellung von der Zukunft als eines veränderlichen Weges, den wir begehen können, viel zu einfach gestrickt ist. Vielmehr gibt es offenbar nicht nur eine variable Zukunft, sondern deren viele, um nicht zu sagen, unendlich viele. Sie sind über den R_4 auch mit der Vergangenheit verknüpft und bilden somit durchgehende Alternativen der Entwicklung, was man auch *Wahrscheinlichkeiten* nennen könnte. Alle diese Handlungsanweisungen für die Materie werden noch einmal in der Transdimension X6 erfaßt, sodaß man hier eigentlich von einem

"Archiv aller möglichen Zustände der Materie", demgemäß also vom *Archiv aller Wahrscheinlichkeiten* reden könnte. Diese Erklärung legt nahe, daß diese **Wahrscheinlichkeiten** so **real als eigene Welten existieren**, wie die unsere, die wir wahrnehmen, auch nur. Denn unsere "Realität" ist folgerichtig eine von vielen (sehr vielen) gleichzeitig existierenden "Handlungsanweisungen" für die Materie.

Heim in der Tradition von Planck und Heisenberg beschert uns also eine neue Definition von Wahrscheinlichkeit: eine Unzahl von Universen, alle an der gleichen "Stelle", nur durch das Muster der Informationen voneinander getrennt.

In vielen dieser Universen wären wir ebenso vorhanden wie hier mit dem Unterschied, daß unsere Geschichte immer etwas anders verlaufen wäre. In einigen wären wir gar nicht geboren, in anderen schon gestorben. Ob diese Zahl von Universen nur sehr hoch oder sogar unendlich wäre, soll uns hier nicht interessieren. Auch kann man darüber spekulieren, ob diese Wahrscheinlichen Welten schon immer alle existiert haben oder ob sie erst durch Entscheidungsprozesse möglich wurden. Lassen wir es hier, wir würden nur in eine theologische Diskussion abdriften. Vielleicht ist es tatsächlich so, daß "Gott nicht würfelt". Man könnte eher sagen, er *läßt* würfeln.

Wir würfeln mit und werden gewürfelt.

8.Kapitel: Die Eingriffsebene der Remote Viewer

Je weiter wir in die Quantenphysik und die Interpretationen der Heimschen Mathematik einsteigen, desto deutlicher wird aufgezeigt, wie und wo Remote Viewing "funktioniert" und welche praktischen Konsequenzen sich daraus ergeben.

Lassen Sie uns deshalb noch etwas weiter vorangehen. Meine Darstellungen verstehe ich auch keinesfalls als Beweisführungen der Heimschen Gleichungen. Ich picke nur die entscheidenden Stellen heraus, um die wichtigsten Schlußfolgerungen zu illustrieren. Für ein genaues Studium bitte ich die interessierten Leser die Literaturliste im Anhang zu beachten.

Aus der Diskussion der 36 Tensorgleichungen von Heim für den 6-dimensionalen Raum folgt ein ganzzahliges Dimensionsgesetz, das nur für zwei Werte zu einem ganzzahliegen Ergebnis führt: $n = 4$ und $n = 6$. Diese Gleichung ist so einfach, daß ich sie hier zum Mitrechnen abdrucken möchte:

$$N = 1 \pm \sqrt{[1+n(n-1)(n-2)]}$$

Im ersten Fall erhalten wir $N = 6$, im zweiten Fall $N = 12$. Das bedeutet, daß wir außer dem R_6 noch einen übergeordneten Raum R_{12} gefunden haben.

X_{1-3} sind untereinander austauschbar, X_7 und X_8 erscheinen wie X_5 und X_6 als informatorische Dimensionen, die kurzfristig Energie bilden und vernichten können. $X_9 - X_{12}$ sind noch einmal organisatorisch darüber geordnet und bilden den "Hintergrundraum"

Die Dimensionen des R_{12} kann man in einen Bezugsraum X_{1-6} und einen "Hyperraum" X_{7-12} aufteilen.

Der X_{1-6} wird, wie wir gesehen haben, aus der vierdimensionalen Raumzeit und den organisatorischen Dimensionen X_5 und $X6$ gebildet. Der X_{7-12} enthält einen informatorischen Raum X_7 und X_8 sowie den "Hintergrundraum" G_4, der alle Prozesse des R_4 steuert.

Darstellungen dieser Art erklären sehr schön die trockene Textdarstellung, wir aber wollen wissen, welche Rolle diese Struktur für uns im Alltag und als Remote Viewer spielt. Das haben Heim und seine Interpreten natürlich nicht speziell herausgefiltert, man kann es aber aus ihren Kommentaren mühelos extrahieren.

X_1	X_2	X_3		R_3	physischer Raum
X_4				T	Zeitstruktur
X_1	X_2	X_3	X_4	R_4	Raumzeit mit $R_4 = R_{4p} \cdot R_{4p}$
X_5	X_6			S_2	organisatorischer Raum
X_7	X_8			I_2	informatorischer Raum
X_9	X_{10}	X_{11}	X_{12}	G_4	Hintergrundraum

Was wir bewusst erleben, ist natürlich der R_4. Als planende und handelnde Wesen durchbrechen wir aber schon selbst dieses Gefüge und schaffen so Parameter, die die Raumzeit und alles in ihr beeinflussen, auch ganz ohne PSI. Mit unseren bisherigen Erfahrungen mit Remote Viewing können wir sagen, daß wir keinesfalls $X_1 - X_4$-Strukturen benutzt haben. Wir haben das Bild, die Situation oder die angepeilten Vorgänge ja nicht mit unseren physischen Sinnesorganen wahrgenommen. Die Informationen mußten aus einem übergeordneten Raum kommen, in dem die Art Entfernung, wie wir sie aus dem R_4 kennen, nicht bestehen kann. Selbst, wenn man behaupten würde, wir hätten in einer Session Informationen wahrgenommen, die uns später dann offen zugänglich gemacht wurden, z.B. in dem wir in den Umschlag sahen, muß man zugeben, daß auch das eine Umgehung des R_4 gewesen ist, denn dort ist die Zeit nicht reversibel.

Damit müssen wir unsere mentale Tätigkeit in Kräftebereiche einordnen, die oberhalb des R_4 stehen. Nehmen wir ein Beispiel: wir viewen die Zukunft, das entsprechende Ereignis tritt ein und wir vermeiden seine Konsequenz, weil wir es vorher wußten und uns vorbereitet haben. Wir erinnern uns an meine Beispiele. Damit haben wir die Anforderungen mindestens der 5. Dimension erfüllt: des informatorischen Raumes.

Beispiele, in denen wir eine Beeinflussung der Zukunft ganz ohne vorherige Kenntnis geschafft haben, wie z.B. beim "Wünschen", legen nahe, daß wir mit PSI-Techniken noch weitaus höher im Daseinsgefüge (d.h. alles, was existiert, also der R_{12}) agieren.

Der Zusammenhang ist beklemmend, aber eigentlich schon in der Heisenbergschen Unschärferelation vorgeführt: je nachdem, wohin wir unsere Aufmerksamkeit (also den Fokus der mentalen Informationssuche, um es einmal deutlich zu definieren!) richten, erscheint ein Partikel oder eine Welle.

Nach Burkhard Heim besteht der R_4 aus zwei verschränkten(!) Untergruppen, dem Partikelraum R_{4p} und dem Abbildungsraum R_{4a}. Der Partikelraum gibt das Korpuskelbild wieder, und die Abbildung des Hintergrundraumes G_4 im R_{4a} das Wellenbild. Heisenberg wird in diesem Fall mit dem Satz zitiert: "Ein Partikel befindet sich vor dem Messprozeß zwischen der Idee des Ereignisses und dem Ereignis selbst. Nach der Messung wird letztere Tendenz hervorgehoben." Das bedeutet doch nichts anderes, als daß die Manifestation eines Ereignisses durch unsere Aufmerksamkeit im Meßprozeß hervorgerufen wird.

Ich zitiere Dr. Wolfgang Ludwig, einen der Bearbeiter der Heimschen Formeln: "Nur während des Meßprozesses und nachher existieren reale R_{4a} – bzw. R6 –Strukturen mit reellen Energiedichten, vorher nur Wahrscheinlichkeiten im R_4, die aus dem G_4 stammen."

Dieser Satz enthält für Remote Viewer zwei ganz unterschiedliche Botschaften.

1. Die Zukunft besteht aus **Wahrscheinlichkeiten,** die im G_4 *abgelegt* sind und dort *ausgewählt* (beeinflußt) werden können.
2. Die Realisierung ist *nicht beliebig,* sondern findet in der **Gegenwart** durch unsere Aufmerksamkeit, d.h. durch unser Erleben (auch wenn es passiv scheint, wir rezipieren doch immer!) statt. Illubrand von Ludwiger formuliert es so: "Erst durch die Korrelation mehrerer solcher Prototype ... entstehen materielle Eigenschaften."

Die Steuerung von Vorgängen in unserer Welt durch jenseits der Raumzeit, also aus dem G_4 heraus, wurde experimentell an der Princeton-Universität von R.G. Jahn bewiesen. Am gleichen Institut hatte man sich Jahre zuvor schon intensiv mit Remote Viewing befaßt. In Deutschland sind wir da um einiges zurück.

Man kann also, wie Burkhard Heim formulieren: "Paranormale Phänomene werden auf die Adaption von Fremdstrukturen zurückgeführt, wobei insbesondere die auf unseren Raum einwirkenden Erscheinungen durch die Theorie verständlich werden... Gedanken sind keine Erscheinungen molekularer Prozesse, sondern eigenständige geistige Wirkmächte."

Damit haben wir eine Struktur, wie sie bereits in der R_{12} –Skizze dargestellt wurde:

R_4 = Materiebereich
darüber der Wechselwirkungsbereich $X_5 - X_8$
und darüber wiederum der G_4 = Mentaler Bereich, Lebensvorgänge, "die Idee von Etwas"

Mit unseren geistigen Prozessen reichen wir in den Hintergrundraum hinein, mindestens aber bearbeiten wir beständig den Wahrscheinlichkeitsraum I_2 und den organisatorischen Raum S_2. Wir sehen es hier in dieser Skizze:

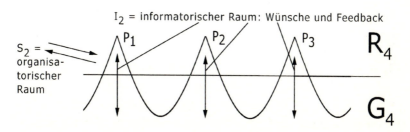

Man sieht also: im G_4 greifen wir auf die Ideen zu, die das Universum für die Materie bereitstellen kann. Dort könnte man sich den besten Plan aussuchen und die Wahrscheinlichkeiten bewegen, weil es keine echte Energie wie im R_4 kostet, sondern nur "Anweisungen für die Materie". Glaube versetzt Berge!

Wenn das alles so einfach wäre, hätte wir den Schlüssel für eine goldene Zukunft in unserer materiellen Existenzform vor uns. Wir brauchen doch nur zu wünschen oder Remote Influence zu betreiben!
Leider nicht. Ich habe schon in dem Buch "Schritte in die Zukunft" versucht, die Probleme des Eingriffs zu erläutern.
  Wir können also im G_4 zugreifen, wo alle Pläne und Ideen dieser Welt vorhanden sind. Super! Aber alle anderen Menschen, Tiere, Aliens können das auch! Und zusätzlich sind dort Naturgesetze, Feldbeschaffenheiten und dergleichen mehr verankert, die wir ebenfalls auswählen und "umsortieren" müßten. Wir haben gesehen, daß wir mit RV zugreifen können, aber nur begrenzt. Sonst würde das Universum längst von einem Dummkopf oder einem Terroristen eliminiert worden sein. Das ist aber nicht so, sonst würden wir nicht jetzt gerade dieses Buch hier lesen. Die Verhältnismäßigkeit regiert auch hier. Wir sind verhältnismäßig schwach und unbedeutend und können deshalb nur Dinge ändern, die für das Gesamt-Universum ohne besondere Bedeutung sind. (Übrigens ändern sich sogar die Naturgesetze über die Zeit, wobei wir aber in Jahrmillionen rechnen müssen.)

Jetzt verstehen wir auch die in den ersten Kapiteln genannten Probleme beim Viewen besser und können auf anderen Wegen eine Lösung suchen.

1. Die Fülle der Informationen.
Wir haben es bei der Gesamtheit aller Existenz mit einem ungeheuer großen Fundus an Informationen zu tun. Auch wenn die Formulierung des Targets und der Feldnähe-Zusammenhang uns davor bewahrt, ins Numinose abzukippen, eine ganz präzise Voraussage ist schwierig. Die Gegenwart als Schaltstelle der Entwicklungen rechnet sich über die Zone der Wechselwirkungen

immer weiter und wir müssen mindesten sicherstellen, daß wir eine Zukunft viewen, die einen Anspruch auf **allergrößte Wahrscheinlichkeit** hat. Das funktioniert aber nicht immer, weil man nicht sagen kann, welches Ausmaß an Aufmerksamkeit von den mit in der Matrix involvierten Geschöpfen aufgebracht wird. So ergibt sich *dann erst* das Ausmaß von "Ereigniskondensationen". Im Moment des Viewens führt das zu einem Effekt, den wir schon

2. "die graue Zone" genannt haben. Ein Bereich der Zukunft, der nicht vorausgesagt werden kann, weil im Moment des Viewens nicht festgelegt ist, welche Wechselwirkungen als Folge der Existenz der momentanen Gegenwart eintreten werden. Wie können wir hier eine Verbesserung unserer Chancen erhalten?

Zu dieser Frage hatte ich bereits 2001 mit einem Projekt begonnen, das mit Remote Viewing eine Antwort darauf finden sollte. Die aussagekräftigste Session fertigte Dirk J. am 16.2.2001 an: "Die beste Möglichkeit (Methode, System) eine optimale Zukunft zu erwirken". Die Ergebnisse korrelieren frappant mit den Erkenntnissen, die wir aus Heims Quantenfeldberechnungen gewonnen haben.

Seite 6.

Halteleine
sehr unelastig weil das bewegte Teil o. Rad beide überzogen des Rhodomisches falsch aufsetzen.
Die Richtung würde sich ändern.

Optimale Beschaffenheit von Halteleine.

Leicht, starr, u nicht biegsam, robust, in die Länge stabil wie härtester Kunststoff 100's

Kontrollmöglichkeit v. Halteleine
Die Halteleine kontrollieren
muß beweglich sei
Temperatur kontrollieren
muß einfach super exakt sei

Erstaunliche Details in der Session: Sprung muß nicht nur "sehr präzise" sein, sondern auch "vertrauensvoll". Und die "graue Zone" wird beschrieben: "die zwei Enden haben keinen Kontakt. Wie etwas, wo man nicht durch kann. Wie Spannung (Energiefeld). Als wenn es soundso darüber muß."

> *Seite 9*
> *Machbarkeit des Targets:*
> *Es geht, aber: die Möglichkeiten der Lösung sind zu vielfältig.*
> *Deshalb ist ungewöhnliche Präzision von Nöten.*
> *Es ist so labil die Lösung, das es sehr schwer ist, den Zustand zu treffen.*
>
> *A.J. gewagt.*

Machbarkeit des Targets: "Es geht, aber: die Möglichkeiten der Lösung sind zu vielfältig. ... Es ist so labil, die Lösung, dass es sehr schwer ist, den Zustand zu treffen."

Der Viewer bezeichnet die zu erreichende Situation oder das Geschehnis als einen sehr kleinen Landeort. Der Weg dorthin müsse deshalb auf jeden Fall mit einer "Halteleine" in "der Spur" geführt werden. Da wir jetzt wissen, daß die gegenwärtige Aufmerksamkeit dafür verantwortlich ist, daß eine Situation kondensiert, bekommt der schon früher formulierte Ansatz, daß man öfter auf dem Weg dorthin einhaken sollte, sowohl in einer als auch in zeitlich versetzten Sessions, eine neue Bedeutung. Durch unsere Abfragung bekommen wir nicht nur die Daten des Verlaufs, wir sichern sie sogar. Wenn wir das Schröder-Target betrachten, kann man den Vorgang hier auch nachvollziehen. Die grauen Zonen wichen einer Entwicklung, die letztlich einige der schon anfangs geviewten Fakten bestätigte, andererseits aber auch "die Spur hielt".

Aufmerksame Leser werden nun sicher einwenden, daß das nun doch zuviel des Guten sei und diese Äußerung nur von der Egomanie des Autors zeuge. Denn es würde ja bedeuten, daß wir mit unseren Sessions die Entwicklung des Kanzlers der Bundesrepublik Deutschland beeinflußt und gesteuert hätten.

Vielleicht klappen Sie dann auch dieses Buch empört zu, wenn ich hier schreibe: ja, gewissermaßen schon.

Einige werden hoffentlich wissen wollen, was ich mit der Einschränkung "gewissermaßen" gemeint habe. Der Wahrscheinlichkeitsraum I_2, den wir mit unseren Aktivitäten gefüttert haben, ist aber nicht irgend einer, sondern in der Konsequenz des Auftretens von Wechselwirkungen aus den Heimschen Gleichungen immer nur unser! Im Prinzip ist es der Vorgang der Kreation einer eigenen Wahrscheinlichkeit, in der wir dann weiterleben und die uns als das natürlichste überhaupt erscheint. Wir erinnern uns: mit einem bestimmten Informationsstatus wird der Editor eines Videofilms seine Schnittanweisungen auch auf eine bestimmte Art festlegen. Hat er einen anderen Status, gibt es andere Anweisungen. Die Grunddatei (die Materie) bleibt unverändert, sie wird mit den entsprechenden Daten nur unterschiedlich wahrgenommen.

Wie der inzwischen oft zitierte, in Oxford lebende Quantenphysiker David Deutsch formuliert: "Ich lebe unendlich oft!". Unsere Aufmerksamkeit spaltet sich in jedem (Quanten-)moment und formt eine eigene "Realität", die eigentlich nur eine von vielen Wahrscheinlichkeiten ist, die möglich wären.

Die anderen Realitäten sind für uns aber weder sichtbar noch im jeweiligen Moment interessant, denn wir erleben rezeptiv ja nur diese eine. Natürlich gibt es unendlich viele Wahrscheinlichkeiten, in denen Schröder nicht zu GAZPROM gegangen ist. Aber in unserer, ach was, in meiner tat er es.

Unter diesem Aspekt denken Sie vielleicht einmal über den Begriff der "selbsterfüllenden Prophezeihung" nach. Hier finden wir noch einen weiteren Aspekt dieses Vorgehens.

Auch das geht aus der schon angesprochenen Session eindeutig hervor: eine angepeilte Situation muß deutlich formuliert werden! Wir machen also eine detaillierte Vorgabe der Situation, die wir zu erreichen wünschen und diese determiniert wiederum die Ergebnisse der durchgeführten/durchzuführenden Sessions und Beeinflussungen.

Dabei ist klar, daß es qualitative Abstufungen gibt. Auch das hatten wir ja schön beim "Wünschen" am Wickel:

Je weniger wir nachschauen, desto mehr Überraschungen müssen wir in Kauf nehmen. Je präziser die Vorgabe ist, desto

besser wird sich auch der "Weg dorthin" gestalten! Im Prinzip definieren wir eine Wahrscheinlichkeit und müssen versuchen sie zu erreichen, und zwar so genau wie möglich.

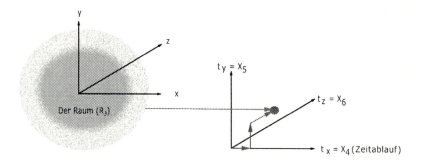

Während für uns eine Zeit "abläuft" wollen wir einen Zustand erreichen, der durch die Faktoren X_5 und X_6 determiniert ist.

3. Die mathematisch abgesicherte Erkenntnis, daß **der Status des Beobachters** an der Entwicklung von Wahrscheinlichkeiten beteiligt ist, sollte nicht den Eindruck hervorrufen, daß jede Art von Beeinflussung möglich ist. Nicht nur, daß wir mit unserem Bewusstsein an eine bestimmte Raumzeit-Definition gebunden sind, nämlich unseren materiellen Körper, sondern weil auch alle andere Bewusstseine inklusive kosmischer Kriterien im "Überraum" wirken, kann nicht jeder Wunsch in Erfüllung gehen. In "Schritte in die Zukunft" schrieb ich: "Möglicherweise ist das Regal, aus dem wir etwas nehmen wollen, zu weit entfernt." Ich verwende gelegentlich gern dieses plastische Bild um darzustellen, daß bei weitem nicht alle möglichen Kondensationen der Materie durchführbar sind, mindestens nicht in unserer Wahrscheinlichkeit.

Besonders aus Rußland sind Berichte über Medien bekannt geworden, die Materie nur durch Geisteskraft bewegt haben (sollen) und auch andere Spukerscheinungen und Folgen von Meditation (z.B. "fliegen") sind belegt und berichtet worden. In vielen Fällen weiß man hier ebenfalls, daß dieser Vorgang unter erheblicher Anstrengung zustande kamen, also real an physikalischen Kräften, am Energiehaushalt des jeweiligen Körpers zehrten. Es scheint, als seien hier Grenzen gesetzt, denn auch bei Remote Viewern bemerkt man nach aktiven Sessions einen höheren Erschöpfungsgrad. Wir können keine x-beliebigen Sprünge in der Entelechie oder Wahrscheinlichkeit machen. Wir haben als Angebot zu akzeptieren, was im Umfeld unserer Existenz liegt.

Bedenkenswert ist aber, daß es sich bei der Psychokinese, also der Beeinflussung materieller Körper durch Geisteskraft um einen Eingriff in der Gegenwart handelt, d.h. eine "unwahrscheinliche Aktion" innerhalb eines kurzen Zeitablaufes vonstatten gehen sollte. Das bedingt natürlich eine größere Spannung der entsprechenden übergeordneten Tensoren, und sieht schon so aus, als ob dieser Aufwand an geistiger Energie eine Art "Kurzschluß" zur Existenz im R_4 bedeutet: der Energiefluß verstärkt sich über das gewohnte und "gesunde" Maß hinaus. "Zaubern" ist eben nicht einfach.

Einfacher und wirkungsvoller hingegen ist deshalb eine Veränderung in der Zukunft, je weiter weg, desto einfacher und durch weniger Energieaufwand gekennzeichnet.

Ein Beispiel dafür möchte ich aus einer Session zitieren, die im Rahmen des Lotto-Projektes ablief. Wir versuchten herauszufinden, welche Kriterien insgesamt und im Besonderen wichtig sind, um die Wahrscheinlichkeit eines Lottogewinns zu erhöhen. Der Viewer landete nach einigem Hin- und Her in einer Abteilung der von mir so genannten "Dimensionsmechaniker" (andere bezeichnen sie mit "Engel"). Der "Diensthabende" zeigte sich überrascht, war aber nicht unfreundlich. Würde man seine Informationen als persönliche Rede darstellen, müßte er ungefähr so gesprochen haben:

"Das hier ist unsere Wahrscheinlichkeitskontrolle. Hier kontrollieren wir den richtigen Ablauf aller Ereignisse. Wir könnten dieses "Gerät" durchaus abschalten, und manchmal geschieht dies auch zur Korrektur bestimmte Vorkommnisse. Im Moment bin ich hier allein im Dienst. Natürlich kann ich so ein Abschalten und eine Korrektur für Euch durchführen. Ich möchte es nicht, weil eine Fehlfunktion dann auf mich zurückfallen würde, aber gut, wenn ihr so bittet, kann ich es einmal tun. Ich schalte die Wahrscheinlichkeitskontrolle jetzt für eine kurze Zeit ab, damit Ihr Gelegenheit habt, Eure Wunschentwicklung zu etablieren. Ich sage Euch aber schon jetzt, es wird nichts nützen."

Und tatsächlich: bei der anschließenden Ziehung der Lottozahlen erschienen die geviewten (und getippten) Zahlen jeweils ganz kurz und klar im Kamerafokus, wenn z.B. die Ziehungsmaschine anhielt, um die gegenläufige Bewegung für die Ziehung einzuleiten. Ausgewählt wurde dann aber fast immer eine Kugel mit einer anderen Zahl. Wir hatten die Kugeln in den Sessions also sehr wohl "gesehen", sie lagen aber viel zu weit von der schaufelartigen Rinne entfernt, über die die wirklich gezogene Kugel dann als erstes aus dem Gläsbehälter rollte.

4. Glaube, Erwartungen und Interpretationen.
Wir haben bisher viel die Wechselwirkungen zwischen Betrachter und Objekt gesprochen und aus quantenphysikalischer Sicht erörtert. Jetzt können wir unter diesem Aspekt auch den eigenen Zustand des Betrachters und die Probleme, die sich daraus für Remote Viewing ergeben, besser darstellen.

Ein Interessent, der zwar RV trainieren möchte, aber nicht daran glaubt, daß es funktioniert, wird den Wahrscheinlichkeitsraum nur sehr schwach mit Energie beschicken, weil er sie nicht aus der vermeintlich funktionierenden materiellen Kontrolle abziehen möchte. Demgegenüber steht auch das mangelnde Vertrauen, daß es für ihn förderlich sein könnte, diese Kräfte einzusetzen. Das ist nicht unbedingt verkehrt; Goethes "Zauberlehrling" hat durchaus seine Daseinsberechtigung.

Der nächste Punkt in der Struktur des Beobachters/Viewers ist seine Erwartungshaltung. Es ist natürlich eine Erfahrung spätestens des ersten Psychologiesemesters oder des ersten wirklichen Remote Viewing-Projektes, festzustellen, daß man mit völlig anderen Ergebnissen gerechnet hat, als dann schließlich bei einer neutralen Untersuchung herauskommen. Im RV-Bereich meint "neutral" natürlich "blind" und "on-target" mit richtiger *ist-mir-egal-was-hier-*

rauskommt-Haltung. Deshalb ist eine *frontloaded* geführte Session mit dem Anspruch einer *Remote Influence* auch sehr gefährlich. Man kann, wenn der Wunsch der Vater des Gedankens wird, beim "Wünschen" auch sehr daneben liegen, siehe "falsches Regal". Was dann passiert, ist meist unter dem Aspekt "unliebsame spätere Überraschungen" abzubuchen, so wie auch der unüberlegte Wunsch nach einem Auto plötzlich eine Ausgabenvielfalt zwischen Steuer, Versicherung, Betriebskosten und Strafmandaten mit sich bringt, was wiederum dazu führt, daß man sich mehr Geld wünscht, was dazu führt, daß man zu viele Aufträge bekommt, was wiederum zum Herzinfarkt führt... usw.

Der dritte und vielfach unterdrückte Aspekt ist die Interpretation von geviewten Daten. Selbst, wenn man sich sicher ist, daß die in der Zukunft geviewte Familie durch die Art der Beschreibung die eigene ist, sollte man diese Frage in der Session gleich überprüfen. Ich habe einige Male feststellen müssen, daß meine (Wachbewusstseins-) Schlußfolgerungen als Monitor in einer Session gänzlich verkehrt waren. Erst durch eine Reihe von Abfragungen, durch sofortiges Nachgehen der Bedeutung einer Information gab es ein befriedigendes Resultat.

Deshalb müssen wir uns einprägen: schon in einer deskriptiven Sitzung bis Stufe 6 ist es zwingend nötig, interpretationsfähige Eindrücke extra zu hinterfragen. Ab einer Stufe 7 wird dieser Vorgang zur wichtigsten Technik des Viewers/Monitors, um nicht im Wirrwarr des kosmischen Datendownloads verloren zu gehen.

Wir werden ab dem nächsten Kapitel sehen, wie so etwas praktisch umzusetzen ist und feststellen, daß die moderne Quantenphysik und besonders die Rückschlüsse nach den Erkenntnissen durch die Heimsche Mathematik die Stufen und Kategorien erklären und ihren Stellenwert gleich mit definieren. Dieser Ausflug in die Quantentheorie war schon deshalb grundsätzlich nötig.

Im Prinzip ist das Verfahren nicht so schwierig, wie es nach diesen Ausführungen vielen erscheinen mag. Wir müssen unsere angelernten Vorstellungen und Handlungsweisen unsere bisherigen R_4-Lebens nicht aufgeben. Wir können weiterhin mit einfachen Anweisungen so tun, als ob wir die komplexen Wirkweisen des Kosmos verstünden. Es kommt aber darauf an, dieses Verständnisproblem an diese Instanz weiter zu geben, allerdings mit dem

Bewusstsein, daß wir dieses tun. Sie wissen ja: die Macht der Formulierung.

Weiterhin werden wird nicht irgendeinen Punkt der Existenz sondern unsere eigene Gegenwart zum Ursprung unserer Handlung machen, auch wenn wir wissen, daß ein Gespinst von Wechselwirkungen zwischen Zukunft und Vergangenheit herrscht. Der augenblickliche Moment ist doch der, der am besten definiert ist, der Bezugspunkt für unsere materiellen Wünsche.

Auch Buchanan hat die Gegenwart als Dreh- und Angelpunkt erkannt und den Bezugsrahmen der eigenen Physis für diesen Moment.

Wenn wir Buchanans Beschäftigung mit Remote Influence betrachten, stellen wir aber fest, daß er in der momentanen Situation versucht, mit Personen Kontakt aufzunehmen und sie hier "zu bearbeiten", damit sie in der Zukunft sich für die gewünschte Handlung entscheiden. Nun haben aber schon die aufgeführten Experimente (Blutdruck, Kompaßnadel, Atomzerfall) gezeigt, daß der Effekt nach Beendigung der Einflußnahme wieder verblaßte oder vollständig aufhörte. Natürlich gibt es in unserem alltäglichen Verständnismodell einen Kausalzusammenhang zwischen gegenwärtigem Geschehen und zukünftigen Konsequenzen. Aber wir wissen: der G4-Raum ist groß und prallvoll, da kann viel passieren. In jedem neuen Moment jeder neuen Gegenwart.

Aus Quantenphysikalischer Sicht können wir uns nun auch gut erklären, was passiert, wenn wir uns etwas "herunterladen", das uns nicht gefällt. Man sieht aber auch, daß man dagegen etwas tun kann, und zwar nicht nur die "detox"-Metode anwenden.

Bevor ich dieses letzte, der praktischen Anwendung vorausgehende Kapitel abschließe, möchte ich noch mein schon gelegentlich zitiertes, aus den Heimschen Interpretationen abgewandeltes 12-dimensionales Modell vorstellen. Es ist mit Sicherheit genau so falsch, wie jedes Bild, das man sich biblisch "von Gott" macht. Es hat nur den Vorteil, sich schnell klarzumachen, was man in einer "Influence-Session" anstellt.

Die Darstellung ist deshalb so gut zu gebrauchen, weil sie im Gegensatz zu den Mathematischen Schaubildern sozusagen eine "Momentaufnahme der Gegenwarten" darstellt.

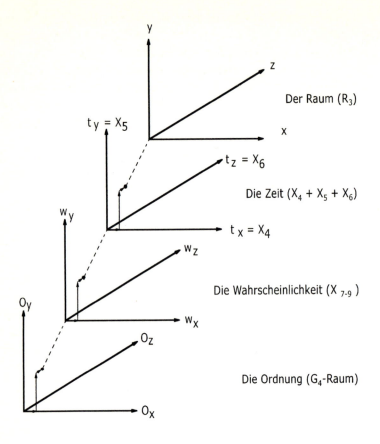

Der "Raum" R_3 in der Zeichnung steht für eine materielle Grundkonfiguration, die für jeden neuen Quantenmoment eine Definition in der Zeit und den Möglichkeiten, als R_4 zu existieren, besitzt. Im nächsten Quantenmoment ist diese Definition bereits eine andere, und die Vektoren t_x, t_y und t_z haben andere Werte. Man könnte t_y gleichsetzen mit dem Wirkfaktor X_5 und t_z mit X_6. Die Idee, aus der zeit und den Wirkfaktoren eine extra "Dimension" zu machen beruht darauf, dass die Wirkfaktoren nur im Verein mit t = "Zeit" den R_3 verändern können. Man könnte demgemäß auch sagen, daß X_5 und X_6 einen Ablauf t_x determinieren, und nichts anderes sagt so ein dreiachsiges Koordinatensystem aus.

Aus diesem Bild wird auch klar, daß dieser nächste Quantenmoment keine fundamental andere Position im R_{4-6} aufsuchen kann, sondern nur "nächstliegende": Es gibt keine Sprünge in der Zeit und den Möglichkeiten, dort Ereignisse zu installieren.

Diesem R_{4-6} wiederum ist eine Definition im übergeordneten Gebilde zugeordnet, die ich als "Wahrscheinlichkeiten, die für einen R_{4-6} vorrätig sind" betrachte. Hier enthalten sind die Wirkfaktoren X_7 und X_8 aus der Heimschen Tensormatrix. Auch hier kann man keine großen Sprünge machen. Beispielsweise kann ich nur eine Wahrscheinlichkeit erreichen, in der ich Lottogewinner bin, wenn ich auf dem Weg zu meiner jetzigen Koordinate einmal einen Punkt durchfahren habe, an dem ich einen Tippschein abgeben konnte (und es auch tat!). Denn das müssen wir in unserer Zukunftsbetrachtung einbeziehen: mit Remote Viewing ist zwar jeder Punkt einsehbar, aber nicht jeder ist für unser Bewusstsein im gegenwärtigen Körper erreichbar.

Alle diese *Wahrscheinlichkeiten* sind ebenfalls irgendwo abgelegt. Es ist ein äonischer Raum, der hier aufgespannt wird, sozusagen das Verzeichnis aller Möglichkeiten, die diesem Kosmos bzw. dessen Materie als Verhaltensanweisung zur Verfügung stehen kann. Ich würde diesen "Raum der Ordnung" nicht völlig dem Hintergrundraum G_4 von Burkhard Heim gleichsetzen. Er gibt an X_7 und X_8 eine "Koppelungszone" ab, die man als Verbindung definieren kann, ähnlich wie die Zeit t_x für den R_3.

Der G_4 ist ein "aktiver" Raum, der durch "eigenständige Energieausbrüche" nach Heims Berechnungen einmal das Universum gestartet hat (anstelle eines Urknalls) und seitdem schubweise Steuersignale an die untergeordneten Wirkungsebenen abgibt. In meiner Darstellung genügt uns ein Raum, der dadurch gekennzeichnet ist, daß er "nur" alle Möglichkeiten *enthält*. Wie gesagt, diese Darstellung ist nur ein Konstrukt, das uns die Orientierung bei Remote Viewing-Vorhaben erleichtert und an die gerade erläuterte Struktur anknüpft. So etwa, wie Heim selbst analog zum Philosophen Nicolai Hartmann eine Strukturierung aufmacht, in der ebenfalls vier Ebenen oder Schichten eine Rolle spielen: die Physis (anorganische, mineralische Ebene, das Bios (organische, vegetative "belebte" Ebene), die Psyche (seelische, animalische, emotionale Ebene) und das Pneuma (geistige, mentale Ebene oder Schicht).

Es ist nicht weiter als eine Landkarte, und so wie diese enthält sie auch nur Symbole für eine real ganz anders erscheinende (und viel größere) Landschaft.

Damit möchte ich zunächst die einleitende Erörterung des Bodens, auf dem RV funktioniert, beenden. In der nun folgenden Vorstellung der Struktur und Diskussion der Arbeitsweise der Stufe 7 werde ich mich dann wenn nötig auf die entsprechenden Details beziehen. Ich hoffe, ich konnte Ihnen einsichtig machen, warum diese verhältnismäßig lange Einleitung vor der Praxis nötig war. Ich persönlich finde sie, wie schon gesagt, bitter nötig.

Mit der quantenphysikalischen Betrachtungsweise haben wir den Kindergarten des RV, das Numinose, verlassen und sind in die Grundschule eingezogen. Das sollte uns jedoch nicht dazu bringen, hochmütig auf andere herabzusehen. Im wirklichen Verständnis der Welt sind wir nicht wirklich weiter als ursprüngliche Gesellschaften, die an Waldgeister glauben, denn sie glauben wenigstens. Wir müssen noch lernen, unser Wissen zu glauben. Sonst bleiben wir dort, wo wir heute sind: Nicht mehr bei Daimlers ersten Knallpeng-Auto, sondern doch schon bei Fords T-Modell, vielleicht auf dem Weg zum KDF-Wagen. Aber meilenweite Jahrzehnte von einem Ferrarri Formel-1-Wagen entfernt. Und erst recht von einem umweltschonenden Freie-Energie-Fahrzeug. Aber noch eins zum Trost: auch siebenfache Weltmeister dieser Klasse verstehen die Technik des Vehikels nicht komplett. Sie sind auch nur Anwender. So wie wir.

9. Kapitel: Stufe 7 – Die Grundform

In den letzten Kapiteln haben wir nicht nur die Funktion von Remote Viewing aus der Quantenphysik heraus hergeleitet und begründet, sondern wir haben auch die zwingende Notwendigkeit einer aktiven Anwendung ablesen können. Der Einfachheit halber, um es zum Beispiel in das vorhandene Protokoll einfügen zu können, sind wir dazu übergegangen, die Vorgänge "Stufe 7" zu nennen. Zu einer weiteren "Aufstockung" in "Stufe 8" oder mehr sehe ich allerdings keinen Anlaß, denn die hier auftretenden Vorgänge könnte man allesamt als "Werkzeuge" und "Anwendungen" definieren, wie wir es schon aus der Stufe 6 kennen. Eine weitere Stufenbildung verbietet sich auch aus anderen Gründen, wie wir sehen werden: gerade in aktiven Anwendungen sollte man die Möglichkeiten des Wachbewusstseins nicht allzu sehr strapazieren. Deshalb werden wir die "Stufe 7" auch eher als konzeptionelle Bezeichnung führen, als daß wir sie in der Session explizit formulieren. Buchanan kommt bekanntlich mit vier Stufen aus, und meine einzige Begründung zur Einführung weiterer Stufen bleibt weiterhin die Übersichtlichkeit.

Nach den ersten Ideen zu einer aktiven Prozedur im RV-Protokoll im August 1997 wurde das Konzept mehrfach verändert und an neuere Erkenntnisse angepaßt. Im folgenden präsentiere ich Ihnen sozusagen als Faksimile die letzte formale Version in der Art, wie in den 90er Jahren Ed Dames sein PSI-Tech-Handbuch abfaßte. Zu dieser Zeit hatte ich noch keines der Lehrbücher geschrieben und mehr oder weniger benutzten alle Trainer dieses Handbuch. Deshalb ist auch die Stufe-7-Darstellung so ausgefertigt, daß man die Seiten problemlos an das amerikanische Handbuch anheften konnte. Es kam allerdings nie dazu, weil ich mich nicht entschließen konnte, diese Seiten so frei verfügbar zu machen. Wer das Handbuch von Dames damals bekommen hat, findet hier etwas Nostalgie, für die anderen mag der Reiz darin bestehen, die damals übliche Form der Darstellung kennenzulernen. Wie Sie sehen werden, bestand das Problem dieses Handbuches immer darin, allzu komprimiert zu sein. Auch der sehr unpersönliche Stil, der einer wissenschaftlichen Arbeit entlehnt schien, stieß immer viele Trainierende ab. Besonders Frauen bemängelten, daß die Art der Darstellung in diesem

Handbuch sehr mit der persönlichen Erlebnisweise bei der Anwendung kontrastierte.

STAGE VII   Stand: 1.9.2000

A. Konzept:
Stage VII ist die logische Folge aus der Erkenntnis, daß jede Art von PSI-Tätigkeit kein passiver Prozeß des „Empfangens" von Informationen ist, sondern das aktive Eingreifen des jedes einzelnen Menschen in die Struktur des Universums. Dieser Umstand ist durch viele Experimente in der parapsychologischen Forschung belegt. Bei Versuchen zur Übermittlung von Eindrücken von einer Person zu einer anderen fiel auf, daß der Status des „Senders" und des „Empfängers" nicht austauschbar waren. Ein guter „Sender" ist auch ein guter „Empfänger". Weitere Beispiele zur Beeinflussung von Zufallsgeneratoren etc. bestätigen dieses Konzept. Im Alltag wird bereits von vielen Menschen erfolgreich eine Art „Wunschdenken" angewandt, dem es aber oft an Präzision mangelt.

Durch ein aktives Einsetzen von Remote Viewing kann diese Präzision erheblich gesteigert werden. Bereits in einer Stage VI mit intensivem Zielkontakt kann eine Beeinflussung des Zielgebiets durch den Viewer festgestellt werden.

Grundsätzlich impliziert der Umstand der aktiven Präsenz des Viewers in der Matrix, daß jedes Vorgehen mit äußerster Vorsicht geschehen sollte und die Konstruktion der Stage VII hauptsächlich auf der Rückmeldung von Folgen des jeweiligen Eingreifens bestehen muß.

Diese Rückmeldung sollte klar und eindeutig sein, bevor eine definierte Tätigkeit des Viewers zugelassen werden kann.

Funktionen:
Ausgehend von einer klaren Stage VI wird eine Sicherstellung des Zielgebietes durchgeführt. Der Ist- und Soll-Zustand wird ermittelt und das Ausmaß der optimalen Veränderung abgefragt. In diesem Prozeß wird der Viewer geführt, die im Zugriff befindlichen Daten der Matrix zu verschieben.

Diskussion:
Zu Beachten ist, daß in der Stage VII die Tätigkeit des Viewer nicht „umgepolt", also keine neue Tätigkeit begonnen wird,

sondern die latente Aktivität definiert eingesetzt wird. Ausgehend von dem hypothetischen Konstrukt der aktiven PSI-Funktion bedeutet der „intensive Zielkontakt" des Viewers in Stage VI, daß er die Daten der Matrix aktiv „abgetastet" und somit „im Griff" hat. Damit bedeutet es für den Viewer keine qualitative Veränderung seines Tuns.

Hier begibt sich in erster Linie der Monitor in eine Position großer Verantwortung. Er muß sicherstellen, daß die Folgen einer abgeschlossenen Stage VII möglichst keine unerwünschten Auswirkungen haben. Die Stage VII verlangt nach Prüfung der Daten und nach Entscheidungen, wozu der Viewer definitiv in der Session nicht fähig ist. Stage VII- Sessions ohne Monitor sind somit auszuschließen.

Sitzungsablauf:

Die Entscheidung, ob ein Target in Stage VII bearbeitet wird, muß bereits vor dem Beginn der Session fallen und eingehend durch den Monitor vorbereitet werden. Das Ziel der Session muß klar definiert sein und die Umstände des Zugriffs durchdacht werden.
Die Koordinaten sollten in drei Reihen aufgestellt werden.
In jedem Fall wird ein neues Blatt Papier genommen und das Format der Stage VII aufgezeichnet.

Tabelle:

R	UR	DF	SOL	S	E	AUL

Diese Abkürzungen stehen für:
1. R: Realität. Beschreibung des Ist. Zustandes, Festellung eines existierenden Targets, Echtheitsbestimmung der Daten (A_0 = A-null), bisherige Ergebnisse. Machbarkeit.
2. UR: Unrealistische Daten. Probe der Daten. Feststellung, was das Target nicht ist, Bestimmung von irrealen und unzutreffenden Daten, auch, was nicht machbar ist.
3. DF: Definition. Feststellung der Änderungsvorgabe und Anmeldung des aktiven Prozesses.

4. SOL: Solution. Beschreibung der <u>optimalen</u> Änderung, Abfrage der Konsequenzen: Beschreibung des zu erreichenden Endzustandes und mögliche negative Folgen.
5. S: Switch. Beschreibung des zu verwendenden Tools, Schalters, Schiebers etc. Eventuell auf einem extra Blatt aufzeichnen und bewegen.
6. E: Enter. Wirkung wird abgefragt und Vorgang wird umgesetzt.
7. AUL: Analytische Überlagerung.

E. Definitionen:

<u>Echtheit von Daten und Machbarkeit:</u> in verschiedenen Sessions hat sich immer wieder gezeigt, daß der Viewer sowohl „richtige" Daten bekommt als auch solche, die Aspekte des Möglichen (aber nicht Eingetroffenen) aber auch Ansichten oder emotionale Eindrücke anderer Lebewesen enthalten. Diese Daten treten auch dann auf, wenn die Targetformulierung irreführend oder nicht zutreffend ist. Ihr Realitätsgehalt kann abgefragt werden durch eine Auflistung und Abfragung ähnlich der Stage V. Unechte Daten sind oft schon durch ihre offensichtliche Diskrepanz zur Fragestellung zu erkennen.

<u>Änderungsvorgabe und Anmeldung:</u> Obwohl die Art der Betätigung des Viewers sich in der Stage VII nicht grundsätzlich ändert, ist es wichtig, das Vorhaben des Eingriffes anzumelden, vergleichbar mit der Autorisierung für den Zugriff auf ein spezielles Computerprogramm bzw. dessen Aufrufen. In der Änderungsvorgabe schreibt der Viewer Eigenschaften der Vorgabe V_X auf, die dadurch vom Monitor kontrolliert werden können.

<u>Solution:</u> Entscheidung. Eine Entscheidung muß die optimale Form der angestrebten Problemlösung enthalten. Die daraus resultierende Vorgabe muß eindeutig und mit den geringsten Störungen verbunden sein.

<u>Switch:</u> Schalter. Aktives Tool. Psycho-Switches werden benutzt, um die PSI-Tätigkeit eines Menschen zu beeinflussen, ein- oder abzuschalten. Die Auswahl geschieht weitgehend durch den Monitor anhand der vorliegenden Daten und des Ablaufs der Session.

Enter: Eingabe, Erfüllung. Nach Abfrage der Wirkung des Eingriffes muß dieser fixiert werden. Dies geschieht zum Beispiel, in dem der Viewer den virtuellen Regler seines Psycho-Schalters an einer bestimmten Stelle stehen läßt, die die optimale Auswirkung seines Eingriffes repräsentiert. Wie bei alle StageVI-Tools ist auch hier wichtig, eine angemessene Darstellungungsform der unsichtbaren Psychoaktiven Vorgänge zu finden. Auch relationale Diagramme und andere Angaben auf verdeckte Fragen können „bestätigt" werden, was gelegentlich auch unabsichtlich in Stage-VI-Sessions passiert. (AI: „Das finde ich gut, das soll so sein. Ende.")

AOL: Analytische Überlagerung. Besonders in Stage VII müssen AOLs abgefragt und herausgeschrieben werden um zu verhindern, daß der Viewer seine Aktivitäten auf andere Zielgebiete als das angegebene richtet. Wichtig ist, daß der Viewer das Zielgebiet möglichst als solches nicht persönlich kennt oder erkennt.

Tools: Ähnlich wie in Stage VI lassen sich auch hier verschiedene Werkzeuge (Tools) anwenden, die als Darstellungshilfe virtueller Vorgänge zu sehen sind. Deshalb ist es auch wichtig, genau die Anweisungen des Monitors zu befolgen.

Der einfache Schalter: Darstellungsform optimal als Schiebeknopf, dessen Position mit dem Kugelschreiber simuliert werden kann und somit die Wirkung abgefragt wird.

Der Schieberegler: Erlaubt feinfühliges Abstimmen in zwei Richtungen.

Zeiger oder Regler im Koordinatenkreuz: Erlaubt die Abstimmung in allen Richtungen.

Freie oder bezugsgebundene Vektoren
Tabellen und Diagramme
Timeline mit Wahrscheinlichkeitsbestimmung.

Schlußbetrachtung:

Nach abgeschlossener Beeinflussung der Matrix-Dateien sollte nicht versäumt werden, die Wirkung auch nach Stärke und Dauer abzufragen. Diese Vorgehensweise hat ihre Grundlage darin, daß nicht alle Dateien der Matrix, ähnlich wie in einem Computer, verändert werden können. Der Zugriff kann verweigert werden oder aber die Daten und damit die Ereignisse können durch eine stärkere Kraft in ihrer alten Position gehalten werden. Mit anderen Worten:

ein schon besetzter oder jemandem zugeordneter Platz kann nur durch größeren Kraftaufwand verändert werden, als der, der schon vorhanden ist. Auf einem Stuhl kann nur einer sitzen.

Diese Darstellung ist, wie schon erwähnt, im Prinzip der Informationsstand von 1998, durch einige Erfahrungen verbessert und 2000 so auf meinem Rechner abgespeichert. (Zusätzlich gab es natürlich ein paar Kopien an einige wenige ausgewählte Viewer.)
Man sieht, wie eindeutig diese Stufe 7 in das bisher bekannte und von Buchanan und Dames bearbeitete Swann'sche Protokollkonzept eingepaßt ist und sozusagen die offenen Enden dieser Darstellungen aufgreift und zusammenführt. Bei der Ausarbeitung dieser Stufe hatte ich beständig das Gefühl, alle Einzelheiten nur "wiederzuentdecken". Aus den vielen Unstimmigkeiten in den Äußerungen der Amerikaner (während der Trainings und später in der Kommunikation sowie in ihren Büchern) hatten mindestens die Mitglieder der Remote-Viewer-Fraktion, zu der auch Gunther und ich gehörten, immer das Gefühl, man hätte uns Deutschen "nicht alles gesagt". Die Arbeiten an der Stufe 7 bestätigten dieses Gefühl (unbequemerweise).
Aus Unsicherheit wegen unserer bewusst wahrgenommenen Unerfahrenheit haben wir in den frühen Jahren sehr eng am Protokoll "geklebt". Die amerikanischen Viewer hatten vielleicht tausend Sessions gemacht, wir noch nicht einmal hundert. Deshalb ist auch diese vorliegende Form so strikt nach dem ursprünglichen Konzept formuliert. Das ist auch gut so. Später in diesem Buch werden wir uns aber zwangsläufig von dieser strengen Durchführung lösen müssen, so wie wir schon in den ersten drei Lehrbüchern gesehen haben, daß man effizienter mit der Methode umgehen kann, wenn man sie freier anwendet.
Dazu gehört jedoch, die Zusammenhänge grundsätzlich zu verstehen. In diesem Sinne ist auch der kleine "Streit" zwischen den Protokolltypen von Buchanan (u.a.) mit vier Stufen und Dames mit seinen sechs Stufen zu sehen.
In der praktischen Arbeit erfahrener Viewer geht es tatsächlich zu, wie Buchanan es vorlegt: nach der Stufe vier ist Freiflug, auch mit den Inhalten der "Stufe 7". Die Form von Dames ist jedoch

mindestens für diejenigen, die RV lernen wollen, übersichtlicher, weil stärker gegliedert. Dazu paßt auch eine extra ausgewiesene neue Stufe.

Im folgenden Kapiteln wollen wir zunächst deren Aufbau diskutieren. In der Praxis werden wir, wie schon eingangs bemerkt, sehen, daß die Ansage einer neuen Stufe hier sehr zwiespältig zu bewerten ist. Das Wachbewusstsein des Viewers kann bei der Nennung von aktiven Tools durchbrechen, obwohl der Viewer schon tief in der "Zone" sein sollte.

Ich bin mittlerweile weit davon entfernt zu sagen: "das klappt schon, wenn ihr genug Übung habt!" Es hat sich gezeigt, daß gegen Ende der Session, wenn man zu diesen Einsätzen erst kommen kann, bei jedem noch so erfahrenen Viewer der "Time-Out"- Effekt greifen kann, eben wenn er so ermüdet ist, daß die Regelfunktion des Wachbewusstseins greifen **muß**. Es obliegt (wie immer) der Entscheidungsfähigkeit des Monitors, diese Anwendung durchzuführen oder doch lieber darauf zu verzichten.

In den letzten Jahren hat sich gezeigt, daß die wirklich einzige Gewährleistung einer befriedigenden Funktionalität auch aller anderen Stufen des Protokoll nur dann gewährleistet ist, wenn sich der Viewer dazu entschließt, völlig unvoreingenommen und **unspezifisch neugierig** in die angesprochenen Targetaspekte hineinzufühlen. Das ist die wichtigste Übung und größte Selbst-Disziplinierung für den Viewer. In allen Trainings hat sich bisher genau dieses bestätigt: auch Viewer, die durch starke linkshemisphärische Beanspruchung im Alltag sehr dazu neigten, auf "AUL-Reisen zu gehen" konnten so plötzlich die (üblichen) erstaunlich richtigen Resultate liefern.

In diesem Zusammenhang kann man für die Anwendung der Stufe 7 nur noch einmal den Spruch von Ed Dames wiederholen: "Don' t think, stay in the structure, go on!"

Weil man nicht alles gleichzeitig haben kann, werden wir uns am Anfang mit einer Ansage der Stufe 7 herumplagen, auch wenn es vielleicht aus den genannten Gründen mit der Effizienz nicht so weit her sein muß. Aus meiner Sicht und Erfahrung ist jedoch das Üben der Grundstrukturen immer einem schnellen Erfolg vorzuziehen, weil man sich nicht nur die Funktionsweise besser klarzumachen vermag, sondern auch einfacher die Fehler analysieren kann. Und diesen Umstand halte ich nach wie vor für den aller-allerwichtigsten. Wer keine Fehler macht, lernt nichts.

In operationalen Projekten wird es anders aussehen. Dabei ist es meist sicher nicht die Gefahr der Ankündigung, die den Monitor die volle Ausschreibung der Tabelle vermeiden läßt, sondern der spezifische Ablauf einer Session, der plötzlich den Einsatz einer Stufe-7-Anwendung erfordert oder möglich macht.

An dieser Stelle des Buches sind wir aber noch nicht so weit. Wir lernen den Umgang mit diesen Anwendungen erst, und das tun wir ordentlich. Es gibt Künstler, die vertrauen auf die Intuition und schmieren gleich auf die Leinwand. Andere lernen das Handwerk und sind dann spontan. Es ist völlig klar, was ich vorziehe. Wobei aber zu bemerken ist, daß nach eingehendem Handwerk-Lernen oft auch die Spontaneität wieder trainiert werden muß. Das sollte man nicht aus den Augen verlieren.

10. Kapitel: Diskussion der Kategorien

Dem Leser wird aufgefallen sein, daß die Darstellungsart der Stufe 7-Tabelle im letzten Kapitel in Englisch gehalten ist. Dabei hat der Autor doch drei Bücher lang die deutsche Form gepredigt und gepflegt. Die Erklärung ist einfach. Die Konstruktion geht auf das Jahr 1997 zurück, in dem wir noch alle Amerikanismen benutzten. Die Diskussion, sich doch zum deutschen Kulturraum zu bekennen, erfolgte erst 1998 in ihrer ganzen Härte. Aber auch weiterhin benutzten die beteiligten Viewer die amerikanische Form, "weil wir's so gelernt haben!" Eine einsehbare Begründung, wie man z.B. an Reformen, die niemand wollte, -denken Sie an die Geschichte der unsäglichen Rechtschreibreform!- sehen kann.

Die Eindeutschung des RV-Protokolls kam dann doch, ganz einfach weil wir Deutsch "mal als erste Sprache gelernt haben!". Auch einsehbar, denn hier stehen uns die meisten Vokabeln zur Verfügung. Die Vorgänge beim Remote Viewing kann man auch auf Deutsch erklären und sogar viel besser durchführen.

Die Begriffe der Stufe 7 habe ich dann aber nicht angepaßt. Erstens sieht man, daß dazu auch wenig Bedarf bestand. Die ersten drei Kategorien kann man wegen der lateinischen Wortherkunft getrost so lassen. Die Anfangsbuchstaben wären in Englisch und in Deutsch die Gleichen.

SOL für "Solution" habe ich so stehen lassen, weil der Begriff zwar nicht so bekannt aber doch aus gleicher klassischer Ursubstanz kommt und deshalb eher *europäisch* ist (Solubilité im Französischen, Solutione im Italienischen). Außerdem beinhaltet dieses Wort besser den Vorgang einer Veränderung, also die *Möglichkeit* zur Lösung eines Problems. Für den deutschen Anwender wird außerdem durch die Benutzung dieses Wortes eine Besonderheit impliziert, was der Verwendung in einem RV-Protokoll durchaus zustatten kommt.

S für "switch" kann man ebenfalls getrost beibehalten. Im Zweifelsfall nennen wir die Sache einfach "Schalter".

E für "enter" geht da schon weiter. Mir ist aber kein zündendes Auslösewort im Deutschen eingefallen, das auch nur annähernd den Bekanntheitsgrad und damit auch die tiefe Verwurzelung in unserer alltäglichen Vorstellung besitzt, wie der englische Begriff. Hier hat der Computer wirklich weltweit die Sprache verändert. Wir benutzen ja auch nicht mehr das schöne Wort "Elektronengehirn" oder ähnliche Sprachblüten der vierziger/fünfziger Jahre. (Das wäre doch vielleicht was für die Jugendsprache: plötzlich sagen alle *Nerds* "mein Elektronenhirn" zu ihrem Laptop.) Deshalb habe ich persönlich keine Probleme mit der Spalte E für "Enter". Sie können gern zusätzlich "Ausführung" oder "so sei es!" sagen, die Matrix weiß ohnehin Bescheid.

Was die Reihenfolge der einzelnen Bereiche angeht, so haben wir schon bei der Stufe 4 (bzw. 6) gesehen, daß die Reihenfolge der Spalten in der Tabelle zwar sinnvoll war, vom Viewer aber durchaus nicht immer eingehalten wurde. Er "sprang" oft mal in die eine, mal in die andere, grade, wie ihm die Informationen zugänglich wurden. Wir haben ihn dann in die Reihe zurückgeführt (bzw. sind beim Solo-Viewen selbstdiszipliniert wieder in die Spalte gegangen), die wir ursprünglich bearbeiten sollten. Die Begründung dafür war, daß es eine Rangordnung in der Komplexität gibt, die wir des besseren Einstiegs willen einhalten.

Andererseits sind wir aber besonders in der Stufe 6 bewusst in frühere Kategorien zurückgegangen, wenn wir uns von den dortigen Aufforderungscharakteren eine Verbesserung im Fortgang der Session versprachen.

Für die Stufe 7 gilt alles dies genau so, das letztere um so mehr. Die formale Anordnung entspricht genau so und einsehbar einer Rangordnung. Die Abfolge ist eine Mixtur aus Wichtigkeit und aufeinander aufbauender Bedeutung. Für das Erlernen des Umgangs mit dieser Praktik können wir anfangs diese Reihenfolge einhalten.

Später werden wir sehen, daß sich das Ansprechen bestimmter Kategorien normalerweise nach Art und Inhalt des Targets richtet oder aber nach der (in der Session gewonnenen) Erkenntnis, wie man optimalerweise vorzugehen habe.

Wenden wir uns nun also den einzelnen Kategorien speziell zu. Hier noch einmal die Tabelle:

R	UR	DF	SOL	S	E	AUL

Lassen Sie uns nun die einzelnen Spalten in Bedeutung und Anwendung diskutieren.

R = Realität

Analog zur Stufe 4/6 finden wir hier in der Einleitung der Stufe 7 wieder eine Form der Zusammenfassung der vorher ermittelten Daten. Es hat sich gezeigt, daß der Viewer, wenn er "on target" ist, zu jeder Zeit sehr sicher immer wieder alle Einzelheiten rekapitulieren kann und sie in späteren Stufen auch abwägen kann, ohne zu wissen, worum es sich tatsächlich handelt. Er wird hier also eine kurzgefaßte Beschreibung des Zustandes abliefern können, wie er zur Zeit und ohne einen RV-Eingriff eingetreten ist.

Diese Zusammenfassung dient wiederum der Zentrierung und zusätzlich zur Prüfung, inwieweit die ermittelten Daten kohärent sind. In dieser Kategorie finden wir heraus, was die zentrale Problemzusammenstellung ist. Die Aufgabe ist also, herauszufiltern, welche Faktoren am meisten an der bestehenden, in der Aufgabenstellung angesprochenen Situation beteiligt sind.

Wie in der Stufe 6 wird ein Viewer auch hier nicht immer nur bereits Gesagtes von neuem aufzählen, oft kommen auch bisher nicht genannte Faktoren zum Vorschein. Ursache dafür ist wie auch in der Stufe 4 die präzise Aufforderungscharakteristik dieser Spalte. In der Tradition des Spruches "Was nicht gefragt wird, kommt auch nicht heraus" gibt es im Laufe einer Session viele Momente, in denen wichtige Aspekte vom Viewer unterdrückt werden.

Das kann mehrere Gründe haben. Zum einen kann es sein, daß er gerade ein Zuviel an Informationen zu verarbeiten hatte, was sogar zur Blockierung führen kann (engl. Too much Break). Zum anderen ist vielleicht ein Weg beschritten worden, auf dem diese Information nicht notwendigerweise auftauchte.

Eine Session gewährt ja, wie wir inzwischen wissen, nur *den* Einblick in das Target, den ein Viewer mit seiner momentanen Konstitution im Rahmen der gegebenen Zeit abliefern kann. Für sehr einfache Targets (beispielsweise im Training) mag zur befriedigenden Beschreibung eine einzige Session genügen. Operationale Targets sind leider sehr selten so geartet, so daß wir

Strategien mit mehreren Viewern und möglichst vielen Sessions angehen müssen.

Wie schon erwähnt, gibt es für die Stufe 7 das Problem, daß die Ausführung an der Grenze der zeitlich abrufbaren Leistungsfähigkeit eines Viewers stattfinden, also kurz vor dem "Time-Out-Effekt", wenn sich das Wachbewusstsein wieder Bahn bricht. Mindestens aus diesem Grund sollten wir neu auftretende Daten mißtrauisch betrachten. Generell ist zu sagen, daß die Stufe 7 wirklich der "Ernstfall" des RV ist und wir uns der Verantwortlichkeit für Fehler in erheblich größerem Umfang stellen müssen, als wenn wir "nur geviewt" hätten.

Dazu, wie üblich, ein späteres Kapitel, in dem ich den Bereich "Dürfen wir das? Ist das nicht schwarze Magie?" noch einmal diskutieren werde, natürlich auf dem Niveau der Remote-Viewing-Erkenntnisse, die spiritistische Verklumpungen, seien sie pro ("Au ja, wir hexen!") oder contra ("Wer das macht, ist mit dem Bösen!") einfach nicht zulassen. Anders kommen wir auch nicht zu befriedigenden eigenen Stellungnahmen bei diesem heiklen Thema.

In der Tabelle finden wir die praktische Antwort auf dieses Problemfeld in den vielfältig vorhandenen Kontrollinstanzen. Die nächste Spalte "UR" ist schon eine davon, aber nicht die erste. In der gesamten Stufe 7 ist die Aufmerksamkeit das Wichtigste, die Anwendung beginnt bereits in der ersten Spalte, wenn neue Daten auftreten.

In dieser Stufe 7 haben wir zum erstenmal im RV-Protokoll die Gelegenheit, die "Richtigkeit" von Daten zu bestimmen. Ich habe das Wort mit Absicht in Anführungszeichen gesetzt. Natürlich ist es der falsche Begriff. Was uns interessiert, ist immer die Stimmigkeit im Verhältnis zu etwas. Deshalb gab es schon in der Stufe 4 und erst recht in der Stufe 6 die Frage an den Viewer, ob der eine oder andere Eindruck "targetrelevant" sei. Die Antwort darauf war natürlich auch relativ, gemessen an der Psychohygiene, die der Targeter bei der Formulierung der Aufgabe getrieben hat.

Jetzt aber haben wir einen direkten Bezug. Es wird in der Spalte:

UR = Unrealistische Daten

abgefragt, ob bestimmte Eindrücke aus der ersten Spalte "R" wirklich in das beschriebene Szenario passen oder vielleicht schon eine Wunschvorstellung angeben, die im Vorab oder während der Session für das zu bearbeitende Ziel eingetreten ist. Vielleicht hat sich der Targeter schon mit einer konkreten Lösung beschäftigt oder der Monitor machte sich ein unpassendes Bild von der zu beschreibenden Situation und hat demgemäß auch den Viewer nicht optimal geführt. Alle diese Möglichkeiten lassen sich nun speziell abfragen. Der Vorgang erinnert sehr konkret an das "Entgiften" der "EI"-Spalte der Stufe 4/6, wie es von Buchanan vorgeschlagen wird. Tatsächlich gehört dieser Vorgang zur allgemeinen "Realitätsprüfung", wie wir sie hier als Kategorie für Anwendungen vorfinden. Im Sinne der Organisation der Stufen 4/6 findet auch hier eine Filterung der bereits vorliegenden Daten statt.

Die Vorgehensweise für den Viewer ist genau so, wie sie schon an den entsprechenden Stellen vorher beschrieben und sowieso grundsätzlich im Protokollablauf angewendet wird. Der Viewer beschäftigt sich mit einem bestimmten Begriff, indem er ihn speziell anpeilt (z.B. durch Antippen des Wortes, aber auch durch erneutes Herausschreiben oder in der Vorstellung). In der Vorgehensweise des "Detox" wäre es die Frage: "Ist dieser Eindruck von mir oder von jemand anderem?" und der Viewer untersuchte den Herkunftsweg der Information, entweder vom Target oder aus eigener Produktion bzw. Zugehörigkeit.

Speziell angesprochen, ist ein Viewer durchaus in der Lage, bestimmte Unterscheidungen zu treffen. In den ersten Büchern über Remote Viewing kursierte der Fall der getarnten amerikanischen Atomraketen. Um zu verhindern, daß eventuell sowjetische Viewer, denen man die Hellseherei ebenfalls unterstellte, die US-amerikanischen Stellungen ausspionieren könnte, wurde vorgeschlagen, Micky-Maus-Luftballons an die Raketen zu hängen. Der Eindruck, den ein Viewer dann von dem Target gewinnen würde, wäre so unlogisch, daß man den Ergebnissen insgesamt nicht glauben würde oder aber, der Viewer sei nach Disneyland abgetaucht, weil es dort für ihn interessanter wäre. Genau so verhält es sich mit Daten, die nicht ursprünglich zu einem Target gehörten und beispielsweise durch oftmaliges Begehen von Viewern oder insgesamt dadurch, daß es ein allgemeines Ziel des Interesses ist, worüber dann viel gesagt und gedacht wird.

Mit den Einrichtungen der Stufe 7 könnte man hier Klarheit schaffen. Wohlgemerkt, wenn der Verdacht auftaucht, aber das sprach ich eben schon an: Aufmerksamkeit muß sein. *Immerhin haben wir hier eine spezielle Möglichkeit, nach zu mißtrauenden Daten zu fahnden.*

Mit dieser Kategorie tritt die grundlegende Mechanik des RV-Protokolls wieder auf: ein neuer Aufforderungscharakter für einen neuen Inhalt. Oder: was man nicht fragt, kriegt man nicht heraus.

DF = Definition

Wie auch in der Stufe 4/6 setzt in der dritten Spalte des Protokolls jetzt die Neuorientierung ein. Gemäß der Vorgabe der Stufe 7 ist es die Hinwendung zu aktiven Praktiken, die damit beginnt, daß wir feststellen müssen, welche Änderung eigentlich durchgeführt werden soll.

Wir haben in unserer bisherigen Erfahrung (wenn Sie ordentlich trainiert haben, aber das müssen wir hier voraussetzen) in manchen Sessions gesehen, wie sich eine Erwartung, die vor Beginn eines Projektes formuliert wurde, nicht bestätigte.

Über der gesamten Anwendung einer Stufe 7 kreist natürlich der Geier des Irrtums, wovon noch mehrmals die Rede sein wird. Hier, weil bitter nötig, ein Einstieg dazu.

Wir haben nun einmal das Problem, daß wir mit unserem staubkorngroßen Intellekt als Menschen in der allumfassenden Matrix *etwas Besonderes* bewirken wollen. Dieses Mißverhältnis bildet sich sowohl im Alltag als auch und erst recht bei Anwendung gesteuerter PSI-Aktivitäten ab.

Aber wir sind auch Teil dieses Großen, Ganzen. Wir können das Universum einspannen, um eine Entscheidung zu betreffen, die über die Rechenleistung unseres kleinen Gehirns weit hinausgeht. Wie schon im dritten Kapitel angesprochen ist es deshalb ratsam, aufgrund unserer Vorstellungen eine Nachfrage bei der Matrix zu starten und sie entscheiden zu lassen.

Wir beginnen mit der Anmeldung unseres Änderungswunsches. Es empfiehlt sich, die Initiation des Vorganges ausdrücklich anzukündigen, um sozusagen die Bahn der Information umzupolen. So wie wir bisher zwischen Abfragen der intuitiven Information und der Abfrage des gestauten Wachbewusstseins hin- und hergeschaltet haben, wollen wir jetzt zwischen den Richtungen des Datenstromes wechseln.

Als Markierung für diesen Vorgang genügt ein einfaches Kürzel, zum Beispiel ein V als Abkürzung für Vorgabe.

Nun definieren wir die Vorstellungen, die wir für die Beeinflussung erarbeitet haben, unsere Sichtweise, was wir für gut und erreichenswert halten. Dies sind die Daten, auf die wir immer wieder Bezug nehmen können, da wir sie aufgeschrieben haben. Die einzelnen Wörter bilden auch gute Aufforderungscharaktere für spätere Kategorien und Handlungen. Diese Eigenschaften der Vorgabe können aus der Matrix ergänzt werden. Der Viewer fragt weitere, hiermit verknüpfte Informationen ab. Wie schon gesagt, hier kann man einige Überraschungen erleben. Verknüpfungen, über die man nicht nachgedacht hat, Konsequenzen, auf die man nicht die Bohne gewettet hätte. Zum Glück haben wir die Matrix und können somit unseren engen Horizont erweitern. Hiermit bietet sich ein im Rahmen unserer Möglichkeiten eine recht brauchbare Kontrolle, was wir zu erwarten haben, wenn wir aktiv werden.

SOL = Solution

Die vierte Spalte der Stufe-7-Vorgabe ist der Angelpunkt in einer aktiven Session. Wir legen die Änderungsvorgabe fest und prüfen, ob es die optimale ist. Die Vorgabe muß eindeutig sein und mit den geringsten Störungen, die auffindbar sind, verbunden sein.

Die Betonung liegt mal wieder auf auffindbar. Natürlich kann man von keinem Viewer erwarten, daß die aufgestellte Änderungsvorgabe perfekt ist. Wir können aber simulieren: würde dies oder das gut für den Auftraggeber sein, dem Viewer gefallen, diesem oder jenem keinen Schaden zufügen und vielleicht sogar noch gottgefällig sein.

Weiterhin gibt es hier noch die Möglichkeit, bisher nicht berücksichtigte Faktoren herauszufinden. Wir sind uns darüber im Klaren, daß das Universum riesig kompliziert ist. Wenn wir uns schon entschlossen haben, einen Eingriff zu starten, versuchen wir, soviel Fakten wie möglich zu berücksichtigen. Irgendwann einmal müssen wir aber auch uns entscheiden und eine Liste genehmigen. Deshalb heißt diese Kategorie auch "Entscheidung".

Wenn wir jeden Eintrag aus der Spalte DF nach seinen Folgen abgefragt haben, werden wir entweder ein akzeptables Angebot vorliegen haben oder nicht. Wenn nicht, nun, wir können jetzt noch aussteigen. Dann haben wir nur unsere Absicht der Matrix mitgeteilt. Das kann auch schon etwas bewirken, ist aber noch völlig ohne Energie und deshalb nicht mit den ultimaten Konsequenzen verbunden.

S = Schalter

Jetzt wird`s ernst. Wir kommen nun zur Ausführung. Für die "So-als-ob"-Substitution wählen wir eine Möglichkeit, mit dem Stift auf dem Papier aktiv zu werden. Diese Aktion war bisher in Form der Ideogramm-Abfrage oder des "Reintippens" Synonym für den Matrixkontakt bzw. das Aufsuchen von dort gelagerten Daten. Jetzt erweitern wir diese Vorstellung und benutzen diesen Vorgang zum Zurücksenden der Informationen.

Dieses Werkzeug der Ausführung können wir getrost Schalter nennen, auch wenn die verschiedenen Formen von einer einfachen Schaltfunktion abweichen. Wichtig ist eigentlich, daß die Information übergeben wird, hier im Gegensatz zu Stufe 1 zurück in die Matrix. Gleichzeitig können wir die Energie kontrollieren, mit der wir die Aktion füttern und austesten, in welcher Form die Eingabe am optimalsten ist. Die Auswahl der Möglichkeiten erfolgt durch den Monitor anhand der vorliegenden Daten, er muß das beste Symbol für die gefragte Tätigkeit finden. Hier orientieren wir uns unübersehbar an den Techniken von NLP.

Im Folgenden wollen wir uns verschiedene Werkzeuge (Tools) ansehen, die als Darstellungshilfe virtueller Vorgänge zu möglich sind. Bei der Anwendung ist es wichtig, genau die Anweisungen des Monitors zu befolgen.

Der einfache Schalter: als Darstellungsform stellen wir uns einen Knopf vor, der sich an zwei Positionen befinden kann und dessen Standort mit dem Schreibstift simuliert werden kann. Damit können wir simulieren, was passieren würde, wenn wir die Änderung tatsächlich in Gang setzten und die Wirkung abfragen.

Der Schieberegler: Analog zu einem von Mischpulten her bekannten Potenziometern können wir auf vorgegebener Bahn in zwei Richtungen einen Knopf bewegen und damit feinfühlig abstimmen, wieviel Veränderung und in welcher Art wir initiieren wollen, was immer es real für die Matrix bedeuten mag. Interessant ist, daß manchmal bei der Abfrage der Wirkung der Viewer meint, die Wirkungsrichtung müsse umgedreht werden. In diesem Fall sollte man aber zunächst abfragen, was das für Konsequenzen haben würde, bevor man einfach den Schieberegler in die entgegengesetzte Richtung erweitert.

Zeiger oder Regler im Koordinatenkreuz: Es kann durchaus vorkommen, daß die Recherche der besten Möglichkeiten ein ganzes Bündel von Maßnahmen ergibt. Oder die Positionierung erfordert die Einordnung in mehreren Dimensionen. Dementsprechend muß man die Parameter wählen. Ein Regler im Koodinatenkreuz erlaubt die Abstimmung in allen Richtungen.

Wir bemerken, daß die Werkzeuge der Stufe 6 eine gute Vorlage bedeuten. Für weitere "Feinarbeit" können wir uns zum Beispiel bei folgenden Darstellungen bedienen:

Freie oder bezugsgebundene Vektoren
Hiermit können wir ganz frei feststellen, welche Richtung eine Veränderung benötigen würde. Auch der Ausgangspunkt kann verändert werden.

Tabellen und Diagramme
Der eher seltenere Fall, daß genauere oder in Beziehung gesetzte Daten gefordert sind, kann durch Rückgriffe auf bekannte Anwendungen wie z.B. relationale Diagramme bearbeitet werden.

Timeline mit Wahrscheinlichkeitsbestimmung
In komplexen Situationen empfiehlt sich die Benutzung einer Vorlage, wie es beispielsweise eine Timeline darstellt. Man kann hier mehrere Möglichkeiten eintragen und abfragen, welche

Varianten einfacher und damit wahrscheinlicher zu realisieren sein werden.
Denn selbstverständlich können wir nur Einflüsse ausüben, die die Matrix zuläßt

E = Enter

Nach Abfrage der Wirkung des Eingriffes muß dieser fixiert werden. Dies geschieht zum Beispiel, in dem der Viewer den virtuellen Regler seines Psycho-Schalters an einer bestimmten Stelle stehen läßt, die die optimale Auswirkung seines Eingriffes repräsentiert. Wie bei allen Stufe-6-Anwendungen ist auch hier wichtig, eine angemessene Darstellungsform der unsichtbaren psychoaktiven Vorgänge zu finden. Auch relationale Diagramme und andere Angaben auf verdeckte Fragen können „bestätigt" werden, was gelegentlich auch unabsichtlich in Stage-VI-Sessions passiert. (AI: „Das finde ich gut, das soll so sein. Ende.") Wir können in der E-Spalte auch alle beschlossenen Durchführungen in ihrer Konsequenz herausschreiben.

<u>AUL:</u> Analytische Überlagerung.

Je weiter ein Viewer im Protokoll voranschreitet, desto weniger werden normalerweise seine AULs. Das würde genau so auch für die Stufe 7 gelten, wenn wir es hier nicht mit so heiklem Material zu tun hätten. Die Besonderheit dieser Stufe führt schon einmal dazu, daß der Viewer auf Abwege wie z.B. eigene auch vermeintliche Betroffenheit gerät. Solche Überlagerungen müssen unbedingt abgefragt und auch freiwillig herausgeschrieben werden um zu verhindern, daß der Viewer seine Aktivitäten auf andere Zielgebiete als das angegebene richtet. Wichtig ist deshalb, daß der Viewer das Zielgebiet möglichst als solches nicht persönlich kennt oder erkennt.

Daß diese Stufe einmal genau im kompletten Durchlauf benutzt wird, ist eher selten. Wir werden ihn aber einmal beispielhaft im nächsten Kapitel durchführen. In den meisten Verwendungen kommen meist nur Teile davon vor oder sind abgekürzt und mit den anderen Kategorien verschmolzen. Das kennen wir aber auch bereits von der Stufe 6.

Auch wenn wir also diese Abfolge nicht so benutzen, wie sie gerade vorgestellt wurde, ist sie doch in der Matrix verankert. Wir sehen hier übrigens auch die Herkunft der schon bekannten Anwendung "Herausführung", die wir ebenfalls gesondert aufgreifen werden.

Das alles mag sich sehr merkwürdig anhören. Am besten, Sie versuchen selbst einmal herauszufinden, was dahinter steckt, um zu etwas vorsichtiger Beurteilung zu finden. Interessant ist, daß man in Amerika zu sehr ähnlichen Schlüssen und Konsequenzen kam, auch wenn man z.B. das Universum nicht als "Feld" betrachtete und keine virtuellen Schieberegler benutzte. Es sind doch immer wieder nur synonyme Aktionen, mittels derer wir mit der Matrix kommunizieren. Vielleicht fallen Ihnen noch eigene ein, oder Sie schauen mal in den vielen Magiebüchern nach, was dort noch so Brauchbares genannt wird. Bedenken Sie nur bitte: wenn Sie trommeln oder im Kreis tanzen, werden Sie wenig Möglichkeiten haben, unliebsame Konsequenzen Ihres Ansinnens vorab herauszuschreiben. Das ist ja das Schöne an dem Protokoll: wir kommen auch in den Genuß des Kleingedruckten in der Garantieerklärung.

11. Kapitel: Durchführung "à la carte"

Je höher wir die Stufen im Protokoll erklimmen, desto weiter sind die Möglichkeiten gestreut, wie sich die Session entwickelt. Das haben wir spätestens während der Anwendung der Stufe 6 erfahren, in der es im Prinzip darum ging, auf die eingehenden Daten zu reagieren. In der Stufe 7 verschärft sich dieser Aspekt. Wenn Sie "Schritte in die Zukunft" gelesen haben und meinen Ausführungen in diesem Buch bis hierher gefolgt sind, ist Ihnen klar, daß "zaubern" nicht geht und alles, was so aussieht, meist harte Arbeit in einer übergeordneten Dimension war. Der einzige Vorteil, den wir haben, liegt darin, daß der Aufwand an Energie um so geringer wird, je weiter wir in der Handlungsebene aufsteigen. Im bekannten R_4-Raum haben wir zwei Möglichkeiten der Aktion: entweder, wir legen Hand an oder wir warten, bis es jemand für uns tut. In R_6 ordnen wir, was passieren kann, um uns zu helfen.

Ein Beispiel. Es war 1970 und ich hatte eine Fabriketage gemietet, von der ich annahm, daß sie meinen Filmvorhaben sehr nützlich sein konnte. Leider lag sie im vierten Stock und der Fahrstuhl war defekt. Deshalb war sie auch sehr billig. Der Vater meiner damaligen Lebensgefährtin fuhr mir mit einem Lastwagen seiner Firma alle Einrichtungs- und Ausrüstungs-gegenstände zu meinem neuen Domizil. Dort lud er sie auf dem Hof ab und fuhr weiter, denn er hatte noch andere Aufträge. Da lag also ein Haufen Möbel und Gerät und ich war allein mit der Aufgabe, das alles vier Treppen hoch zu schaffen.

Das war ja schlecht organisiert, könnte man sagen. Die Wahrheit ist, daß ich eher auf den Preis geachtet hatte. Der Transport war nämlich kostenlos gewesen, weil der Fahrer sie "mal eben zwischenschieben" konnte. Damit wurde der Zeitpunkt (sogar der Tag!) zufällig. Ich als Student war ständig abrufbereit, aber ein großartiges Freundesteam war nicht zu organisieren. Ich hatte gedacht, zusammen mit meinem Freund und Mitmieter, auch Student, würden wir das schon schaffen. In der Tat brachten wir auch einige Stühle, Tische und Kram nach oben, bis wir erschöpft innehielten und in eine Diskussion verfielen, warum gerade heute über 30 Grad sein mußten.

"Stell dir vor, es würde heute regnen", sagte ich, "das wäre ja auch nicht besser. Dann müßten wir sehen, daß wir ganz schnell alles unterbringen."

"Wir rufen jemand an!", schlug mein Freund vor.

"Super. Wer Telefon hat, ist jetzt auf Arbeit. Wer nicht arbeitet, ist draußen am See!", womit ich den Tegeler See meinte, der damals ein beliebter Szene-Ausflugsort war.

Ich lief ein wenig im Kreis und ging dann zum Fenster. Unten im Hof stand der Berg Möbel, oben im vierten Stock ich und am Himmel brannte die Sonne. Sonst keine Menschenseele weit und breit. Wirklich niemand? Und wer schlenderte gerade durch die Toreinfahrt?

Nun, wir kannten damals viele Leute, manche nur beim Vornamen, aber das störte keinen. Zwei davon – ich erinnerte mich, ja, ich hatte bei der letzten Fete bekanntgegeben, daß wir nun eine Fabriketage zum Feiern hätten – standen jetzt vor dem Haufen, schüttelten den Kopf und sahen hoch. Das hätten sie vielleicht nicht tun sollen.

"Ey, bringt doch mal was mit, wenn ihr hochkommt, einen Sessel oder einen Schrank!", rief ich hinunter. Und ich wünschte mir, daß noch viel mehr von unseren "Typen" aufkreuzen würden. Drei Stunden später waren alle Sachen oben.

Damals nahm ich es als Zufall, obwohl mir schon bewusst war, daß ich einen Wunsch sehr intensiv gedacht hatte. Der Hintergrundraum hatte ihn aufgenommen und an die physikalischen Möglichkeiten wieder heruntervertielt, würde ich heute sagen. Die Arbeit wurde dadurch nicht weniger, wohl aber meine eigene Anstrengung. Denn die "Arbeit" in der Transdimension hinterließ keine fühlbaren Spuren. Ich hatte auch nicht wirklich etwas "getan", sondern nur "Ereignisse angeregt".

Wie ich später erfuhr, hatten einige meiner Helfer sehr wohl erwogen, "zum See" zu fahren, sich aber dann doch entschieden, mal nachzuschauen, ob dieser irre Typ wirklich eine Fabriketage an Land gezogen hatte. Und damit wurden sie selbst an Land gezogen. Beim eigenen Interesse gepackt, könnte man nach Buchanan dazu sagen.

In einer aktiven Remote Viewing-Session, wenn wir ohnehin in der "Zone" sind, aktiv und bewusst dabei, übergeordnete Inhalte zu erfahren, können wir diese auch sehr energiesparend gestalten, weil wir "nur" mit Ereignissen umgehen. Und eigentlich nicht einmal das: wie wir aus Heims Dimensionsmodell ersehen konnten: wir gehen sogar nur mit den Entwicklungsmöglichkeiten von Ereignissen um. Es ist ein wenig, wie virtuelle Weichen stellen, allerdings, bevor Schienen gelegt werden, so, als ob wir als Kundschafter der Eisenbahngesellschaft uns in den Wilden Westen begeben und entscheiden: "Hier soll die Bahn entlangfahren. Und dann links um den Hügel herum und nicht rechts!"

Das hört sich sehr einfach an, und in der Tat ist die Ausführung nicht schwierig. Die Probleme lauern auch nicht in der Ausführung sondern in den überraschenden Einzelheiten, die vor Ort auftreten können. Das Kennzeichen des normalen Alltags ist, daß man erst am Ort des Targets die tatsächliche Situation wahrnehmen kann. Diese kann völlig unterschiedlich von der Annahme oder Vorstellung sein, mit der man in die Session hineingegangen ist.

Dann muß der Viewer/Monitor sehr einfallsreich sein. Durch eine Stufe-7-Session wollen wir zwar weg von dem unpräzisen Wünschen, das uns oft eine Flut von nachträglichen Änderungen unserer Bestellungen beim Universum beschert, bekommen nun aber die Fülle der Möglichkeiten zur Auswahl.

Ein qualitativer Unterschied zum Wünschen bietet sich aber nur, wenn wir diese Herausforderung annehmen und uns mit den verfügbaren Wahrscheinlichkeiten auseinandersetzen.

Bisher habe ich äußerst selten in einer aktiven RV-Session einen Ablauf der Stufe 7 "wie im Buche", also in vollständiger Abarbeitung der Tabelle, durchgeführt, weil die auftretenden Informationen normalerweise ein ständiges Hin- und Her zwischen allen Kategorien erfordern. Im Prinzip wird das Vorgehen zu einem "Werkzeugeinsatz" nach Maßgabe, wie wir ihn von der Stufe 6 kennen. Eine vollständige Abarbeitung der vorgegebenen Tabelle haben wir in der Praxis nur noch in der Stufe 4.

Außerdem ist es, wie schon angemerkt, dem Erfolg einer Session nicht sehr förderlich, wenn man dem Viewer die Stufe 7 ansagt. Das Wachbewusstsein könnte einspringen und mit eigenen Überlegungen die Wirkung verfälschen. Am besten ist es, in einer Session dann die erfolgversprechendste aktive Anwendung zu benutzen, sobald eine vielversprechende Situation beschrieben wird.

Um aber die Funktionsweise darzustellen, führe ich einmal den "ordnungsgemäßen" Ablauf an einem Beispiel durch. Darin sollen nicht nur die Mechanismen klar werden, sondern auch, daß eine Stufe 7 als Soloprojekt praktisch nicht möglich ist. Es sind doch zu viele Entscheidungen nötig, die einen aus der "Zone" kicken können, indem man nicht realisierbaren Wunschvorstellungen Raum gibt. Auf jeden Fall sollte man mindestens in Stufe 4 sein, bevor man aktive Anwendungen einsetzt.

Die Zeit der Einarbeitung ist wichtig, um den nötigen Matrix-Kontakt zu bekommen. Sessions, in denen von der Stufe 1 in Stufe 6 gesprungen wird, führen oft eher zu AUL-Abarbeitungen und damit irrealen Beeinflussungen. Darüber wird noch eingehen der zu reden sein. Buchanan gibt an, daß auch er das volle Protokoll, wenn auch sehr rasch, durchläuft, um dann erst "influence" zu machen.

Hat man niemand sonst zur Verfügung, sollte man beim Wünschen, Affirmieren oder Mudra-Einsatz bleiben. Das geht ja auch. Bei gut durchdachter und formulierter Ausarbeitung des Anliegens landen Sie bei den Schamanen und yogischen Fliegern. "Meine unbesiegbare Familie!" – ein gutes Projekt. Jeden Tag meditieren statt Sessions machen.

Bevor wir uns nun in das erste Beispiel stürzen, noch ein paar prinzipielle Worte. Remote Viewing funktioniert am besten, wenn wir zu jeder Zeit uns ehrlich bemühen, in die Targetdaten hineinzufühlen. Das ist Grundlage unseres Wissens. Für die Stufe 7 ist der Kontakt mit dem Zielgebiet noch intensiver. Nur wenn wir immer wieder hineinfühlen, prüfen und rückfragen werden wir Erfolg haben. Besonders die Überprüfung der Konsequenzen unseres Tuns ist vordringlich und sollte intensiv betrieben werden, auch wenn wir statt einer kompletten Abfolge nur noch einzelne spezielle "tools" anwenden. Doch nun zu einem Beispiel, das wir erst einmal ohne besonderes Wenn und Aber durchziehen.

Target: Der erfolgreiche und für alle gewinnbringende Betrieb der Biogasanlage in Oberunterdorf.

Im für dieses Beispiel angenommenem Ort Oberunterdorf soll eine Biogasanlage gebaut werden. Das Grundstück ist billig, die Förderung ist schon geklärt und die verkehrstechnische Anbindung sehr gut. Der Unternehmer möchte, bevor er den ersten Spatenstich tut, wissen, welche Probleme auftreten können und sie möglichst im Vorfeld aus dem Weg räumen.

Die Session bis Stufe 6 ergibt ein technisches Vorhaben in einer dörflichen Szenerie, die hauptsächlich gekennzeichnet ist von unterschiedlichen Interessengruppen.

Beispiel Sessionablauf Stufe 7

R	UR	DF	SOL	S	E	AUL

Land
"auf dem Lande"
Haus mit Technik
Energiegewinnung
gute Möglichkeiten
Gewinn, Profit

                                                             Börse,
                                                             Fonds

Menschen dort: Bauern
alt wie "Rentner"
neu dort wie "von weit zugezogen"
Männer die etwas mit Kampf und Waffen zu tun
      keine große Anlage
      Menschen dagegen
      technische Probleme
            V1: Bau soll erfolgreich ausgeführt werden
            V2: Projekt soll viel Gewinn abwerfen
            V3: Menschen sollen zufrieden sein
                  V1: ungestörte Bauausführung
                        Regler: steht eher niedrig
                        höher ziehen
                  V2: optimale Auslastung
                  und Betriebssicherheit
                        Regler: steht eher hoch
                        ziehe so weit hoch wie
                        möglich
                  V3: Zufriedenheit Menschen im Target

Regler: sehr unterschiedlich ziehe zur größten Verbesserung
V1:besser als vorher. OK
V2: Gute Chancen.OK
V3: etwas besser. Enter.

Ende, Entfernen, Abschließen.

"Das war ja einfach! Und platt! So funktioniert nichts! Das ist ja doch wie zaubern!" Vielleicht werden Sie einen dieser Ausrufe beim Lesen dieses Beispiels getan haben. In der Tat, das war sehr platt. Und so wird man auch bei einem operationalen (echten) Target nicht vorgehen. Es sollte nur die jeweilige Funktion klar werden. Allerdings habe ich die Erfahrung gemacht, daß selbst solche unglaubhaft banalen Vorgehensweisen eine gewisse Wirkung haben.
"Aha", werden Sie sagen, "und wie? Hier kann man sich doch alles in die Tasche lügen!"
Stimmt nicht ganz. Wir haben ja schon beim Wünschen festgestellt, daß fast immer geradezu unglaubliche Zufälle eintreten, die das Gewünschte in den Bereich des Möglichen rücken. Wohlgemerkt: in den Bereich des Möglichen. Zufassen muß man schon selbst. Aber die Ereignisse, die zu diesem Angebot führen, sind manchmal so haarsträubend *zufällig,* daß es einem schier den Atem verschlägt.
Für dieses Beispiel könnte es sein, daß das ausführende Bauunternehmen gerade zufällig sehr wenig andere Aufträge hat und so sich ganz auf dieses Vorhaben konzentrieren kann.
Oder ein Gegner des Bauvorhabens entdeckt "zufällig" in der Zeitung, daß die betreffende Firma mit in dem Aktienfonds enthalten ist, in dem er investiert hat. Das bedeutet sicher einen gewissen Sinneswandel, denn so schnell verkauft man keine gut performenden Aktien.
Das seltsame an, sagen wir einmal an dieser Stelle noch "Wünschen" ist, daß die eintreffenden Angebote der Matrix, des G_4, des Hintergrundraumes, der göttlichen Fügung, der Wechselwirkungskonstanten im Wahrscheinlichkeitsraster, wie immer Sie das verantwortliche Ding da nennen wollen, *intelligent im Sinne des Ergebnisses* sind. Schon in meinem ersten Buch "Tanz der

Dimensionen" sprach ich mit dieser Erfahrung ein völlig neues Glaubensmuster oder einen Gottesbegriff der Remote Viewer an.
"Es ist einfach irre!", sagte damals ein Beteiligter, "Es widerspricht allen meinen wissenschaftlichen Grundeinstellungen. Es darf einfach nicht sein, aber es ist! Vielleicht erschaffen wir uns unsere Welt wirklich selbst!"
Und was tun wir Remote Viewer, an dieser Stelle, nach all diesen unzähligen Sessions? - Wir nehmen es hin.

Wir wollen in diesem Buch aber lernen, mit unseren Wünschen und Projekten besser umzugehen, immer besser. Deshalb werden wir nun dasselbe Projekt einmal intensiver bearbeiten. Wir müssen mehr Einzelheiten nachgehen und dabei feststellen, was wir im ersten Beispiel viel zu pauschal abgehandelt haben, so daß das Ergebnis abgeschwächt werden *mußte*. Mit mehr Details beginnen wir immer mehr, uns die Ereignisse *zurechtzuschieben*.

Der folgende Ablauf bedarf des Kommentars, weil sich die Vorgänge nicht so einfach aus der Abbildung erklären. Am Besten zeichne ich hier den dazu gehörenden Dialog zwischen Monitor und Viewer auf, in dem die niedergeschriebenen Begriffe kursiv gekennzeichnet sind.

M: Gut, Stufe 7. Zeichne bitte die Tabelle.
V: R, UR, DF, SOL, S, E, AUL. Also R ist, wie schon gesagt, irgend ein Gebiet, nicht sehr bewohnt, *wie auf dem Lande* eben. Da sind *Häuser, mehrere*, aber nicht wirklich viele. Also kein Stadtszenario, Land eben. Ein *Haus* ist wichtig, da ist *Technik* drin.
M: Schreib mal hin. Tipp rein in die Zeile Haus mit Technik, existiert es wirklich?
V: Ja, schon. Also... Moment, jetzt gerade nicht, aber im Target existiert es schon, es wird gebaut werden, ganz sicher. Es hat was mit *Energiegewinnung* zu tun, kommt mir jetzt.
M: Tipp mal rein in dieses Wort, wie fühlt sich das an?
V: *Gut,* wirklich gut! Die werden eine Menge *Gewinn* machen! Aber...
M: Ja, was aber?

         R   UR   DF   SOL   S   E   AUL
Land – wie "auf dem Lande"
Häuser, mehrere
Haus mit Technik
Energiegewinnung
↓
gut, Gewinn
     geht nicht so schnell, wie gewünscht
     Probleme
          Problemlösung
          mehrere
          einige sind dagegen
          teuer, Geld fehlt
          Angst, bedrohlich – stinkt!
          noch was, wie Wolke
               einige dagegen:
               umstimmen
               etwas bieten
               Arbeit wie "Arbeitsplätze"
               Stimmung wie "stolz darauf"
                    Stimmung heben
                    Zuwendung
                    geht → ☒ jetzt   ✓
                    so   0

geht so, besser, jemand wettert dagegen

[stick figure pointing to box labeled: Nachbar, Angst um Wertverfall]

Beispiel Stufe 7 Durchführung

V: Da ist eine Störung. Irgendwie *geht* es *nicht so schnell, wie gewünscht!* Ich bin so zwischen jetzt und wenn es existiert. Also existieren wird. Da gibt es aber noch *Probleme*. Ich schreib das mal unter UR.
M: Gut, dann schaun wir mal, was da zu machen ist. Gibt es ein Lösung für die Probleme? Tipp mal rein.
V: Aber ja! Ist irgendwie nur etwas kompliziert.
M: Gut, dann schreib mal *Problemlösung* unter DF und melde das mal an.
V: Jaja, das geht. Aber es sind *mehrere*.
M: Mehrere was?
V: Schwierigkeiten. Also Leute, die Schwierigkeiten machen. *Einige sind dagegen*, daß das da passiert.
M: Warum? Tipp mal rein!
V: Ach, na, das sieht alles viel zu *teuer* aus, und es ist noch nicht voll finanziert. Es ist so, als ob da noch *Geld fehlt*. Und einige haben Angst, finden das Ganze irgendwie bedrohlich. Sie meinen, das *stinkt!*
M: Ist das alles? Tipp mal rein, noch irgendwelche Lösungen, die wir suchen müssen?
V: Hm, da ist *noch etwas*, merkwürdig, sehr unscharf. *Wie* eine *Wolke*. Keine Ahnung, was das ist. Müßte man gesondert nachschauen. Hab ich jetzt keine Lust zu. Ist irgendwie nicht gesund.
M: Na schön. Nehmen wir uns die Sachen der Reihe nach vor. Schreib mal unter SOL: *einige dagegen*. Was sollte man mit denen machen, damit dieses Projekt funktioniert?
V: Na, *umstimmen* natürlich. Die sehen ja nur ihre momentanen Probleme. Man muß ihnen *etwas bieten*. Die meisten sind von dort, wo das da ist. *Arbeit* wäre gut, ich glaube, so etwas *wie Arbeitsplätze* könnte man ihnen anbieten. Das würden viele gut finden.
M: Und das hebt die Stimmung?
V: Auf jeden Fall! Eigentlich ist das Projekt ja ganz OK, es ist nur, weil es dort ist, wo die auch sind. Wenn sie was von haben und wenn es sowieso ein positives Projekt ist, dann wollen sie auch selbst gut finden. Ein *Stimmung wie* man ist *stolz darauf,* das sollte passieren.

M: Gut, schreib das mal alles in die Spalte. Dann geh mal eins weiter, unter S, schreib mal *Stimmung heben* und *Zuwendung* und male eine senkrechte Strecke hin. *Unten ist Null, oben ist OK* dafür. Tipp mal rein bei Null. Und nun, wo ist die Stimmung jetzt? Los!
V: (Zieht etwas hoch) Hier ungefähr. Ja, ist nicht toll. Aber auch nicht null. Moment... nein, ist da ungefähr. Einige finden das ja auch alles in Ordnung. Sind sogar sehr dafür.
M: Na schön. Dann tipp mal rein in jetzt, hast du? Und nun fahr mal bitte mit dem Stift Richtung OK. Was passiert? Was fühlst du?
V: Hm. Naja, geht schwer. Ist als müsse man da einige überzeugen. Also ganz einfach ist das nicht. Ohne Probleme geht es nur etwas höher, bis hier. Ich schreib mal hin: *geht so*.
M: Na wenigstens etwas. Mach mal enter.
V: Kein Problem. Fühlt sich gut an. Ich hake das mal ab.
M: Schreib mal unter R: "geht so". Gibt es Möglichkeiten, es doch noch besser zu gestalten?
V: Keine Ahnung. Ich fühl mal rein. Da ist jemand, der wettert dagegen.
M: Warum?
V: Er hat Angst vor irgendeinem Verlust, irgendwie Wertverfall.
M: Tipp mal rein. Frag ihn mal, was für einen Werteverfall.
V: Oh, der ist ja geladen! Er wohnt da irgendwie daneben, vielleicht der Nachbar von dem Ding da. Und er denkt, nun stinkt es permanent. Und verkaufen kann er auch nicht. Die mach ich platt!, denkt er.
M: Hm. Wieso meint er, daß er das könnte?
V: Er ist irgendwie in der Verwaltung. Also in dem Ort da. Gemeinderat kommt mir, so als Wort. Ist das ein AUL?
M: Schreibs einfach raus. Letztlich ist es egal. Die Grundinformation ist: irgendwo einflußreich in dem Entscheidungsprozeß. Kannst du das so bestätigen?
V: Ja, natürlich. Aber Gemeinderat ist viel besser. Er denkt an sowas.
M. Na schön, wie gesagt, ist egal wie das heißt. Frag ihn mal, ob er irgendwie Geld angelegt hat. Wenn er welches hat.
V: Doch doch, der ist nicht arm. Er spekuliert an der Börse. Er macht so ganz sichere Sachen, große Firmen. Haben aber letztens nicht so viel gebracht. Das macht ihn auch sauer.

M: Frag ihn mal, ob er schon mal an Ökologische Fonds gedacht hat.
V: Was`n das?
M: Frag ihn einfach.
V: Na schön. Nee, meint er. Das wär nix. die würden immer nur so rumkrepeln!
M: Was würden die?
V: Rumkrepeln. Ist sein Ausdruck. Heißt soviel wie: bleibt immer am Boden, bringt nix.
M: Meinst du, du kannst ihn überzeugen? Sind Öko-Aktien für ihn etwas ganz schlimmes?
V: Hm. Nö. Er würde ja gern. Aber sein Bankmensch sagt auch, ist nicht gut.
M: Hat er sich in letzter Zeit damit mal befaßt?
V: Äh, nein.
M: Gut, dann sag ihm mal, da hat sich was geändert. Soll sich einfach mal mit beschäftigen. Und das Projekt da ist auch mit in einem Fonds drin.
V: Da staunt er aber.
M: Meinst du, er ist im Moment bewusst bei dir?
V: Nein... nicht wirklich. Ich glaube, er fährt grad Auto und hängt so seinen Gedanken nach.
M: Gut, sag ihm mal, er solle gleich mal bei seinem Bankmenschen vorbeischaun und sich die Entwicklung von erneuerbaren Energien zeigen lassen.
V: Findet er komisch.
M: Was?
V: Na, daß er noch nicht früher drauf gekommen ist. Jetzt ist es ihm bewusst, glaube ich.
M: Gut, hak das mal ab. Lass es einfach so stehen. Entferne dich aus ihm.
V: Ja, kein Problem.
M: Was sind alles Daten von ihm? Schreib mal unter UR: nicht von mir. Und distanzier dich davon.
V: Klar. Also: bin am Projekt beteiligt, streich ich durch, Habe Aktien, streich ich durch. Hör mal, das stimmt nicht. Ich habe Aktien, genau von so einem Energiefonds. Wie du gesagt hast. Soll ich mich davon trennen?

M: Mach doch mal ein Koordinatenkreuz. Nach oben Wert, nach rechts Zeit. Mittelpunkt ist Null. So: Entwicklung im nächsten Jahr, los!
V: Uh, hm, das sieht aber gut aus.
M: Haben andere auch schon festgestellt.
V: Dann laß ich das mal mit dem Verkauf. Ich ziehe mich nur aus dem der Person heraus.
M: Ja. Hat nichts mit dir zu tun. Fühlst du das?
V: Ja, völlig, kein Problem. der ist ganz weg.
M: Gut, enter. Kannst du noch?
V: Naja, irgendwie habe ich keine Lust mehr.
M: Ja, das ist mir klar. Eins noch: tipp mal rein in das Wort Wolke. Was meint das?
V: Wolke...hm. Merkwürdig. Also, es ist eigentlich keine Wolke. Es ist irgendwas, was sich ausbreitet. So wie, äh, Krankheit. Komisch.
M: Kann man was dagegen tun?
V: Klar, abdichten. Wird auch gemacht. Ich meine, komisch, eben sah es noch aus, als wäre es gefährlich. Jetzt ist es aber nicht. Als ob die das wußten und dann verhindert haben. Wirklich komisch.
M: Vielleicht, weil wir diesen Bericht an die Projektleitung weitergegeben haben werden? Dann laß uns jetzt tatsächlich Schluß machen.
Mal noch in die Schalter-Kolumne einen Regler und nenne ihn "positive Entwicklung im Sinne des targets". Und jetzt schieb mal. Wie geht`s?
V: Gut, viel leichter. Da ist noch was, irgendwas muß koordiniert werden. Ist aber kein Problem. Das schaffen die.
M: Ist die Position, in der du gerade bist, realistisch?
V: Auf jeden Fall. Gar kein Problem mehr. Muß aber alles erst passieren.
M: Und fühl mal rein, wird irgend jemand der Beteiligten wirklich geschädigt. Daß er hinterher wirklich Probleme hat, ärmer ist, krank, irgend sowas.
V: Nö. Fühlt sich gut an. Jeder dort hat etwas davon.
M: Gut, dann halt mal den Schieber dort fest. Kannst du?
V: Ja, bleibt von alleine da.
M: Mach einen Kreis drum, daß er dort auch weiter bleibt. Und Enter!

V: Ja, ist gemacht.
M: Und nun entferne dich vom Target.
V: Ja drei Striche, und so weiter...
M: Fühl mal rein, bist du da wirklich weg? Bist du frei vom Target?
V: Ja, wirklich, ich fühle das. Ist alles da oben, draußen, nichts mit mir.
M: Gut, dann schreibe mal "Ende" und Schluß um... Uhrzeit.

Wie bemerkt, ist diese Session zwar realistisch, hätte sich aber etwas freier von der entsprechenden Tabelle abgespielt. Enthalten sind auf jeden Fall wichtige Teileelemente, über die in den nächsten Kapiteln eingehend zu sprechen sein wird:
Kommunikation mit dem Target
Stimmungs- und Gefühlsveränderungen
Veränderung der Ereigniswahrscheinlichkeit
Rückkopplungen
Herausführungen
Schutz vor unliebsamen Einflüssen.

Kommunikation im Target und Herausführungen haben wir schon in früheren Stufen gestreift, wenn es die Situation erforderte. Es sind allerdings aktive Anwendungen und hier ist jetzt Zeit und Ort, sich eingehend und systematisch damit zu beschäftigen.
  Für alle Anwendungen der Stufe 7, das kann man nicht oft genug sagen, sollten Sie sich einen Partner beschaffen, mit dem Sie Versuche machen. Denn nur die Arbeitsteilung in Monitor und Viewer macht es möglich, einigermaßen unbeschadet kritische Situationen wieder zu verlassen. Oft kann nur der Monitor einen "herausholen". **"Nicht ohne meinen Monitor!"**, lautet der Merksatz.
  Im Übrigen wäre nach diesem Ablauf noch zu sagen: Wenn Sie jetzt Allmachtsphantasien haben, wenn Sie meinen, nun alles kontrollieren zu können, sollten Sie immer vor Augen haben, daß Gott oder der G_4 schon dafür sorgen, daß Sie auf dem Teppich bleiben. Denn dort sind Sie auf jeden Fall nicht allein.
  Auch damit werden wir uns noch im Einzelnen beschäftigen.

12. Kapitel: Begegnungen in der Matrix

Alle diejenigen, die dieses Buch als Kompendium für eigenes Training benutzen, werden mir bei den folgenden Passagen wahrscheinlich zustimmen. (Den Nur-Lesern kann man da nicht helfen, sie müssen das hier Berichtete eben wie ein Abenteuer verfolgen!)
 Das erste Mal, daß man als Remote Viewer selbst auf das Thema "aktives RV" stößt, geschieht meist bei Begegnungen mit Personen im Target. Plötzlich hat man das Gefühl, sie nehmen einen wahr, oder aber sie geben eine Antwort auf eine Frage, die man gerade im Kopf hatte. Und es war so, als würden sie auf eine geistige Art zu einem gesprochen haben. Diese Erfahrung ist inzwischen durch alle Viewer bestätigt worden, die meines Wissens nach sich in diese Sphären gewagt haben.
Ich habe es nicht weiter untersucht, aber es ist mir schon aufgefallen, daß für mehrere Viewer diese Erfahrung in einem ganz bestimmten Targetbereich einsetzte, von der ich gern als "Tu-es-nicht-Zone" abrate: UFOs und Aliens. Genau wie für mich war es auch für Frank Köstler eine überraschende und unheimliche Erfahrung, als seine Viewerin (seine Ehefrau) plötzlich erklärte:
 "Der steht vor mir! Der weiß, daß ich da bin! Ich habe Angst vor dem!"
 Und nach einem durch den Monitor inszenierten "Fluchtversuch":
 "Die sind um mich herum! Die fragen, was ich hier will. Aber so, daß ich nicht antworten muß..."
 Es gelang Köstler schließlich, seine Frau aus dieser unangenehmen Situation herauszuziehen. Sie können es gern selbst in seinem Buch "Verdeckte Ziele" nachlesen.
 Eine andere Sitzung, die ich gern zitiere: Dirk Rödel, bekannt auch als Autor der "Bar am Ende des Universums" begegnete in einem RV-Projekt 2002 dem Wächter des "Einganges zum Jenseits", was sich sehr kongruent zu den bekannten Tunnel-Bildern des Pieter Brueghel d.J. aus dem 17. Jahrhundert darstellte.
 "Einer kommt da, der schwebt", sagte der Viewer. "Er begrüßt mich und fragt mich, was ich hier will!"
 Dies sind Szenen von der Art, die manchem Zeugen einer Session einen kalten Schweiß den Rücken herunter laufen lassen. Und sie

sind immer gut für eine Erzählung, wenn sich Remote Viewer treffen. Sie haben diesen wunderbaren Grusel-Effekt.

Uns interessiert hier aber die Frage: was passierte in diesen Momenten wirklich? Oder mit welcher Erklärung können wir umgehen, etwas im praktischen (Viewer-)Leben anfangen?

Hat der Viewer wirklich mit "jemandem" im Target gesprochen? Hat der im Target angesprochene es wirklich bemerkt, daß der da mit einem Viewer kommuniziert hat?

Als ich im Jahr 2000 begann, diesem Phänomenen intensiver nachzuspüren, konnte ich feststellen, daß manchmal, aber nicht immer eine Zielperson bemerkte, wenn sie geviewt wurde. Wenn ja, war es, als würde eine fremde Präsenz dicht neben einem stehen. "Sagt mal, habt ihr mich eben geviewt?", sagte einmal eine der Beteiligten mißtrauisch und ungefragt. Von anderen Remote Viewern wird berichtet, daß sie den Eindruck hatten, "von einem Gefühl von Kälte gestreift zu werden" oder einen "flüchtigen Schatten" neben sich wahrnahmen. Oder ihm wurde kurz und unvermutet schwindelig. Ich selbst tendiere ebenfalls zu diesen Eindrücken.

Niemand aber kann sich bewusst an Inhalte oder gar an Formulierungen erinnern, die eine Kommunikation beinhaltet hätte.

Eines aber scheint klar zu sein. Man muß schon wissen, was möglich ist. Personen. die nie selbst geviewt haben, bemerken es wahrscheinlich nicht, wenn sie das Target einer Remote Viewing Session sind. Warum? Weil sie den bewussten Kontakt zur Matrix weder geprobt noch entwickelt haben.

Wir haben es hier mit einem sehr interessant Phänomen zu tun. Ein Remote Viewing-Training öffnet sehr schnell und intensiv einen Kanal zum kollektiven Unbewussten. "Brecheisen-Methode", wie ich es selbst nenne. Unabhängig von Nebeneffekten wie nicht abgearbeiteten AULs schaffen das auch andere Methoden, schamanische Übungen, Out-of-body, Channelling usw. Einfach gesagt geht es um die Übung in rechtshemisphärischer Aktion. Das kann sogar ein guter Kurs in Malerei bewerkstelligen, wenn der Akteur ein wenig "begabt" ist und willens, sich in die Tätigkeit zu versenken. Es gibt inzwischen Lehrgänge (und Bücher darüber), wie man besser zeichnet oder malt, indem man auf die Tätigkeit der rechten Gehirnhälfte umschaltet. Und zwar bewusst. Ich persönlich würde sagen, daß dies die wichtigste meiner Erfahrungen mit Remote Viewing war. (Bücher kann man übrigens nicht ausschließlich rechtshemisphärisch schreiben. Besonders Sachbücher muß man linkshemisphärisch kontrollieren, ob der Leser das Geschriebene überhaupt nachvollziehen kann. Ich kenne viele Beispiele dafür. Auch aus meiner eigenen Produktion. Wochen später kann ich den Sinn meiner Ausführungen nicht mehr nachvollziehen. Maler fangen dann an, ihre Werke zu übermalen oder schlimmstenfalls zu verbrennen.)

Um uns die zugrunde liegenden Verhältnisse einmal klarzumachen, betrachten wir noch einmal die bereits aufgestellten hypothetischen Konstrukte unserer Existenz im Daseinsgefüge. Hier noch einmal die bekannte Zeichnung von L. Buchanan aus seiner "CRV-Theory" als Basis für seine Anwendungen aufgrund der ihm bekannten Verhältnisse.

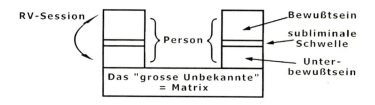

In Buchanans Modell könnte man tatsächlich annehmen, daß sich die jeweiligen, voneinander unabhängigen "Unterbewusstseine" der einzelnen Personen miteinander unterhalten. Das aber nimmt er in seinen Ausführungen als nicht gegeben an.
  Er beschreibt die diesbezüglichen Hintergründe von *Remote Influence* so:
  "Remote Viewing hat nur übergeordnete Bilder ("gestalts"), sensorische Eindrücke und Dimensionen. Deshalb kann man keine Worte übermitteln, sondern nur Bilder. Die beste Übermittlung geschieht über den Körper. Beide Personen haben ihren Körper und beide Personen habe die subliminale Schwelle. Wir können also nur den Körper von jemand anderem beeinflussen. Es geht nicht, indem wir mit Worten mitteilen: dreh dich links herum! Oder: Kauf dieses!

Der Körper versteht es nicht. Aber z.B. wenn der Viewer sein Ohr jucken fühlt, kratzt sich der Geviewte dort.

Wichtig ist das Hineinfühlen. Sendet der Geviewte Bilder, sendet man Bilder zurück. Sendet er Emotionen, sendet man Emotionen zurück. Die Empfindungen (impressions) sind wichtig für die geviewte Person. Nach dem Hineinfühlen schwenkt man (als Influenzer) zu seinen eigenen Gefühlen und addiert diese, sendet Emotionen und physikalische Eindrücke (physical sensations).

Remote Influence ist ein Strom in zwei Richtungen (two-ways stream)."

An anderer Stelle seiner Vorträge und Niederschriften erklärt Buchanan aber folgendes:

"Beginne eine Unterhaltung (set up a conversation):ja, ich verstehe dich, ich möchte folgendes hören... stimme der Person zu (agree with the person) und begib dich in eine tiefere Unterhaltung (deeper conversation).

Höre zu, was zurückkommt, sieh, ob es funktioniert (listen, what comes back, see, if it works). Schreib auf, wie die Information aussehen soll, die übertragen wird. Benutze eine Bestätigungsspalte (SI/AI subcolumns)."

Diese Vorgehensweise führt aber genau zu einer dieser So-als-ob-Unterhaltungen mit dem Target, wie wir sie schon kennengelernt haben. Und zwar mit Worten. Buchanan erklärt es so:

"Ein Beispiel: Eine Frau will Wäsche aufhängen. Das wird geviewt. Wir wollen aber etwas anderes: Geh lieber einkaufen!

Sie antwortet: nein, das geht doch nicht, ich muß hier Wäsche aufhängen!

Wir machen den Eingriff: Sieh mal da drüben die Frau in den tollen Kleidern, geh mal rüber und sprich mit ihr!

Das ist nicht ganz gegen ihr momentanes Vorhaben. Sie geht hin und spricht mit der anderen Frau. Dort ist auch ein Laden. Ein sehr netter Besitzer kommt heraus. Er spricht auch mit ihr, sie geht hinein und sie kauft ein."

Damit befindet sich Buchanan zu großen Teilen auf einer Gesprächsebene, ganz genau wie Frank Köster und viele andere es meist ungewollt und überraschend mit ihren Viewern erlebt haben. In seinem Modell mit der subliminalen Schwelle hätte man es sehr schwer, komplexe Absichten mittels (Sinn-)Bildern und Emotionen über den Körper in das Wachbewusstsein zu lancieren. Letztlich landet er doch bei einer "conversation".

Wie schon erwähnt, tendierte ich nach meinen Erfahrungen zu einer Darstellung, in dem es keine angenommene Trennung zwischen Unterbewusstem und kollektivem Unbewusstem gibt. Hier noch einmal das Schaubild:

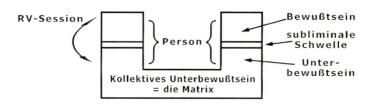

In diesem Bild wird mehr berücksichtigt, daß die Verbindung der Informationen daher rührt, daß auch alle Materie im Kosmos miteinander verbunden ist. Damit benutzt auch das Kollektive Unbewusste die Materie unseres Körpers und die jedes Einzelnen und die Frage, was hier die Subliminale Schwelle darstellt, kann eigentlich nur mit dem Begriff "Aufmerksamkeit" beantwortet werden. Damit sind wir aber schon genau bei der quantenphysikalischen Darstellung, die sich aus Burkhard Heims Theorie und Berechnung ergibt: es gibt im Prinzip auch keine echte Schwelle. Sie ist virtuell und selbstorganisiert variabel. Sie hängt mehr von der momentanen Befindlichkeit der Person ab als von übergeordneten Konzepten. Je nach Aufmerksamkeit greifen wir mehr oder weniger auf Informationen des Hyperraums zu.

Wir nehmen uns selbst wahr mit unserer Wachbewusstseins-Aufmerksamkeit, die begründet und gesteuert wird durch den Gesamtraum des Universums. Unsere Wahrnehmung in ihrer seriellen Konfiguration kann aber nur den R_4-Raum kognitiv erfahren. Für alle anderen Möglichkeiten fehlt unserem Bewusstsein ein direkter Umsetzungs-Modus oder, wie man aus der Gehirnhälften-Therorie entnehmen kann, der Zugang zur Datenspezifikation des G_4-Raumes. Nur wenn wir die linkshemisphärischen Funktionen voll in den Dienst der Übersetzung stellen, wie wir es zum Beispiel durch den

Protokollablauf in einer RV-Session tun, dann ist die bewusste Ventilation zwischen diesen Bereichen möglich. Das beinhaltet aber auch, daß phasenweise, für kurze Momente, übergeordnete Eindrücke "durchbrechen" können, so wie wir es im Alltag von spontanen, natürlichen Hellseheindrücken, z.b. Gefahrwarnung, her kennen.

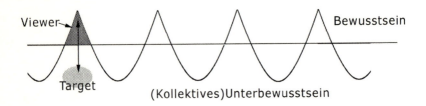

Wie würde man denn in diesem Modell eine "sprachliche Kommunikation" mit dem Target erklären können?
Auffällig sind für denjenigen, der solche "Gespräche" in der Session schon einmal durchgeführt hat, daß das größte Problem für den Viewer nicht darin besteht, dieses Gespräch aufzubauen. Es ist, als wäre so etwas das Natürlichste der Welt. Kein Wunder, wenn man diese Skizze betrachtet. Es gibt ja keine Trennung zwischen Körper, Geist und Universum. Nein, was die Protokollierung einer "Hyperkommunikation" so durcheinander bringt, ist, daß die Antwort meist vor der Fragestellung wahrgenommen wird. Das deutet ebenfalls darauf hin, daß wir gar keine Schwellen, gleich welcher Art überwinden müssen. Nur die Übersetzung in die menschliche R_4-Sprache ist nötig.
Die nach allem, was wir uns bisher erarbeitet haben, zulässige Deutung des Gesprächsvorganges im Target sieht für mich wie folgt aus:
Durch Einsatz eines rechtshemisphärisch aktiven Mittels (RV-Protokoll, Meditation etc.) versetzen wir uns in die Möglichkeit, gezielt mit dem G_4- Raum zu kommunizieren. Dabei suchen wir uns Bereiche herauf, Teilfelder, die wir vorher definiert haben. Diese Felder sind unscharf in ihren Abgrenzungen, deshalb müssen wir bei der Ausübung darauf achten, "auf der Stelle zu bleiben", exakt zu definieren. **Das kollektive Unterbewusste hat zwar keine**

Grenzen, aber es hat "Regionen", die wir gezielt aufsuchen können. (Wir hatten das schon angesprochen, Sie erinnern sich: warum wir auch bei sparsamer Formulierung im Target ankommen.) Jedes Individuum besteht aus einem materiellen und darüber gelagerten informellen Feld. Darin sind sein Wachbewusstsein enthalten und die Möglichkeit, begrenzte Aktionen vorzunehmen. Das gilt sowohl für die materielle Aufmerksamkeit im R_{1-6} Raum als auch für die Ausprägung im R_{7-12} Raum. Je nach Aktivität vergrößert oder verkleinert sich das Wirkfeld im R_{7-12}.

Diese übergeordneten Strukturen kann sich das Wachbewusstsein aber nicht vorstellen. Das Protokoll mit seinen NLP-basierten so-als-ob-Handlungen verschafft aber die Möglichkeit, auch in anderen subjektiven Feldern einzuwirken und dort Informationen zu hinterlegen. Der Umstand, daß der R_{7-12} dem R_{1-6} übergelagert ist, bedeutet, daß Zeit und Geschwindigkeit bei diesen Aktionen keine Rolle spielen. Für das R_4-basierte Viewer/Monitor-Gespann muß es so scheinen, als ob eine Antwort früher als die Frage kommt, da sie in dem Moment kommt, wo die Frage formuliert wird. Die muß aber erst vom System zu ende gedacht und gesprochen werden, um für den R4-Raum wahrnehmbar zu sein. Deshalb bekommt der Viewer die Antwort früher, als der Monitor sie ausspricht.

Sehr viel früher bekommt er die Antwort nicht, denn die Frage, also die hier bestimmende Gegenwart, muß erst vollzogen sein, um zu wirken. Das ist sie aber erst, wenn sicher ist, daß die Frage formuliert wird.

Der Ablauf des Gesprächs existiert auch nicht wirklich sondern ist nur eine Krücke für das Wachbewusstsein. Auch hier hilft uns die Form der Realitätsprojektion, die durch NLP entwickelt wurde. Es hat sich als sehr einfach und effizient erwiesen, diese schon für die Navigation in Stufe 6 benutzte Art des Vorgehens genau so für die aktiven Anwendungen zu wählen. Wenn schon "die Matrix" bei der Vergabe der Koordinaten weiß, was gemeint ist, hier funktioniert es allemal.

Den unterschied zu seiner Ansicht sieht Buchanan so:
"You are not talking to the person, you are talking to your own subconcious mind." – Man spricht nicht zu einer anderen Person, sondern spricht zu seinem eigenen Unterbewusstsein. Man erzählt

sich selbst die Geschichte und sieht dann nach, ob die (andere) Person Anteil daran hat.

Das bedeutet, feldtheoretisch gesehen, doch nichts anderes, als ob Buchanan ebenfalls Informationen im G_4-Raum ablegt, die von der anderen Person aufgenommen werden. Dafür bringt er diese Person durch die Targetformulierung in "Feldnähe". Daraufhin regt er das "andere System", also die geviewte Person mit ihrem (Um-)Feld an, sich diese Informationen aus der Matrix herauszuziehen.

Letztlich werden ebenfall durch die sprachlichen Vorgaben Bilder im Gehirn initiiert, so daß man sicher sein kann, daß auch die inhaltliche Bedeutung mitgetragen wird.[7] Damit wird der seriellen linkshemisphärischen Alltagsbearbeitung Rechnung getragen, wir "verstehen" den Vorgang wieder und können ihn aufzeichnen. (Müssen uns allerdings beim Aufschreiben beeilen!)

Möglicherweise treten auch subliminale Steuerprogramme in Aktion, die, wie schon beschrieben, für Regelvorgänge verantwortlich sind, die uns bewusst überfordern würden. Darunter fallen nicht nur alle Muskelkontraktionen, die nicht bewusst ausgeführt werden, sondern auch alle Bewertungsprogramme, die uns nur das Ergebnis der Ermittlungen zukommen lassen, z.B. der aus drei Sekunden Betrachtung gefolgerte Rat: diese Person ist gut, diese ist schlecht.(Siehe: Drei-Sekunden-Regel) Vielleicht bilden diese Steuerungvs- und Filterprogramme überhaupt jene vielbesprochene subliminale Schwelle. Auf jeden Fall hat die aktuelle Hirnforschung erkannt, daß hierdurch der Datenstrom geregelt wird, den das linkshemisphärische Wachbewusstsein benötigt, um in seiner seriellen Struktur überhaupt zu funktionieren.

An dieser Stelle taucht natürlich die Frage auf: was wäre, wenn wir rechtshemisphärisch gesteuert wären? Wenn wir hauptsächlich parallel statt seriell denken würden? Delphine funktionieren so, hat man herausgefunden. Sie denken sozusagen in Schüben, in ganzen Bilder, umfassenden Eindrücken und verständigen sich vermutlich auch so.

Ein Lebewesen, das in dieser Weise funktioniert wäre doch viel näher an der Matrix, könnte doch viel direkter mit dem Über-Raum umgehen. Vielleicht verständigen sich Delphine auch in einer

---

[7] Oder ist es anders herum? Initiieren Bilder die Sprache? Neueste Forschungen haben ergeben, daß Bilder und Worte so frühkindlich verknüpft werden, daß sie durchaus als Synonyme füreinander wirken können.

telepathischen Art? Vielleicht würden sie uns dann auch auf natürliche Weise sofort und detailliert bemerken, wenn wir sie viewten? Ein Projekt, das ich gern einmal durchführen würde.

Die Schlußfolgerung ist aber zulässig, meine ich, und wenn wir beispielsweise bei den immer wieder zitierten Aliens aus den vielen Entführungs- und Begegnungsberichten die Information extrahieren, das diese Spezies ebenfalls vordergründig parallel denken, wird plötzlich erklärbar, wieso alle Viewer berichten, sie würden von den Außerirdischen "kleinen Grauen" in der Session sofort aktiv wahrgenommen und auch "bearbeitet". Nicht wenige Viewer berichten davon, in solch einem Fall plötzlich "aus der Session hinausgeworfen" worden zu sein.

Der Schluß aus diesen Überlegungen muß doch sein: solche Wesen können mit Leichtigkeit die Matrix kontrollieren!

Als ich 1998 zu diesen Überlegungen gekommen war und begann, mein erstes Buch "Tanz der Dimensionen" zu schreiben, entschloß ich mich, diesen Komplex herauszulassen und ihn "das verborgene Kapitel" zu nennen. Ich wollte zunächst beobachten, wieweit die Diskussion eines so heiklen Themas "zugelassen" wird. Inzwischen finden sich vielerorts Ansätze dazu, und aus meinem Kapitel ist ein ganzes, mittlerweile sogar recht dickes Buch geworden. Schauen wir mal, was weiterhin passiert. Die Zahnpasta ist jedenfalls wieder einmal aus der Tube und kann nicht zurück. Vielen Dank, Herr Schnabel, für diese Formulierung.

Somit kommen wir zu der Schlußfolgerung: eine direkte Kommunikation mit einem Target findet zwar nicht statt, aber irgendwie. gelingt es uns doch, Inhalte zu übermitteln. Durch die Verwendung von So-als-ob-Gesprächen können wir den Prozeß für uns vereinfachen, aber auch differenzierter gestalten. Die Konsequenzen, die Buchanan aufzeigt, gelten auch für die virtuelle Gesprächsform.

Meiner Ansicht nach hilft die Vorstellung, daß die Informationen "nur" im Subraumraumfeld des anderen abgelegt werden, durchaus beim Vorgehen. Wir bekommen Pläne und Intentionen oder senden sie, aber die angepeilte Person (oder wir) muß sie nicht ohne Weiteres ausführen.

Telepathie zum Beispiel würde sich dadurch nicht etwa als "aufgefangene Wellen aus der aktuellen Gehirntätigkeit des anderen" definieren lassen, sondern wäre ein "Abgrasen der in der Matrix abgelegten Informationen". Daß auch das fast in Nullzeit geschehen kann, haben wir ja gesehen.

Vor diesem Hintergrund sind meiner Meinung nach Anweisungen von Buchanan wie etwa: "Do not control the story, get the story to the person and let the story get control of the person!" erheblich verständlicher, als in seinem eigenen Modell. (Versuche nicht, die für den Geviewten ausgedachte Geschichte zu kontrollieren, sondern bring die Geschichte zu dieser Person und lasse die Geschichte die Kontrolle dieser Person übernehmen!)

Er "beamt" mittels RV-Session seine Änderungsvorgabe in das Unterbewusstseinsfeld des Geviewten und beginnt dann, über Emotionen das Interesse des Wachbewusstseins zu erreichen, diese Informationen abzurufen. Damit allerdings befindet sich der Viewer mit seinem "persönlichen Matrixbereich" in dem der geviewten Person. Die Folge davon ist: der Viewer hat ebenfalls vollen Zugriff auf alle hier abgelegten Informationen. Man kann sich so mit eigenen Vorgaben wie auch mit den im Feld des Geviewten abgelegten Informationen "infizieren". Zum Beispiel, wie schon beschrieben, mit den Mordabsichten der Targetperson. "Man kann nichts viewen, ohne Kontakt aufzunehmen!"

Buchanan rät dann zum Entgiften (detox). Aus unserer kleinen Skizze wird deutlich klar, wie schwierig das dann ist, denn man muß erst die Feldbereiche wieder trennen und auseinanderbewegen, bevor man Informationen "löscht".

Hinzu kommt, daß man diese Feldverknüpfungen noch verstärkt, wenn man die Reaktion des Geviewten überprüft um entweder Sicherheit zu erlangen, daß die Beeinflussung funktioniert oder die "story" zu verbessern.

Ich finde, daß es nicht besonders hilfreich ist, die Person dann zu verlassen, wenn sie am stärksten mit der Beeinflussung beschäftigt ist. Denn dann ist man als Viewer auch am meisten involviert. Und auch für die Anweisung "don`t stay long" gilt: wenn etwas funktioniert, dann ist man ja schon "mitten drin"![8]

Ich hoffe, Sie sehen nun die Betrachtungen der ersten Kapitel mit anderen Augen. Oh ja, beim "Influencing" müssen wir aufpassen,

---

[8] "Don`t stay long: when the story appears to have the greatest affect, access the target briefly and feel a desire to the story again and again. Feed desire for it. The get yourself and the target out. Detox yourself and not the target."

daß wir uns nicht selbst zum Opfer machen und eventuell das Target uns übernimmt.

In dieser Hinsicht habe ich festgestellt, daß die von mir praktizierte Methode der gesprächsartigen Kommunikation im Target erheblich weniger Kontakt zu den problematischen Datenfeldern bedeutet. Bildlich gesprochen: man rührt nicht selbst in der Suppe und kostet sie, sondern läßt beim Feedback die Person die Suppe kosten und befragt sie danach.

In dieser Art kann man eine ganze Reihe von Vorhaben abwickeln. Ich will versuchen, hier einige der Wichtigsten im Beispiel darzustellen.

Das Ansprechen einer Targetperson in der Session ist meist der kürzere Weg, um an Informationen zu kommen.

Sie können ruhig "Hallo" sagen. Jede Art der Begrüßung ist angenehm. Es handelt sich hierbei übersetzt um eine Introduktion und wie im richtigen Leben ist eine Begrüßung auch hier ein Attraktor, ein Gespräch zu beginnen. In unserem Modell sicher nur das Feedback, im richtigen Feld angekommen zu sein. Vielleicht auch der Anreiz für die unbewussten Steuersysteme, sich mit diesem "Fall" zu beschäftigen und auf Informationen aus der Matrix zuzugreifen. Auf jeden Fall können Sie dadurch feststellen, ob es eine Resonanz aus dem Zielgebiet gibt. Wenn nicht, können wir noch einmal in die AI-Spalte der Stufe 4 zurückgehen und von dort eine Gegenkontrolle vornehmen. Unter Umständen sind wir auch am Zielgebiet vorbeigeschossen und müssen eine Bewegungsübung machen.

Sollte dies in einer Mars-UFO-Aliens-Session vorgekommen sein, ist es aber am Besten, nicht noch einmal einzutauchen und die Session mit einer sorgfältigen Herausführung zu beenden!

Gemeinhin sind geviewte Personen aber sehr leicht zugänglich und auskunftsbereit. Das liegt mit Sicherheit zum großen Teil daran, daß sie keinerlei PSI-Training gemacht haben, was man 90 % der Bevölkerung unterstellen kann. Meist glauben sie auch nicht an diese Möglichkeiten oder lehnen alles "Übersinnliche" ab. Das sind die einfachsten Opfer, weil sie keinerlei Schutzfunktionen entwickelt haben.

Kreative Personen sind oft schon schwieriger. Durch ihre lebenslange und lebendige rechtshemisphärische Beschäftigung haben sie eine gewisse Übung im Umgang mit der Matrix. Dann kann es auch gut passieren, daß die subliminalen Systeme "sperren", wenn Sie sich als Viewer nähern. Das passiert häufig schon bei Anfragen, wenn von Beeinflussungen noch lange nicht die Rede ist. Stufe-6-Ermittlungen wie Persönlichkeitsprofile sind davon nicht betroffen, weil man hier auf die Matrix/Subraum-Informationen zugreifen kann.

Als echtes Beispiel aus einem operationalen Projekt fällt mir spontan eine Session auf das sogenannte "Bessler-Rad" bzw. auf seine Funktionsweise ein. Dieses Projekt wurde 2001 begonnen und beinhaltet die Funktion eines Rades, daß sich aufgrund der Ausnutzung der Schwerkraft permanent drehen soll. Es handelt sich also nicht um die Erfindung eines Perpetuum-Mobiles, denn die Gravitation ist eine echte Kraft, die in eine Richtung wirkt, ebenso wie der Wind oder ein Wasserfluß. Tatsächlich ist die Umsetzung dieses Vorhabens immens schwierig, da hier komplexe Steuerfunktionen angewandt werden müssen. Benannt wurde dieses Projekt nach Johann Bessler, der von Zeitzeugen gut dokumentiert von 1712 bis 1718 mehrere solche Räder baute, das letzte 3,60m im Durchmesser. Da zu dieser Zeit niemand eine kommerzielle Verwendung für ein immerdrehendes Rad sah (die Elektrizität war eben noch nicht erfunden) zerstörte der Erfinder selbst vor Ärger die Geräte und nahm ihr Geheimnis mit ins Grab.

Da komplexe technische Einzelheiten in einer Remote Viewing-Session sehr schwierig umzusetzen sind, dachte ich bezüglich spezieller Bemaßungen den Erfinder selbst aufzusuchen und zu befragen. Hier der entsprechende Ausschnitt der Session.

Viewer: Die Person ist männlich, so etwa 35-40 Jahre alt, dunkle Haare.
Monitor: Zeichne sie mal hin und nenne sie P1. Tipp mal rein und begrüße sie. Sag Guten Tag!
V: Guten Tag! (Tippt in den Kopf der Zeichnung)
M: Und? Gibt es eine Reaktion? Fühl mal rein.
V: Ja, er sagt auch guten Tag oder sowas. Hört sich aber irgendwie altmodisch an.
M. Sehr schön. Frag ihn mal, ob er für das, was wir suchen, verantwortlich ist.

V: Er meint ja.
M: Frag ihn, ob er uns dazu ein paar Auskünfte geben kann.
V: Nein! Er sagt, das wäre total geheim! Der macht plötzlich dicht! Will gar nichts mehr sagen! Geheim! Ich schreib das mal hin. AI: der macht sich aber wichtig!
M: Ja, ist er ja auch. Sag ihm, es sei sehr wichtig, daß er es uns erzählt. Er wird sehr berühmt in der Zukunft! Aber nur, wenn er es uns erzählt!
V: Er will immer noch nicht. Er glaubt es nicht.
M: Tipp noch mal rein. Überprüfe mal die Möglichkeiten. Gibt es einen Ort, wo er es uns sagen würde?
V: Ja, hm, ich müßte mit ihm rausgehen. Aus dem Raum raus. Was immer das bedeutet.
M: Dann mach das mal. Nimm ihn an die Hand. Draußen ist es sehr schön. Niemand hört zu. Geh mal mit ihm raus. Kannst du das?
V: (zieht eine Linie) Ja, geht. Hier ist das Haus zuende, ich zeichne mal eine Ecke, und wir gehen raus. Und weiter. Hier bleiben wir stehen.
M: Und dort kann man mit ihm reden? Da würde er es dir sagen?
V: (tippt rein) Ja, genau.
M: Gut, dann frag ihn mal, was seine Wünsche bei dem Projekt waren. Vielleicht können wir sie erfüllen. Mach mal ein Kästchen.
V: Wünsche... hm. Erleichterung. Wenn seine Erfindung anerkannt wird. Und er braucht dringend Geld.
M: Sag ihm, er bekommt die Anerkennung. Vielleicht nicht bald, aber in Zukunft auf jeden Fall. Mach mal ein anderes Kästchen, nur mal zur Kontrolle, ob er die richtige Person ist.
V: (malt Kästchen) So.
M: Schreib drüber: Bezug der Person zum Target.
V: Naja, er hat sich das alles ausgedacht!

6
Stufe 6

S   D   A   E I   T   IT   AOL AOL/S
    Diffuse   Person

Wünsche
Einladung
Geld

das Raum voll?

Bezug d. Pers. zum Target
Hat sich das ausgedacht

Geheim?
Dort würde die Person es mir sagen
Ai: der macht sich wichtig
Es ist sehr sehr wichtig!
Er ist es Beziehnt bin in der Zukunft
Wir bedeuten uns (?) eine in Zhuei(?)
Er wird später sehr gesucht!

nicht jung männlich (Rai)
35-40 dunkle Haare

Das Geheimnis ist:
Drehung   AOL: Bessler Rad
Zahnrad   Zahnrad Zahnrad
                                                Zahnstange
Zahnrad ist Mühlrad schläft
es gibt Aussetzer (in Zahnstange oder Zahnrad)

M: Gut. Dann frag ihn, was das Geheimnis ist, das wir noch nicht kennen.
V: Ich schreib mal hin: Das Geheimnis ist...
M: Ja?
V: Na, Drehung, sagt er. Ich habe jetzt ein AOL: Bessler Rad!
M: Schreibs raus. Es ist gleichgültig. Vergiß es. Was sagt er noch?
V: Zahnrad! Also nicht so ein normales Zahnrad, sondern eines, das nicht richtig rund ist. Es schlägt! Es gibt Aussetzer!
(In der Folge fertigte der Viewer einige sehr komplexe Zeichnungen, auf die wir hier verzichten können.)
M: Das ist sehr schön. Bedanke dich bei ihm!
V: Wir bedanken uns.
M: Er ist ein Genie. Er wird später sehr geachtet sein! Frag ihn, ob wir noch einmal wiederkommen können.
V: Er meint, ja. Hat ihn gefreut.
M: Sag ihm: uns auch. Wünsche ihm alles Gute. Und verabschiede dich.
V: Hab Tschüß gesagt!
M: Auf Wiedersehen wäre respektvoller gewesen. Na schön. Schreib mal: Ende 13:56. Und mach drei Striche drunter. Entferne dich. Hast du irgend ein Problem damit?
V: Nö.
M: Keine Verbindung mehr?
V: Nö. Ist weg. Nichts mehr da. Ich müßte nur noch eine Zeichnung machen. Das schwirrt mir noch im Kopf rum. Aber sonst kein Problem.
M: Na gut. Mach mal noch diese Zeichnung und trenne dich dann auch davon.

Wenn ein "Befragter" im Target sich weigert, eine Auskunft zu geben, kann man natürlich auch noch andere Techniken anwenden. Zum Beispiel kann man auch einen anderen Zeitpunkt aufsuchen. Man sucht einen Punkt in der Vergangenheit oder Zukunft, der besser geeignet ist, an dem die Person vielleicht besonders gut drauf ist oder persönliche Gründe hat, mitteilsam zu sein.

Natürlich kann man auch sich selbst viewen und eine Kontaktaufnahme in der Vergangenheit oder der Zukunft durchführen. Wir haben es ausprobiert, es funktioniert genau so. Wir kommen hier allerdings zu Ereignissen, die gemeinhin als

Zeitparadoxe bekannt sind. Wie wir schon besprochen haben, hat jede Information aus der Zukunft einen Einfluß auf die Gegenwart. Ist diese Gegenwart vom Standpunkt des Viewers aus die Vergangenheit, d.h. versucht ein Viewer sich selbst in der Vergangenheit zu informieren, um hier eine Beeinflussung vorzunehmen, so stößt dies auf größere Schwierigkeiten als wenn er sich Rat aus der Zukunft holt.

Eine Entscheidung in der Vergangenheit ist kaum reversibel. Schließlich hatte man gute Gründe dafür. Natürlich kann man versuchen, in einem Fall, in dem man unsicher war und die vom heutigen Standpunkt aus falsche Entscheidung traf, seinem Selbst in der Vergangenheit noch mehr Unsicherheit einzureden. Das mag auch funktionieren, die eigene Gegenwart ist jedoch eine Folge dieser falschen Entscheidung. Nach den Gesetzen der Quantenphysik ist eher anzunehmen, daß sich eine andere Wahrscheinlichkeit bildet, in der wir mit unserer momentanen Aufmerksamkeit aber nicht enthalten sind. Unser dortiges Selbst wäre völlig anders informiert und hätte dann auch keinen Grund, die Korrektur in der Vergangenheit durchzuführen. Beide Wahrscheinlichkeiten existieren, es entsteht *kein* Zeitparadox. (Genau so wenig, wenn wir unsere Eltern dazu bringen würden, sich nicht kennenzulernen. Die Wahrscheinlichkeit, in der wir geboren werden, bleibt weiterhin existent.)

Unterhaltungen mit der Zukunft hingegen bieten einiges an Nutzen und haben oft einen hohen Unterhaltungswert. Dem möchte ich in einem weiteren Kapitel zum Thema Zukunft nachgehen, jetzt, wo wir uns an quantenmechanische Herangehensweise gewöhnt haben. Etwas anderes, das mir übrigens sehr oft passiert, möchte ich aber hier noch erwähnen. Es ist der ganz ohne Session erfüllte Anrufwunsch. Ich denke intensiv an jemanden, den ich unbedingt anrufen möchte. Kurze Zeit später klingelt das Telefon und derjenige ist dran.

"Prima, danke!", rufe ich dann immer und das werden einige meiner Freunde und Bekannten bestätigen können, "Gut, daß du anrufst, das spart mir die Gebühren!"

Allerdings habe ich seit einiger Zeit Flatrate. Aber eine gute Übung ist es, dies mit einer Session zu machen. Das sieht Buchanan auch so. Zum Spaß, sozusagen, denn der muß ja auch mal sein.

13. Kapitel: Personenbeeinflussung: Liebe, Job, Karriere

Die amerikanischen Remote Viewer, oder jedenfalls jene, von denen man hört oder im Internet und in Büchern lesen kann, meinen hauptsächlich, wenn sie von *Remote Influence* sprechen, die Beeinflussung von anderen Menschen. Bei Gerald O`Donnell nimmt noch eine andere Frage großen Raum ein, der wir uns später noch einmal stellen werden: Lotto spielen. Auch Dames hat sich inzwischen dazu geäußert.

Eigentlich ist es logisch, hauptsächlich andere Menschen beeinflussen zu wollen. Wer steht uns meist im Weg, wenn wir es im Beruf zu etwas bringen wollen? Ein anderer, und zwar kein Ochse oder Affe, auch wenn wir ihn manchmal so nennen mögen, sondern ein Mensch. Wen brauchen wir als Partner im Leben für – wie sagt man so schön – alle schönen Dinge zu zweit? Ganz klar, keinen Hinkelstein! Auch ein schneller Wagen ist ziemlich öde mit unbesetzten Liegesitzen.

Und haben wir nicht herausgefunden, daß gerade das "Datenformat Mensch" am leichtesten zu viewen ist? Dann läßt sich sicher auch der umgekehrte Prozeß am leichtesten gestalten. Also los und weg mit dem Widersacher und den richtigen Lover gleich heute ins Bett!

Unmoralisch? Ethikproblem? Ach Quatsch, erfährt doch keiner und es glaubt doch sowieoso keiner dran! Auch im März 2007 nennt ein Herr Siefer im Nachrichtenmagazin DER SPIEGEL die Aktionen von Uri Geller, der nachweislich einige Millionen mit seinen Fähigkeiten im Wirtschaftsbereich verdiente, immer noch einen "dadaistischen Schabernack"! Also: frisch auf, nur Materie verändert den Geist, meist in Form von kleinen bedruckten Papierschnipseln, umgekehrt jedoch – alles Quatsch.

So könnte man das Ethikproblem ganz einfach auf die Formel abwälzen, daß nur das unmoralisch sein kann, was als machbar allgemein anerkannt ist. Bevor die Menschen von Mikroorganismen wußten, hätte jeder völlig straffrei mit bestimmten Krankheitserregern jeden beliebigen Zeitgenossen umbringen können. Lediglich die Anschuldigung der Hexerei hätte er – am besten schon im Vorfeld durch gesellschaftlich angepaßtes Verhalten und Kleidung – vermeiden müssen. Heute ist es umgekehrt, aber die Fakten bleiben.

Es steht außerhalb meiner Möglichkeiten, Ihnen *Remote Influence* zu verbieten. Ich glaube auch nicht, daß man über dieses Thema in der Matrix einen Fluch aussprechen könnte, so wie Buchanan, der seinen Schülern droht, er werde sie "triggern", wenn sie damit Dummheiten anstellen wollten.

Werden sie keine der im Internet, in vielen Büchern und nun auch hier im Remote Viewing-Lehrbuch veröffentlichen Techniken anwenden, wenn ich Ihnen Angst mache?

"Wer sich an anderen Bewusstseinen in der Matrix vergreift, den holt der Hyperraumteufel!" Hört sich doch ziemlich bescheuert an, oder?

Nun, vielleicht mit dunkler Stimme, mit ein paar unheimlichen Formeln vorgetragen und einem Tablett voll Teelichter, malerisch auf hingestreuten Sandmustern verteilt, vielleicht nicht mehr.

Ich meine, das ist alles unnötig.

Mit unseren bisher erarbeiteten Erklärungsmodellen, die nicht der letzte Schrei irgendwelcher dubioser Hokus-Pokus-Darsteller sind, sondern von den renommiertesten Mathematikern und Physikern erarbeitet wurden (ich habe sie in diesem Buch lediglich in anwenderfreundliche Skizzen umgeformt), können wir uns schnell und einfach erklären, warum man einem anderen lieber nichts Böses antun sollte.

Mindestens diese Erklärung kann ich leisten. Dann müssen Sie selbst entscheiden, was Sie sich an den Hals holen. Hier noch einmal die betreffende Zeichnung zur Erinnerung, nun aber mit kleinen, aktuellen Änderungen.

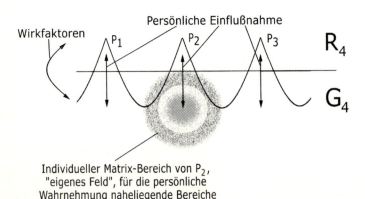

Was passiert (nach diesem Modell), wenn wir eine *Remote Influence*-Session durchführen?

Zunächst einmal überbrücken wir unsere eigenen Schwellenprogramme, die uns daran hindern, beständig bewussten Kontakt zur Matrix/G4-Raum zu pflegen.

Dann suchen wir das persönliche Feld einer anderen Person auf und untersuchen es. Das tun wir schon allein, um diese Person zu identifizieren. Wir übernehmen damit diese Inhalte in unser eigenes Feld, das wir bei der Session sozusagen an das andere herangeführt haben. Es findet mindestens teilweise eine Deckung oder Vermischung der Felder statt. Nun müssen wir in dieses Feld unsere Änderungsvorgabe einbringen. (Die vorher detailliert ausgedacht sein sollte!)

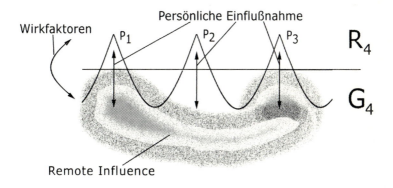

Durch mehrfaches Gegenprüfen/Feedbackviewen kommen wir zu einer Version, die funktionieren kann. Jetzt setzen wir Attraktoren, um die subliminalen Sperrprogramme der anderen Person zu überwinden.

Wir viewen nun das Feedback, ob sich die andere Person angesprochen fühlt und die lancierten Daten übernimmt. Und ob es tatsächlich zu der gewünschten Reaktion und damit zu den Veränderungen kommt, die wir angestrebt haben.

Damit haben wir unseren Feldbereich so sehr mit dem der Targetperson in Deckung gebracht, daß alle Inhalte der Aktion auch unser Feld füllen. Wohlgemerkt: füllen, nicht nur berühren.

Buchanan rät, sich so schnell wie möglich und auf der Höhe des

Erfolges zu entfernen und sich zu entgiften. Sich zu jeder Einzelheit zu fragen, ist es von mit oder vom Target? Wie wir gesehen haben, kann das sehr lange dauern, besonders, wenn wir etwas Kompliziertes durchführen wollten. Aus diesem Grund kann man getrost folgende Grundregeln übernehmen:

nie ohne einen Monitor eine RI-Session machen

den Monitor anweisen, jede Einzelheit zu notieren und beim entgiften abzufragen und –

die Targetperson gut zu behandeln und ihr keinen Schmerz zuzufügen.

Wenn man so sehr das Feld vereinigt hat, ist der Schmerz eine gemeinsame Sache zwischen Viewer und Target.

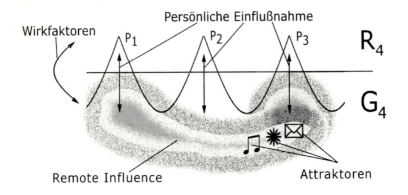

Denn eines kann man aus der praktischen Erfahrung sagen: Tand, Tand ist alles Werk von Menschenhand! Irgend eine oder mehrere wichtige Aspekte vergißt der Monitor garantiert! Besonders in kniffligen Situationen. Den Meister mit der perfekten Session möchte ich sehen! Es treten immer wieder Überraschungen auf, oder die Zeit wird knapp oder die Liste ist unvollständig, oder...

Ich tendiere deshalb zu diesen drei Feststellungen:

1. *Remote Influence* sollte man möglichst nur bei einfachen Entscheidungen anzuwenden.

2. Es hilft ungemein, wenn Sie sicher stellen, daß durch die Aktionen niemand geschädigt wird, jedenfalls nicht mehr, als Sie selbst erdulden möchten. (Gegen Selbstmordattentäter ist sowieso kein Kraut gewachsen. Diese brauchen auch keine umständliche

PSI-Session, die nehmen sich gleich eine Waffe und machen das Ganze auf die physische Art.)
3. Benutzen Sie die Variante der Gesprächsführung. Die Felddeckung ist dadurch geringer.
4. Wählen Sie Ihren Monitor mit Bedacht.
Zu diesen Punkten gibt es natürlich ein paar Bemerkungen.
Zu 1: Es ist nachvollziehbar schwierig, die einzelne Wirkung zu ermitteln, wenn mehrere Entscheidungen gleichzeitig bearbeitet werden. Oft zieht schon eine einzige Entscheidung viele Veränderungen nach sich, mit denen man dann genügend zu tun hat.
  Eine einzige bestimmte Entscheidung zu bearbeiten ist eine klare, übersichtliche Aufgabe. Vielleicht lassen sich komplexe Geschehen auf eine bestimmte Entscheidung zurückführen. Das kann man auch viewen.
  Zur Beeinflussung dieser Entscheidung ist es am besten, wenn man die Person zum Zeitpunkt der Entscheidung aufsucht. Natürlich kann man ihr zu jedem Zeitpunkt "mit auf den Weg geben", sich für eine bestimmte Sache zu entscheiden. Aber wie immer ist es so, daß man mit mehr Aufwand auch mehr Qualität bekommt.
  Wenn man diesen Zeitpunkt hat und auch die Situation der Entscheidung, muß die entsprechende Meinung formuliert werden und mit Attraktoren oder, entsprechend wenn man etwas vermeiden möchte, mit negativen Eindrücken (Bildern, Emotionen, Aussichten) belegt werden.
  Bei allen diesen Vorgängen ist es eminent wichtig, über die Reaktion der Person bzw. die dann folgende Zukunftsentwicklung Feedback zu bekommen. Man kann in der Zeit weiter vorangehen und die Targetperson über ihre derzeitige Einstellung befragen und feststellen, wie sich die fragliche Situation verändert hat.
  Erwarten Sie nicht, daß Ihre Beeinflussung in jedem Fall sofort Wunder wirkt. Eventuell haben Sie etwas gravierendes übersehen/noch nicht geviewt oder die Folgen waren doch anders als angenommen. Wir sind hier immer noch im richtigen Leben! Nur Romane sind einfach und übersichtlich. Doch schon, wenn Sie zu einer Geschichte eine Fortsetzung schreiben wollen, werden Sie merken, wie Möglichkeiten auseinanderdriften können. Auf der Bühne des Lebens aber spielen mehr oder weniger alle Menschen dieser Erde mit! Das kann man nicht mit einem Schlag alles in einer

Session erfassen! Manche Sessions gestalten sich auf diese Weise sehr langwierig, weil es zum Beispiel eine Weile dauert, bis man die optimale Entscheidung gefunden hat und auch eine befriedigende Bearbeitungsmöglichkeit aufgetaucht ist!

Ohnehin ist es so, daß die volle Komplexität des Universums und die Eigenstabilität der einzelnen Personen dazu führt, daß solche Beeinflussungen sich dadurch mehr oder weniger schnell verändern. Die Folge ist, daß man sich schon darum kümmern muß, ob etwas sich auch wie gewünscht weiter so verhält. Zu diesem Aspekt verweise ich auf noch folgende Kapitel zu den Themenbereichen "Selbstschutz" und "Zukunftsabläufe".

Auch der Zeitpunkt einer Session kann entscheidend sein. Aus Erfahrungen der PSI-Forschung in den USA, aber auch in Rußland entstand der Eindruck, daß zu bestimmten Zeiten Sessions ganz besonders gut ablaufen, nämlich dann, wenn sich der Punkt auf der Erde, an dem sich der Viewer befindet, am weitesten vom galaktischen Zentrum entfernt hat. Die Begründung für solche Effekte steht leider noch aus. Nach Meinung der Chinesen sendet die Milchstraßen Strahlen aus, die Lebenskraft (Qi) enthalten oder darstellen. Sicherlich sind diese geschwächt, wenn sie erst noch die Erde durchdringen müssen. Überhaupt ist ein Erdbewohner in diesem Moment der siderischen Zeit eher den Einflüssen der allgegenwärtigen "Dunklen Materie" ausgesetzt, die den größten Anteil in diesem Universum hat. Aber wie gesagt, wieso und weshalb weiß bislang meines Wissens nach noch niemand glaubhaft zu begründen.

Zu 2: Jemandem gute Gefühle zu übermitteln ist zum einen eine wichtige Angelegenheit, zum anderen will es aber auch gut kontrolliert werden. Was hilft es, wenn Sie jemanden dazu bringen wollen, einen Döner aufzusuchen, dieser so etwas aber absolut widerlich findet? Daß Sie selbst als Viewer oder Monitor sich für gegrilltes Fleisch mit Salat und Soße begeistern, muß ja nicht heißen, daß es dem Target ebenso ergeht.

Daraus folgt: richtig ist es, der Targetperson angenehme Dinge als Attraktoren zu übermitteln, wenn diese in ihrer Funktion vorher festgestellt wurden.

"Frag ihn/sie mal, war er/sie so am liebsten mag!" ist deshalb eine sehr kluge Aktion, bevor man sich zu etwas entschließt, was nicht unbedingt funktionieren muß. Vorsicht ist bei fremden Kulturkreisen angeraten! Dort gibt es unter Umständen Vorlieben, die Ihnen den Magen umdrehen. Im indonesischen Einflußbereich sind zum Beispiel gegrillte Heuschrecken oder sogar Spinnen sehr beliebt und werden an der Straßenecke wie hierzulande Softeis verkauft!

Solche Informationen in einer Session können sehr wohl dem Viewerteam einen Schauder den Rücken hinunterjagen und zu einem Abbruch und überraschendem Entgiften führen.

"Schrecklich" kann für verschiedene Leute sehr verschiedene Ereignisse bedeuten.

Zu 3: Benutzen Sie auch alle Tugenden einer guten Gesprächsführung. Seien Sie so nett, höflich und zuvorkommend zur Person im Target, wie sie können. Erfinden Sie angenehme Geschichten, fragen Sie nach, ob es der Targetperson gefällt. Versichern Sie sich bei der Verabschiedung, ob Sie wiederkommen dürfen.

Zu 4: Die Sessions sollten schon blind ablaufen. Der Monitor muß Ihr absolutes Vertrauen haben, Sie müssen sicher sein, daß er keine "krummen Dinger" mit Ihnen dreht. Ich kenne einige Streitgespräche nach RI-Sessions.

"Das war aber nicht gut, das hätte ich nicht gemacht!"

Sich vorher ethisch abstimmen ist Grundvoraussetzung für eine konstruktive Teamarbeit.

Wie wir sehen, egal, wie man es dreht und wendet, man kommt um den engen Kontakt nicht herum. Viewen bedeutet Kontakt aufnehmen, RI bedeutet Felder übernehmen. Erfolg haben bedeutet, mehrfach die Konsequenzen abzufragen, Feedback zu bekommen. Das bedeutet: noch tiefer in die Verschlingung einzutauchen.

Damit haben wir das Thema, was wir früher Resonanz genannt haben, einigermaßen konkret aufgearbeitet. Oder wie Buchanan es nennt: "You`ll get sucked in".

Auf diesem Stand der Erkenntnis ergeben die schon beschriebenen Bemühungen des Maharishi Mahesh einen besonderen Sinn.

Die vedischen Flieger begeben sich kaum in die Matrix, schon gar nicht in ganz spezielle Felder. Sie arbeiten die anstehenden Themen pauschal ab, mindestens indem sie mehrere Wünschen nebeneinander stellen. Sie versenken sich durch ihre Meditation auch nur in ihr eigenes Feld und lassen es sozusagen "überschwappen". Damit kommt gewissenmaßen nur ein "Überfluß" der eigenen Energie in andere Felder. Das bedeutet natürlich, daß der Effekt, den ein einzelner erreichen kann, sehr gering ist. Man benötigt dann nicht nur eine kleine Gruppe gut ausgebildeter Influencer, die sich komplett hingeben, sondern eben ein paar Tausend, um beispielsweise ein Wirtschaftsklima optimistischer zu gestalten.

Wenn allerdings ein paar Hedgefonds-Haie, die inzwischen über genügen Milliarden Einsatzkapital verfügen, sich dazu entschließen, mal eben ganz optimistisch Kasse zu machen, dann kann es zu weltweiten Börsenstürzen kommen. Und das auch wenn die Aktion nur eine begrenzte Gewinnmitnahme in Shanghai war, wie es im März 2007 geschah.

Ob wir die Aktion der "vedischen Flieger" jetzt belächeln oder bewundern, eines muß man nach Kenntnis der Hintergründe ganz vorn ins Blickfeld rücken: die Beteiligten gehen kaum eine Gefahr ein, sich mit negativen Inhalten der Matrix zu "infizieren".

Das Ganze müßte man außerdem noch einmal relativieren. Um ein nationales Feld zu beeinflussen, benötigt man eine Menge Energie. Auch wenn es nur die wichtigsten Industriemanager wären, auf die sich Influencer einhaken müßten, die Unschärferelation der Matrix gilt auch für sie. "Arbeitet" ein Viewer an einer Gruppe von Menschen, wird seine Botschaft naturgemäß "unschärfer" in den betreffenden Feldern abgelegt. Eigentlich müßte es für jeden targetierten Manager oder Politiker eine eigene, abgestimmte Behandlung geben. Um also eine Gruppe zu beeinflussen, beispielsweise eine Fraktion des Bundestages, benötigte man wiederum einige Viewer. Die Frage bei Politikern wäre dann natürlich auch, wie dauerhaft so eine Einflußnahme wäre, denn hinter der nächsten Ecke lauert ja schon der nächste Lobbyist.

Damit sind wir auch schon wieder bei den "Fliegern", die nun den ersten mir bekannten Versuch gestartet haben, überhaupt eine gezielte Beeinflussung größerer Felder zu starten.

Vielleicht wird man einwenden, daß bei wichtigen Fußballspielen eine viel größere Interessengruppe in die Matrix einsteigt. Das ist zwar theoretisch zu beachten, in der Realität aber von geringerer Wirkung. Natürlich hat sich der "Heimvorteil" einer Mannschaft in die Bewertung von Spielen in überregionalen Turnieren (z. B. Championsleage) niedergeschlagen und wird zu Recht gefürchtet, die Zuschauermasse ist jedoch nicht synchronisiert genug und ohne Wissen um ihre wahre Macht. Mitgebrachte Alkoholika tun das ihre zur Desorganisation.

Um wirklich "den Ball ins Tor zu tragen" müßten sich die Zuschauer zu ganz anderen meditativen Bemühungen entschließen als nur zu Sprechchören und La-Ola-Wellen.

Was also bleibt dem engagierten Viewer, mittels Einflußnahme auf Personen einen Vorteil für sich selbst herauszuholen? Nun, mindestens zwei Bereiche: Erfolg im Beruf und Erfolg in der Liebe.

Das Letzte zuerst. Darauf haben wir doch gewartet. Endlich eine Methode, mit der man sich den idealen Partner heranwünschen und an sich binden, ja hörig machen kann! Genau in dieser Form habe ich es auf amerikanischen Internetseiten angeboten gesehen!

Ich will nicht bestreiten, daß solche "Erfolge" in einigen Fällen nachgewiesen werden können. Inzwischen sind wir aber genügend in die Kenntnis von Wirkmechanismen eingestiegen um zu erkennen, daß ohne eine gewisse Bereitschaft des Opfers viele unliebsame Erfahrungen nicht möglich gewesen wären. Oft muß man nicht nur die Betroffenen vor Angriffen von außen schützen, sondern auch die Opfer vor sich selbst.

Oft ist es jedoch so, daß von dem Wünschenden eine völlig unmögliche Beziehung gefordert wird. Inzwischen würden wir statt "unmöglich" auch besser "unwahrscheinlich" sagen.

Die Stabilität des eigenen Systems einer Person bedingt, daß Menschen, die einfach zu verschieden sind, ohne Eigenleistung und freiwillige Veränderung eines jeden Partners nicht dauerhaft zusammenbleiben können. Wem aber ein Leben mit "one night stands" genügt, gut, das kann man arrangieren. Ich habe schon bevor ich mit Remote Viewing zusammenstieß genügend dieser "magischen Momente" erlebt, die mir hinterher sehr, sehr unwahrscheinlich vorkamen. Es war dann aber auch meist so, daß sich die beteiligten Personen nur für eine sehr kurze Zeit durch bestimmte Stimmungslage und passende Umstände berührten, was am "Morgen danach" wieder eilig auseinander driftete.

Aber auch um solchen Begegnungen nachzuhelfen, benötigen wir vor einer "Influence" zunächst die Recherche, ob sich solche

Gelegenheiten überhaupt im erreichbaren Erlebnisfeld befinden. Das gilt genau so für bekannte wie im Moment noch unbekannte Wunschpartner. Je mehr man über ihn (sie) weiß, desto besser lassen sich Ansätze für positive Entwicklungen finden.

Beispiele aus dem echten Leben, die man hier anführen könnte, sind leider dünn gesät. Der Grund dafür ist nicht, daß es sie nicht gibt, sondern daß sie niemand erzählen möchte. Mir persönlich sind inzwischen einige Fälle bekannt, in denen sich Remote Viewer ihre nächste Partnerschaft "herbeiviewten". Aber diese Begebenheit sind sehr intim, was wohl jeder verstehen wird. Im Internet fand ich lediglich einmal die Geschichte von Joni Dourif, der ehemaligen Partnerin von Ed Dames und "Erbin" von PSITECH, der ersten amerikanischen RV-Firma. Nach dem Bruch mit Amerikas meist interviewtem Remote Viewer suchte sie einen neuen Partner und fand in ein einer Session "auf dem Flughafen, wartend, mit Schnauzbart". Dort ging sie dann hin, denn wenn es schon der optimale Partner für sie war, dann sollte er doch nicht zu lange dort allein herumstehen und auf etwas warten, von dem er noch nichts wußte.

Mein eigenes Erlebnis ist in dem Buch "Schritte in die Zukunft" dokumentiert. Es ist ein sehr lehrreiches Beispiel. Kein Autor kommt darum herum, seine eigene Vergangenheit zu verwenden und damit offenzulegen. Im RV-Bereich ist man für solche Beispiele dankbar. Erstens kennt man die Einzelheiten und kann sie erläutern, zweitens ist die Rechtslage geklärt. Mittlerweile sind fünf Jahre vergangen, seit ich dieses Buch geschrieben habe und ich kann erzählen, wie die Geschichte weiterging.

Begonnen hatte sie Anfang 2000. Ich war gerade frisch und sehr unglücklich geschieden und fand die gegebene Situation unerträglich, nicht nur, weil ich die Grenzen der geschriebenen Gesetzbücher in der Realität kennengelernt hatte, sondern weil diese Erkenntnisse auch keinerlei vernünftige Perspektive für eine lebenswerte Zukunft darstellten. Also wünschte ich mir eine neue Partnerin. Aber ehrlich, vertrauenswert, liebevoll und trotzdem intelligent, selbstbewusst und gutaussehend sollte sie schon sein. Diesen Wunsch hängte ich jeden Abend in die Matrix, wenn mir die leeren Zimmer beim Durchstreifen unglückliche Geschichten erzählten.

Die nächste Möglichkeit eines RV-Trainings benutzte ich dazu, die Beteiligten meine optimale Zukunft viewen zu lassen.

Schon in der ersten Stufen traten AULs "wie Haare, ganz dunkel, wie Ebenholz" auf. Neben metallischen und luftig/windig/salzigen Aspekten nahm sie auch "Parfüm" war.

"Ich bekomme einen sexuellen Aspekt, komisch, ist irgendwie verhüllt aber, ja, Haut, körperwarm... jetzt habe ich wieder ein AUL: Tänzerin. Es ist ja auch nur das Bild einer Tänzerin," meinte die Viewerin.

Letztlich waren es drei Bereiche, die sie wichtig fand. Einerseits eine windige, offene Szenerie und zwei Personen, von denen eine weiblich war, Kraft gab und Energie und Schönheit und Wohlfühlen vermittelte. Die andere Person war "männlich, lieb, nett, nicht so dominant, aber manchmal aggressiv. Er macht Haushalt, Kunst und mag Sex."

Simone, die Viewerin, schaute mich an. "Naja, er mag auch Sex. Ist doch normal bei Männern, oder. Aber er macht auch den Haushalt. Und Kunst. Eindeutig.

P1, die weibliche Person organisiert. Bringt Ordnung rein. Sie hat viel Verantwortung, beruflich, ist fast überlastet mit allem, urlaubsreif eigentlich. Und sie ist musikalisch. Genau. Sehr musikalisch. Außerdem ist sie gut gebaut, also weiblich, nicht wahr? Ja, lange Haare, also länger als ich (Simone ist Kurzhaarfetischistin), und sie steht. Sie ist sehr aufrecht. Sie ist stark, auch mal befehlsgewohnt, aber nicht unsympathisch. Nee, die würde ich mögen. Jetzt habe ich ein AUL.Madonna. Keine Ahnung, was das soll. Die Frau isses nicht. Einfach nur Madonna."

"Gut, geh mal durch. Und mach doch mal bitte eine Timeline. Wo ist dein nächster Geburtstag? Wo ist nächstes Weihnachten? Und wo tritt P1 auf in bezug auf das Target?"

Simone malte brav ihre Linie und unterteilte sie. "Also, hier ist jetzt. Weihnachten ist P1... äh, nein, nicht da, oder doch, ja, doch noch da. Und wann sie auftritt, hm, also vorher. P1 kommt etwas aus der Vergangenheit!"

"Schön. Und jetzt schaun wir noch mal, was P2 auf seiner Timeline macht."

"Naja, also, er fühlt sich ganz gut, also, er macht eigentlich einen ganz guten Eindruck, hier, nächste Weihnachten. Und er macht noch was. Wünschen. Keine Ahnung, was das soll. Ja, und dann gibt es noch jemand. Sieht aus wie ein Kind, nett, fröhlich, unbeschwert, klein, blond. AUL mein Sohn Lukas, aber der ist weder klein noch blond, also, naja, ein Kind. Taucht aber vielleicht nicht auf zu Weihnachten."

Nächster Viewer, Michael.

Seine erste Stufen unterschieden sich natürlich sehr von Simones. Aber schon in der ersten Stufe zwei gab es Übereinstimmungen. Bräunlich-Schwarz (eine Farbe, die sonst nie auftaucht), Körperwärme und ein Szenario mit viel Stille und Vogelgezwitscher. Auch er bekam verwirrend viele Einzelteile und auch ihn schickte ich noch einmal auf das Wesentliche des Targets.

Das Wesentliche war ein Lebewesen. "Weiblich, sexy, nette Person, dunkelbraune Haare, erregt, rötlich gebräunte Haut, samtig, innen im Zimmer, wartet, nicht alt... ja, jünger. Sie schaut aus dem Fenster. Beziehung zu Person B: sie tröstet und singt. Und da ist noch was Kleines. Wie Kind. Hier ist ein Aspekt von schwanger, aber das Kind ist größer, aber klein, und es ist ganz glücklich. Da sind auch noch mehr. Ja, und es kommt zu Weihnachten vorbei. Wann die Frau ins Target kommt? Früher, also wenn hier jetzt ist," er machte einen Strich auf die Timeline, "dann ist sie schon da. Tritt irgendwo hier auf, letztes Jahr oder so."

"Und die andere Person? Beschreib mal, was macht die?"

"Der Vater? Na, männlich, Vater, wobei, da ist noch ein Fragezeichen. Er wartet im Auto, redet im Fernsehen, er ist zusammen mit andern, eine familiäre Beziehung ist da noch."

"Na siehste," sagte Simone, "du wirst wieder eine Frau finden. Und du wirst wieder Vater, hier zu Weihnachten."

Sie werden mir sicher glauben, besonders, wenn Sie selbst schon Erfahrung mit Optimums auf die eigene Person haben, daß man bei solchen Sessionverläufen große Schierigkeiten hat, als Monitor und gar als Betroffener "cool" zu bleiben. Wie ich damit umging, können Sie gern in dem genannten Buch weiterlesen, hier weiterhin die Fakten und Sessionergebnisse.

An dieser Stelle hoffe ich, da? Sie als trainierter Viewer oder mindestens interessierter Leser feststellen: "Das sind aber sehr wenig und ungenaue Daten!"

Richtig. Aber so kann es immer ergehen. Was lernen wir daraus? Was man nicht hat, hat man eben nicht. In meinem Fall hatte ich keine ausgebildeten Viewer für mehrere ausgedehnte Sessions zur Verfügung und frontloaded die eigene Zukunft... Sie wissen schon, völliger Blödsinn!
Dennoch, wie so oft, konnte ich feststellen, daß die Informationen bis aufs Kleinste stimmten
Ich traf die Frau wenige Wochen später. Am 17. März 2000 setzte ich das Training in Berlin fort und sie war eine der neu hinzu gekommenen Teilnehmer. Aber das wußte ich zu diesem Zeitpunkt nicht und wir fanden uns auch nicht besonders sympathisch. Sie hielt mich für einen Schnösel und für mich war sie "einfach nicht mein Typ".
Aber: die Beschreibungen stimmten bis ins Detail. Die Tänzerin war natürlich ein AUL und bezog sich auf einen Dienstleistungsauftrag, den ich zu dieser Zeit hatte. Das AUL "Madonna" bezog sich auf eine Kneipe, in der ich mich mit "Person 1" das erste Mal traf: das MADONNA in Berlin-Kreuzberg.
"...kommt aus der Vergangenheit" erklärte sich auch: wir kannten uns schon, ich traf sie bereits ein Jahr vorher auf einer Fete. Dort spielte sie als Einzige mit meinem kleinen Sohn, den ich mitgebracht hatte. Das war mir aber nicht bewusst, jedoch durch einen Blick auf alte Fotos beweisbar. "Musikalisch" stimmte ebenfalls: P1 sang in einem großen Berliner Chor.
Was zum Zeitpunkt meiner Auswertung für das genannte Buch nicht eingetroffen war: das ländliche Szenario und das Kind.
Es hatte schon früher Sessions gegeben, in denen mir ein drittes Kind vorausgesagt worden war. Damals ging die Timeline bis 2003. Die Auswertung für "Schritte..." machte ich im Herbst 2002.
Es gab eine weitere Session auf den Verlauf unserer Beziehung, gefertigt von einer Viewerin bis Stufe 6.
"Der berufliche Werdegang von Kristina S. im Jahr 2001 mit Ortsangabe im Rahmen der größten Wahrscheinlichkeit."
Ute, die Viewerin, beschrieb einen "langen Weg ohne Höhepunkte, dann erscheint etwas Neues, es geht aufwärts. Am Schluß runter, aber nicht negativ, sondern eher räumlich/örtlich", eine "neue Umgebung, alles positiv, beschwingt, gute Stimmung und ein Anhängsel (Kind?)". Auf jeden Fall einen "Weg ins Ziel,

Partnerschaft, nicht spektakulär, eher angenehm, ruhig und ausgeglichen. B: Zukunft".
Schon die Stufe 3 enthüllte: "Blumig, duftig, schöne Stimmung, Naturgeräusche, harmonisch, außen, angenehm und frisch. Person A findet B und neuen Wohnort in Natur, relativ weit weg, eventuell Ausland, kommt mir aber bekannt vor, erinnert mich an Urlaub, AUL: Bornholm(Ostsee). Person A ist weiblich, jung und voller Tatendrang und zur Zeit mit der eigenen Situation unzufrieden. Sie zögert vor großen Änderungen, geht aber doch den neuen Weg. Ortswechsel in 2 Jahren. Die Person B ist bereits dort...kenne ich wahrscheinlich. AUL Manfred."
Die letzte Seite war ziemlich sparsam beschriftet.
"Neuer Wohnort: Person A und Person B vorhanden. AUL: Nordfriesland. AI: Ich freue mich für die beiden. Ende: 11.10 h."

Das war schon ziemlich genau. Die Session verschwand dann allerdings zwischen vielen anderen in einem Sessionordner, der zwischen vielen anderen Session-Ordnern abgestellt wurde. Was passierte dann wirklich?
Innerhalb der nächsten zwei Jahre nur die allmähliche Entwicklung der Beziehung, die man durchaus etwas zögerlich, aber stetig nennen konnte. Auch ich war damals voller Mißtrauen, ob dieser ganzen Sache zu trauen war und Person 1 war lange genug Single gewesen um sich nicht sofort jemandem komplett an den Hals zu werfen, auch wenn er ihr Remote Viewing beigebracht hatte.
Wir beachteten also nicht die "optimale" Session. Das kostete die Entwicklung 2 Jahre, hob sie aber nicht auf. Im September 2003 kam unser Sohn zur Welt, was dem geviewten Zeitpunkt "Weihnachten" durchaus eine delikate Note verleiht. Im Frühjahr 2004 erfolgte dann endlich die Übersiedelung von Person 1 in die beschriebene ländliche Idylle mit "Vogelgezwitscher, blumig, Natur, relativ weit weg, eventuell Ausland, kommt mir aber bekannt vor, erinnert mich an Urlaub". Wir wohnen in Nordfriesland, nahe der dänischen Grenze.
In diesem kurzen Abriß einer ziemlich langwierigen und lebensentscheidenden Geschichte fällt auf, daß jede der Äußerungen eines Viewers nicht nur richtig, sondern auch besondere Konsequenzen hatte. Diesen Umstand kenne ich von vielen

Projekten. Hier fiel mir besonders im Nachhinein Simones etwas hilflose Äußerung "...das Kind ist größer, aber klein" auf. Das ist eine recht stimmige Formulierung, wenn man etwas unscharf auf das Verhalten dieses Kindes schaut: intelektuell und sprachlich seinem Alter weit voraus, im täglichen Umgang jedoch mit allem gesegnet, was einen dreijährigen so anstrengend macht. Größer, aber klein... Die Matrix nimmt es sehr genau.

Und dann ist an der letzten Session noch etwas, das ich viel zu spät entdeckt haben.

"Neuer Wohnort: Person A und Person B vorhanden. AUL: Nordfriesland. AI: Ich freue mich für die beiden. Ende: 11.10 h."

Testfrage an alle, die bis hierher mitgedacht haben: was habe ich in diesem Absatz Besonderes entdeckt. 10 Sekunden Zeit...

Antwort: "AI: Ich freue mich für die beiden. Ende..." Die Viewerin hat hier, absichtlich oder wie auch immer, ihre Information wieder in die Matrix hineingeschickt. AI ist die erste Spalte in Stufe 4, in der der Viewer sich wirklich interaktiv in den G4 begibt. Mit anderen Worten, sie hat diese ihre Emotion in der Session, in der sie ersten vor Ort war und zweitens emotional berührte voller Freude willentlich dort abgelegt, wo ihr Target es nichtsahnend abholen konnte. Ein Kurzdurchgang durch die Bereiche DF bis E in der Stufe 7.

Sie hätte auch sagen können: "Die beiden sollen sich kriegen. Ich will das so. Ich schalte jetzt auf Happy End. Enter!" Die Matrix weiß Bescheid. Es war eine ziemlich präzise Influence-Handlung. Kuppelei in der Matrix.

Nun gut, ich bin ja nicht unglücklich über diesen Eingriff. Was aber lernen wir über Partnersuche und Beeinflussung mittels RV? Wir müssen höllisch aufpassen, das Richtige zu tun und alle auftretenden Fakten soweit es geht genau analysieren!

Dafür noch ein anderes Beispiel aus meinem Archiv. In einem anderen Fall wurde ebenfalls eine Zukunftssituation geviewt. Es stellte sich heraus, daß die im Target anwesende (Ehe-)Frau mit dem Aspekt der Liebe konfrontiert wurde. "Das ist gut!", dachte der in der Session beiwohnende Ehemann, "das gefällt mir!" Er fragte

leider nicht weiter nach, wem diese Liebe gelten sollte, sondern ließ den Viewer diese Liebe einfach nur verstärken.
Was passierte? Die Targetperson Ehefrau verliebte sich zum Timeline-Zeitpunkt in einen anderen und das war so heftig, daß die Ehe geschieden wurde. Ein schönes Beispiel für alle, die genervt sind, wenn ich in meinen Büchern wieder einmal Vorsicht und Genauigkeit beim Umgang mit RV predige. Hinter solchen Beispielen stehen noch mehr gleichartige Erfahrungen. Wer bis Stufe 6 trainiert hat und auch einigermaßen viele Anwendungen durchgeführt hat, wird bestätigend nicken. Aber dieses Buch lesen ja auch andere.

Grundsätzlich gibt es zwei Situationen bei einer Partnersuche. Entweder man ist völlig solo und hat auch keine Idee, wo man einen Partner hernehmen soll oder man kennt jemand bestimmtes, den man gern für eine Beziehung gewinnen möchte.
Im ersten Fall ist die Vorgehensweise wie folgt:
1. **wir wünschen uns überhaupt jemand**
2. wir machen eine Optimum und schauen uns die Möglichkeiten an, die sich bieten
3. bietet sich dort keine, müssen wir eine Stufe 7 auf deren Eintreten machen und überprüfen, welchen Erfolg diese Aktion hatte.
4. bekommen wir eine oder mehrere Personen, so müssen diese ebenfalls überprüft werden.
5. welche Eigenarten haben diese Personen, ist die Beziehung unter normal-wahrscheinlichen Umständen glücklich, paßt die Person überhaupt zu uns.
6. welche Situationen bieten sich, die optimiert werden können bzw. auf die man achten sollte, um auch alles wahr werden zu lassen. (Man kann sich auch Gelegenheiten erschaffen und sie verträumen!)
7. sicherstellen, daß auch der andere die Situationen aufsucht. Freundliche Bilder im Unterbewusstseinsfeld anlegen und verknüpfen.
Merke: auch der andere soll ja etwas der Entwicklung profitieren! Dies fördert die Realisierung ungemein!

Version zwei: **eine bestimmte** Person soll sich zur Beziehung einfinden.

1. wir viewen diese Person und versuchen herauszufinden, ob eine Beziehung mit ihr überhaupt sinnvoll ist. Persönlichkeitsanalyse, Vorlieben, Verhalten und letzlich auch Kongruenz zu eigenem Charakter und auch zu eigenem Konfliktlösungsverhalten.
2. wenn das gut aussieht, legen wir positive Eindrücke in ihrem Feld ab und fordern sie auf, diese zu adaptieren. Das kann durchaus in einem Gespräch stattfinden, in dem man diese Person zum Abendessen einlädt und ihr bei netter Gelegenheit darlegt, wie gut man sich zusammen unterhält usw. Im Prinzip kann man hier einen "normalen Kennenlernprozeß" in der Matrix simulieren. Geht etwas schief, z.B. wenn man doch Bedenken bekommt oder fürchtet, sich hier etwas an den Hals zu holen, das man nicht mehr gut findet, dann bleibt einem in der Session immer noch die Möglichkeit, diese Informationen zu löschen, also auch sich zu verabschieden und das eigene Feld von den Eindrücken zu befreien: detox!

Ich möchte betonen, daß ich nicht dafür verantwortlich bin, wenn Sie eine mögliche Beziehung nur unvollständig exploriert haben und nachher vom Charakter und den Eigenarten der Targetperson enttäuscht sind! Wenn der Viewer sagt: "Hm, naja, das läuft aber nicht so toll. Die (der) tickt völlig anders!", dann sollten Sie sich die betreffende Person vielleicht doch nicht ins Bett holen, auch wenn Sie sie noch so attraktiv finden.

Letztens postete ein Viewer die Information, daß seit einiger Zeit alle Sessions, die er selbst oder mit anderen durchführte damit begännen, daß eine Frau auftauchte, die sehr gut zum ihm passen würde. Ich postete zurück, daß der Viewer sich diese Geschichte doch in einer speziellen Extra-Session einmal genau anschauen sollte. Es gibt ja zwei Möglichkeiten:
1. ein fundamentales Ereignis der Zukunft kündigt sich an. Es ist so wichtig, daß es immer wieder durchschlägt.
2. dieser Viewer ist Ziel einer Remote Influence-Aktion um ihn zum Partner zu machen. Wie wir am Schaubild gesehen haben, kann man sich sehr wohl in das Subraumfeld eines anderen Menschen "hineinbeamen" um ihn von dort zu okkupieren. Da der Viewer bei seinen Sessions durch sein eigenes unterbewußtes Feld hindurch muß, um auf andere zuzugreifen, tritt zwangsläufig in Stufe 1 immer diese abgelegte Botschaft auf. Sicher kann man sich davon befreien,

aber ich wäre in so einem Fall alarmiert und würde dringend eine diesbezügliche Recherche betreiben!

Kommen wir zu unserer zweiten Wunschrubrik: Erfolg im Beruf. Meist hängt unser Vorankommen vom Verhalten einer vorgesetzten Person ab. Gut, das ist ja auch nichts sehr viel anderes, als wir eben schon besprochen haben: unser Chef soll uns lieben und befördern. als ist vonnöten?

Wir sollten schon in er Optimum unsere Chance recherchieren. Das hilft ungemein und falls diese nicht so gut stehen, können wir hierfür Ursachen finden. Vielleicht gibt es Einzelheiten, die der Chef nicht so gut findet und die generell stören würden, also auch jede Beeinflussung in der Wirkung beschneiden! So etwas kann man ja im Vorfeld ausräumen, vielleicht sogar sehr einfach und physisch in unserem realen R4-Raum! Zum Beispiel kann es sein, daß der Chef unsere Kleidung unattraktiv findet. Wenn wir das viewen, kein Problem, gibt es eben einen ordentlichen Anzug oder ein größeres Dekolleté...

Möglicherweise viewen wir auch, daß uns der Chef wegen bestimmter Angewohnheit oder Verhalten in Situationen für inkompetent hält. Auch solche Dinge kann man in der Realität ändern, wenn man sie weiß und damit auch jede *Remote Influence*-Möglichkeit verbessern!

14. Kapitel: Börse und reich werden: Zukunft die zweite

Wir erinnern uns: eine der ersten Fragen, die wir an Remote Viewing hatten, war, ob wir damit reich werden können. "Bestimmt!", haben wir uns gedacht, nachdem wir feststellten, wie genau Voraussagen eingetroffen waren. Dann haben wir Lotto-Projekte gemacht. Sie auch? Natürlich. Macht jeder. Lotto, Toto, Roulette, Pferdewetten, Aktienkurse.

Auch die Amerikaner haben das gemacht. Gut in Erinnerung sind die Sessions auf die Kurse von Silberoptionen, durchgeführt 1985 von Russel Targ, Keith Harary und letztlich auch einem Team, das von dem Ehepaar Puthoff ausgebildet worden war. Roulette haben sie ebenfalls probiert.

In Deutschland versuchten es 1996 die frisch ausgebildeten Amerika-Fahrer selbstverständlich auch. Während meiner Ausbildung hatte Gunter Rattay ein Lottoprojekt in Arbeit, das ihm einen Fast-Erfolg bescherte. Aber "fast" ist eben nicht ganz.

Dabei machte er ein paar Dinge schon ganz richtig. Ausgelöst durch mehrere Diskussionen über die Zukunftssicherheit durch RV, die damals ihren Anfang nahmen, ging er zu dem Moment, in dem der Gewinner feststellt, daß sein Tip die richtigen Zahlen enthält. Eifrig zeichnete er den Lottoschein ab, nur um später festzustellen, daß er seinen Schein spiegelverkehrt ausgefüllt hatte.

In der Berliner RV-Gruppe spielten wir im Jahr 2000 und 2001 ab und zu gern Lotto. Einmal holte ich meine Aufzeichnungen über die eigene Entwicklung der Stufe 7 hervor und ließ die Viewer die gefundenen Zahlen in der Zukunft fixieren. Das Ergebnis war faszinierend. In den folgenden **vier** Ziehungen kamen **jedesmal zwei** der drei Zahlen, die die Viewer am sichersten ausgemacht hatten. Insgesamt gab es aber nur mehrmals drei Richtige.

Lyn Buchanan schlug später vor, die Zahlen mit Eindrücken der Stufe 2 zu verknüpfen. Dort funktioniere RV am sichersten. Am besten, meinte er, benutzt man Gerüche und Geschmäcker, weil sie entwicklungsgeschichtlich so archaische Sinne seien. So kommen leckere Viewings zusammen: Schokoladeneis mit Erbsensuppe, Vanillecreme mit Currysoße.

Damit umgeht er ein großes Problem des Remote Viewing. Wie alle, die sich damit befaßt haben feststellen mußten: Zahlen lassen sich kaum viewen. Durch eine Verknüpfung viewt man nun keine Zahlen, sondern echte Targets. Buchanan geht noch einen Schritt weiter: mit den unmittelbaren sensorischen Aspekten, die später direkt bestätigt werden können, viewt man nicht nur ein Target, sondern auch das Feedback. Damit haben wir im Prinzip die Schwelle des nur-investigativen Remote Viewing überquert. Ohne es besonders anzukündigen, sind wir vorab in die AI-Spalte geschlüpft und haben uns selbst in der Zukunft beobachtet.

Interessant ist dabei, daß Buchanan damit eine griffige Ausarbeitung der Informationen liefert, die auch wir in Deutschland bei Sessions auf das Zukunftsproblem erhielten. Natürlich ist ein Feedback aus der Zukunft eine Art "Halteleine", wie es Dirk J. in seiner Session aus dem Jahr 2002 formulierte.

Aus technischen Gründen schlägt Buchanan vor, für zweistellige Zahlen verschiedene Eindrucksarten zu benutzen, z.B. erste Stelle Geräusche, zweite Stelle Geruch/Geschmack, oder umgekehrt.

Unsere Sessions mit solchen Verknüpfungen waren eher visuell oder taktil: lang, hoch, breit oder rund mit rauh, glatt oder schmierig. Diese Verknüpfungsweise, besonders über Farben, wurde schon Anfang der 80er Jahre erarbeitet.

Das Ergebnis dieses Projektes war ein echter Reinfall. Bei genauer Betrachtung jedoch sah man, daß wir einen Sechser gelandet hätten, wenn man die Kreuzchen auf dem Tippschein nur um eine einzige Spalte verschoben hätte.

Ganz auffällig sind die "genau daneben"-Effekte, von denen schon meine Mutter damals berichtete, nachdem sie einmal eine Zahlenkombination geträumt hatte, die ihr dann einen Fünfer einbrachte. Später ging dann nichts mehr. "Es ist immer genau die Zahl daneben", höre ich sie immer noch sagen. "Wie verhext!".

Auch die Voraussage der Silberoptionen funktionierte nach dem 12. Mal nicht mehr.

Von unserem heutigen Standpunkt aus können wir inzwischen eine ganze Menge zur Zukunftssicht und zu Glücksspielen im Besonderes aussagen. Fassen wir also einmal zusammen:

Richtig ist, sich zum Zeitpunkt zu begeben, an dem der Gewinn bzw. die Ziehung dazu bereits klar ist.

Nicht ganz richtig ist, sich einfach hinzustellen und zu behaupten: "Das Unterbewusstsein weiß die Zahlen!" (Welches Unterbewusstsein? Das kollektive?)

Und wenn man die Methode von Ed Dames anwendet, der alle Zahlen verteilt auf ein Blatt Papier schreibt, dann ein anderes drüber deckt und nun den Viewer mit dem Bleistift irgendwo reinpieken läßt, dann weiß man: auch das klappt nur zu maximal 50%.

Was die Urheber dieser Herangehensweisen übersehen, sind genau die Grundlagen, die wir über die neue Mathematik des Burkhard Heim erarbeitet haben: wir müssen herausfinden, welchen Weg wir in eine bestimmte, im Moment noch nicht gesicherte Zukunftsversion nehmen müssen. Als Remote Viewer können wir selektieren. Wir gehen hinter das Ereignis und wählen damit (ohne es uns bewusst zu machen, siehe Targetformulierungen für die Erde) die Zahlen mit einer bestimmten, sicheren Zeitkoordinate aus. Das sind zwar längst nicht alle, die wir benötigen, aber wir bekommen so die "sicheren", die "Meilensteine". Das ist zwar nur eine Teillösung, aber doch schon ein Fortschritt. Probleme der Zukunft erfordern eben Geduld und sind nicht Sache eines Handstreiches.

Richtig ist ebenso, Zahlen auf kleinen Holzkugeln mit echten Eindrücken zu verknüpfen, so als seien die Lottozahlen die Kordinaten für richtige Targets. (Buchanan mit seiner Verknüpfung mit Geschmäckern schlägt vor, diese Dinge dann tatsächlich zu essen, um das Feedback zu erhöhen. Wobei sich die Frage erhebt: und wenn nicht? Hat man dann plötzlich nicht mehr gewonnen?)

Richtig ist, dafür zu sorgen, daß sich die Wahrscheinlichkeit der Ziehung erhöht. Zusätzlich also betreibt man Remote Influence.

Dem entgegen stehen aber leider mehrere Faktoren:
Die Anzahl der Möglichkeiten liegt beim deutschen Lotto ungefähr bei 12 000 000. Zwölf Millionen ist ganz schön viel, wenn man sich nur ein klein wenig irrt. Besser wäre es, den Zahlenraum zu verkleinern, um die dazugehörende Matrix zu verkleinern. Ungefähr dann, wenn die Anzahl der Möglichkeiten die Tausender-Grenze unterschreitet, wird Remote Viewing ausreichend effektiv. Daran wird zur Zeit gearbeitet.

Wenn in Amerika bereits einige Lottogewinne durch Remote Viewing ermöglicht worden sind, liegt das zum Beispiel auch an dem dort üblichen kleinere Zahlenraum. Übrigens ist KENO eine sehr interessante Variante des Lotto. Zum Üben kann man einen relativ kleinen Zahlenraum festlegen. Leider entspricht der Gewinn dann in keiner Weise dem Aufwand. Der Zahlenraum in der Vollversion ist aber indiskutabel groß.

Weiterhin muß man bedenken, daß das Viewen selbst nicht ohne Folgen bleibt. Wie wir gesehen haben, ist das passivste Viewen nicht wirklich passiv, sondern hinterläßt immer kleine Spuren. Diese Energieaufladung der Matrix führt nach dem schon besprochenen Dimensionsmodell dazu, daß sich der Weg durch die Wahrscheinlichkeiten hin zur tatsächlich erreichten Version der Realität leicht verschiebt. Das kann durchaus bedeuten, daß sich der an sich richtige Tipp immer um eine Zahl verschiebt und somit "genau daneben" liegt. Soweit mir bekannt ist, erleben besonders engagierte Tipper und "natural Psychics" diesen Effekt – völlig logisch.

Hinzu kommt, daß Millionen Tipper mit in der Matrix sind und ihre Energien hineingeben. Selbst wenn man mit der genauen Aufforderung in eine Lottoprojekt hineingeht, diese zukünftige Wahrscheinlichkeit erreichen zu wollen, in der man gewonnen hat, gibt es reichlich energetische Ablenkung, ähnlich einer ständigen, sich selbst fütternden AUL-Schleife.

Genau genommen beeinflussen wir bei Remote Influence nur anteilig und indirekt die Wirkfaktoren X_7 und X_8. Damit sind wir nicht allein, wie man sieht, denn Miliarden anderer Individuen können das Gleiche tun. Unser Vorteil ist aber, daß wir um diese Umstände wissen und eine spezielle Aktion angehen, in die kaum sonst jemand involviert ist. Hinzu kommt die Neigung des Universums zur Fraktalbildung, also dazu, Ähnlichkeiten herzustellen, sich nach einem Konzept zu organisieren, bis hin zur Doppelung von Ereignissen. ("Alles geschieht zweimal!")

Im Bereich des Glücksspiels ist es deshalb besonders wichtig, die genannten Voraussetzungen günstig vorliegen zu haben und durch wenig Aktion gleichzeitig ein Maximum an Gewinn herauszuholen.

Dafür eignen sich beispielsweise Pferde- oder Fußballwetten. Hier ist der Zahlenraum und die Anzahl der unterschiedlichen Verknüpfungen klein genug, um messbaren Erfolg zu haben. Auch ist das Target eine Anzahl echter Materiezusammenballungen und es sind viel Emotionen damit verbunden.

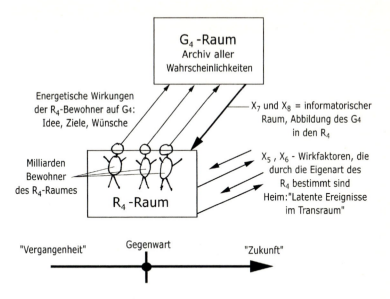

"Momentaufnahme" der Wirk-Struktur, die diesen Gegenwartsaugenblick weiterbewegt

Neuesten Berichten zufolge kann man hier beim "Wetten mit RV" in monatliche Ertragsbereiche vordringen, die auch einer Verkäuferin an der Supermarktkasse nicht unbekannt sind. Man muß aber bedenken, daß für diesen Erfolg fast genau so viel Arbeit zu investieren ist, wie auch diese Verkäuferin aufwendet. Es ist ja nicht nur so, daß man diese ganzen Sessions (wenn auch meist nur bis Stufe drei) machen muß, sondern man hat sich auch mit der Resonanz des Wettbüros abzuplagen, wenn man mehrfach gewonnen hat. Diese geht sogar bis zur Sperre eines erfolgreichen Wetters, so daß man ständig neue Konten dort aufmachen muß. Auf Dauer gesehen ist das alles vielleicht doch zuviel Aufwand.

Wenn also im Glücksspiel etwas anzustreben ist, sollte es der einmalig, absolute und hohe Jackpot sein.

Etwas anders sieht es bei Aktien und anderen Wertpapieren oder, wenn man so will, Wetten auf eine Wirtschaftsentwicklung, aus.

Man hat zwar auch hier nur Werte oder Entwicklungen als Targets, diese basieren jedoch ebenso wie die Fußballwette auf Materie und Emotion, wenngleich auch etwas anders.

Die Entwicklung einer Aktie basiert zum Teil auf der Entwicklung eines Unternehmens. Dieser Teil ist sehr leicht zu viewen, vielfach beginnt so überhaupt eine Session auf ein spezielles Börsentarget. Diese Beschreibung dient zum Beispiel dazu, festzustellen, ob der Viewer "on target" ist, sich also tatsächlich mit der Firma beschäftigt, über die man genaue Auskünfte anstrebt. Hier im Beispiel viewte Monika S. ein Firma, die implantierbare, biologisch affine Kunstknochen herstellt.

Firma für künstliche Knochen: "Etwas, was immer hält, schön, wenn man es hat. Lebensqualität..." und dann, natürlich, AUL: Aktien.

Auf dieser Basis kann man sich nun die Entwicklung der Firma anschauen. Dabei ist jedoch ein wenig Vorsicht geboten, wie in diesem Fall auch aufgezeigt wird. Die Viewerin fand die Ergebnisse ihrer Matrix-Recherche so positiv, daß sie mit dieser eigenen inneren Resonanz des Wachbewusstseins quasi wie mit einem AUL weitermachte und optimistischere Ergebnisse als die anderen Viewer dieses Projektes erhielt. Aber auch sie fand Informationen über eine unklare Zukunft, deren letztliche Entwicklung nicht von dem Wert und den Einsatzmöglichkeiten des Produktes (hier also der Verträglichkeit der künstlichen Knochen) abhing, sondern von Personalbesetzungen und Vorstandsquerelen in der Firma.

Wie wir gesehen haben, kann man mit aktivem Remote Viewing durchaus in diese Prozesse eingreifen und wird sich dabei sogar moralisch aufgefordert fühlen. Denn das Produkt dient nicht nur dem eigenen Aktiendepot sondern hilfsbedürftigen Menschen schlechthin.

Diese Firmenentwicklungen finden aber vor einem Hintergrund statt, den wir gewöhnlich locker und pauschal "die Börse" nennen. Hier ergeben sich Einflüsse, die völlig konträr zu dem tatsächlichen Wert einer Firmenleistung stehen können. Zum einen wären Ergebnisse einer speziellen aber auch einer allgemeinen Gerüchteküche zu nennen.

Ein gutes Beispiel dafür sind Aktien von Solarzellenherstellern. (Andere alternative Energien sind natürlich ähnlich betroffen.) Alle Welt weiß, daß es mit fossilen Brennstoffen so nicht mehr lange weitergehen kann und auch nicht weiter geht. Für diese immens große Branche wird nach Lückenfüllern gesucht; die Solarenergie ist eine der großen Hoffnungen in diesem Bereich. Tatsächlich geben auch die bisher aufgebauten "Kraftwerke" Grund zur positiven Bewertung, genau wie die ständig eintreffenden Meldungen der Entwickler, die den Wirkungsgrad dieser Zellen mittlerweile auf über dreißig Prozent hinaufschrauben konnten.

Was also passierte sehr richtig mit den Solarwerten? Genau, sie entwickelten sich prächtig. Mehrere Hundert Prozent Gewinn waren keine Seltenheit. Das stand aber nicht ganz im Einklang mit der tatsächlichen Entwicklung, wenngleich "nicht ganz" auch nur einen Bruchteil des Höhenfluges ausmachte. Dieser genügte jedoch Analysten, vor einer "Überhitzung" zu warnen, was ängstliche Anleger bewog, nun ihre Anteile zu verkaufen, um "den Gewinn mitzunehmen". Die Folge davon wiederum waren Kursverluste, die nun noch mehr Anleger dazu brachten, ihre Aktien wieder loszuwerden, um "nicht noch mehr zu verlieren". Nach einigen dieser Schwankungen stand die Aktie erheblich tiefer, als dem realen Stand entsprach, aber es wurde weiterhin vor einem Einstieg gewarnt, was die Attraktivität nicht gerade steigerte. Hier kann dann nur eine wirklich positive echte Geschäftswicklung entgegenwirken, was man bei Solarzellen in der nächsten Zeit zwar erwarten darf, unter diesem Aspekt aber wiederum keine Sicherheit für die weitere Entwicklung der Aktie bildet.

Ich beschreibe diese Geschehnisse nicht mit moralischer Empörung, sondern nur, um darauf hinzuweisen, daß man so etwas beachten muß, genau so wie die Bewegung anderer Märkte, beispielsweise derer in Fernost. Im Februar 2007 genügte die "Gewinnmitnahme" einiger Hedgefonds an der Börse Shanghai, um alle anderen Börsen auf der Welt ebenfalls an die 10 Prozent mit hinunter zu reißen, obwohl diese Entwicklung in keinem Verhältnis zu irgendwelchen tatsächlichen Firmenentwicklungen in der westlichen Welt stand. So werden Zusammenbrüche auch oft nur herbeigeredet. Das sollte man bei seinen Viewings auch mit einbeziehen.

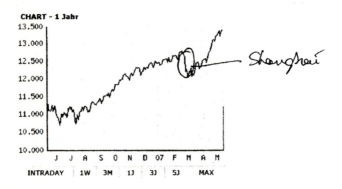

Und schließlich gibt es noch Außenereignisse, die das Börsengeschehen beeinflussen, wie zum Beispiel der 11.September 2001. Als Dirk J. im April 2000 in jener inzwischen legendären Session diesen Vorgang voraussah, war noch genug Zeit für Anleger, zunächst einmal auszusteigen und abzuwarten. Für alle, die das getan haben und bei einem Dax-Index von 2700 Punkten dann wieder eingestiegen sind, hat es sich trotz der zwischenzeitlichen

Baisse von 2003 inzwischen gelohnt. Wer Dax-Papiere gekauft hatte, konnte Mitte 2007 zweihundert Prozent Gewinn einstecken, also eine Verdreifachung des Einsatzes in sechs Jahren. Das ist nicht schlecht.

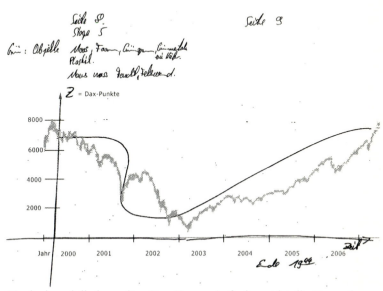

Noch einmal die legendäre Dax-Kurve. Aufgelagert ist die Kurve der tatsächlichen Entwicklung. Ohne Frage ist die Kurve des Viewers stark vereinfacht. Der Vergleich verschiedener Bereiche ist jedoch sehr interessant. Nehmen wir einmal an, daß die Vorauserfahrung der kommenden Vorgänge nicht nur beim Remote Viewer ankam, sondern, weil wir alle im Feld hängen, auch bei allen anderen Menschen, dann wird die Abweichung der Real-Kurve von der geviewten Kurve interpretierbar. Der Crash war für Mai/Juni 2000 erwartet. Das zugrunde liegende Ereignis tritt aber (noch) nicht ein. Von diesem Zeitpunkt an geht aber die Indexkurve sehr nervös nach unten, als wenn die Beteiligten (Börsianer) etwas negatives erwarteten, sich aber immer wieder sagten: "Blödsinn, wie komme ich darauf!" und noch einmal Optimismus verbreiten würden. Dann, nach dem 11.September 2001gibt es kein Halten mehr, das geviewte Ereignis setzt ein. Der Kursverfall hat aber, siehe Shanghai-Effekt, keinen Bezug zur wirklichen Wirtschaftslage. Also klettert der Kurs wieder, um allerdings bei nächsten kritischen Eindruck und dann tatsächlich eintretender (gemachter?) Wirtschaftsschwäche wieder abzufallen. Die dann folgende Erholung aufgrund sich verbessern-der Real-Daten erfolgt zögerlich und vom Misstrauen begleitet, das dann stetig schwindet. Im Sommer 2007 gibt es wieder warnende Stimmen über Turbulenzen im Herbst/Winter 2007.

Für jede spezielle Aktienentwicklung sollte man diesen generellen Hintergrund nicht außer Acht lassen, handelt es sich doch hierbei um Vorgänge, für die wir ein Remote Influencing vollkommen vergessen können. Eine Beeinflussung kann nur in einem begrenzten Rahmen angewendet werden, nicht aber bei "Meilensteinen" wie sogenannten Weltwirtschaftskrisen. Diese kann der einzelne Viewer nur voraussehen und aufmerksam beobachten, obe die vedischen Flieger in ihrer konzertierten Aktion hier in der Lage sind, einen namhaften Einfluß geltend zu machen.

Im Rahmen der Börsenvorgänge kann man sich auf sehr unterschiedliche Weise betätigen. Zur Auswahl steht demgemäß nicht nur die Beschäftigung mit globalem Geschehen sondern auch die Entwicklung einzelner Werte. Diese unterteilen sich in folgende Kategorien:
Penny Stocks
Turnarounds
"Sichere" Werte
Themenorientierte Fonds (z.B. alternative Energien)

In den letzten Jahren ist es modern geworden, mit Penny Stocks schnelles Geld zu machen. Hierbei handelt es sich um Aktien von Firmen, die wirklich im Keller sind, und das heißt hier zum Beispiel in einem Insolvenzprozess befindlich und deshalb mit Aktienwerten zwischen 1 Cent und etwa 2 Euro. Hier kann man so gut wie ausschließen, daß sich die Firma tatsächlich noch einmal gut entwickelt. Pfiffige Spekulanten kamen jedoch auf die Idee, daraus eine Art "Pilotenspiel" zu machen, also eine Aktion, die man "Schneeballsystem" nennt und zur Folge hat, daß einige wenige gewinnen und das Gros der Mitspieler verliert, getreu dem Motto: den letzten beißen die Hunde!

Im normalen gesellschaftlichen Betrieb ist das Schneeballsystem verboten und mit empfindlichen Strafen belegt. Es gibt aber immer Ausnahmen (z.B. legalisierte Drogen, die in verschiedenen Ländern sehr unterschiedlich sein können) und so ist zwar das Pilotenspiel bei uns verboten, nicht aber die Börse. So kann man also den genannten Spekulanten, die Massen-Emails herumschicken, daß ein bestimmter Pennystock sich demnächst rasant entwickeln wird, nicht beikommen, denn sie haben ja recht und Aktionspekulation legal. Für jeden außenstehenden Anleger ist es jedoch völlig witzlos, hier auch nur einen Cent zu investieren. Die Spekulanten, die diesen "Rush" (neuerdings von findigen Babelfischen mit "Hast" übersetzt) auslösen, haben sich vorher mit dem Titel zum tiefsten Stand eingedeckt. Jeder, der im Moment der Email-Verbreitung einsteigt, wird erheblich mehr zahlen müssen, wenn die "Hast" funktioniert. In diesem Moment bereits verkaufen die Auslöser der Aktion bereits, was die Aktie dann auch sofort wieder in den Keller reißt, diesmal endgültig. Jeder, der später eingestiegen ist, muß zwangsläufig das Nachsehen haben, denn für ihn sind die möglichen Aktionswege zu kurz. Der einzige Ausweg wäre, selbst zum Spekulanten und SPAM-Versender zu werden.

Interessanter dagegen sind sogenannte "Turnarounds", also Firmen, die eine reale Chance des Wiederaufstiegs haben. Dies wiederum ist durch eine ebenfalls "reale" Geschäftsentwicklung gekennzeichnet. So etwas kann man sowohl viewen als auch beeinflussen. Man kann hierbei allerdings auch Pech haben: die Geschäftsentwicklung dieser Firmen hängt auch sehr stark davon ab, ob die Beteiligten daran glauben, und das sind sehr viele: Beschäftigte, Abteilungsleiter, Direktoren, Aufsichtsräte und Insolvenzverwalter. Ein sehr weitgestreutes Angebot von unterschiedlichen Interessen. Viel Spaß beim Remote Influencing! Die beste Lösung wäre hierbei wahrscheinlich, nachdem man die echten Möglichkeiten der Firma geviewt hat, bei positiven geschäftlichen Aussichten sich die Gruppe von Leuten herauszusuchen, die am schädlichsten für die Entwicklung sein könnte. Das werden meist Insolvenzverwalter oder Spekulanten sein. Gegen deren Interessen und Sachzwänge anzugehen wäre sicherlich ein reizvolles RI-Projekt, für das man sich aber auch viel Zeit nehmen muß. Immerhin ist es wahrscheinlich interessanter als Fernsehen. Die Rendite aus solchen Entwicklungen kann aber spektakulär sein, so daß sich die Arbeit auszahlen würde.

Sicherer dagegen sind die "Aufsteiger". Wie überall ist auch hier ein späterer Erfolg durch eine gründliche vorherige Recherche geprägt. Das bedeutet zunächst einmal, herauszufinden, welche Werte in Frage kommen. Ein nicht zu unterschätzendes Vorhaben, denn hierbei benötigt man vorab Informationen, welche Bereiche sich in den nächsten Jahren besonders entwickeln werden. Das kann man viewen oder man kann Spezialisten befragen. Oft sind die Antworten so banal wie wahr: Individualverkehr, Energieversorgung, Gesundheit, Freizeitangebot. Nach Lust und Laune kann man in diesen Kategorien weiter forschen. Man kommt dann auf Dinge wie "Projekt Ginger", Quantencomputer, Schwebebahnen ohne Magneten, Over-Unity-Geräte ("Freie Energie" taucht immer wieder in den Sessions über die nicht allzu ferne Zukunft auf!), sowie alle Arten von Körperersatzteilen, Wellnessangeboten und Kreuzfahrten bis hin zu Reisen in andere intime Erlebniswelten (was ja RV auch leisten kann).

Schwierig wird es in dem Moment, in dem man bestimmte existierende Firmen mit einem dieser Ziele in Verbindung bringen will. Hier kommen mehrere Entscheidungen in zukünftigen Gegenwarten zusammen, sodaß es letztlich doch geraten erscheint, einen eigenen, persönlichen Fonds einzurichten, um eventuellen unliebsamen Entwicklungen vorzubeugen. Leider gehört dazu nicht nur eine Menge Remote Viewing-Arbeit sondern auch eine wenig Geld, und wer hat das schon zuviel..

Letztlich wird für den kleinen Anleger doch das Übliche herauskommen: spezielle Fonds, die aus den vielversprechendsten Firmen eines Genres gebildet werden. Die Entwicklung dieser Fonds kann man viewen und "begleiten". Durch die speziellen Eigenarten dieser Anlagemöglichkeiten wird der Gewinn jedoch meist im bescheidenen Rahmen bleiben. Fonds enthalten generell, auch wenn ihre Ausrichtung sehr speziell formuliert ist, eine ziemlich große Anzahl von Papieren, die Man als Remote Viewer dort nicht hineintun würde. Aber es ist ja kein Remote Viewer, der diese Fonds zusammenstellt, sondern ein Konsortium von Analysten, die vermutlich eher ihren Kaffeesatz befragen, als einen "Hellseher". Im Übrigens haben sie standardisierte Vorgehensweisen, die sich an dem orientieren, was schon immer funktioniert hat. Und, auch nicht zu unterschätzen: der Fonds-Käufer bezahlt diese Leute dafür, daß sie ihre Arbeit tun. Deshalb muß sich ein Fonds schon sehr extravagant entwickeln, und wenn er mehr als zehn oder 15 Prozent in drei Monaten zulegt, sollte man verkaufen, um dem Unsicherheitsgefühl der ANDEREN Anleger zuvorzukommen.

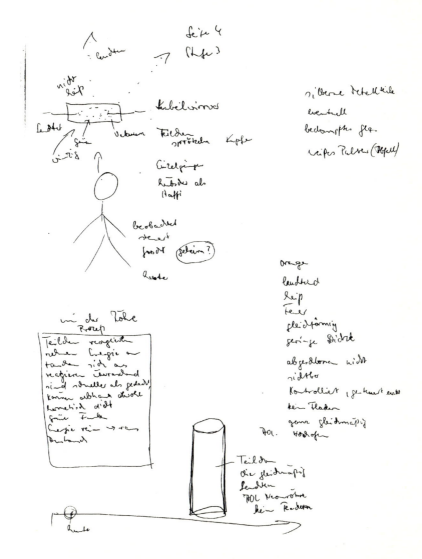

Tauchte schon im Juni 2001 in Börsen-Sessions auf: Nutzung von "Freier Energie". Hier Simone, die einen Forscher viewt, der vor einer Röhre sitzt und kleine Teilchen, die Energie abgeben, beobachtet. "Dann ist alles vorbei!", erklärte sie, "keine Probleme mehr, umsonst überall hin."

Mitte 2006: der Viewer ist sich sicher, daß nur noch etwa 5 Jahre Forschung nötig sind. Dann aber "kommt der Durchbruch. Sie arbeiten heute schon dran, haben aber noch einen Denkfehler drin."

Letztlich kann es dazu kommen, daß man eine Remote Viewing-.Arbeit dafür zu leisten hat, die im Ausmaß und in der Relation zum Gewinn in die Nähe des Aufwands für erfolgreiche Fußballwetten führt.

Diese Aufbereitung des Themas "reich werden" sollte allerdings nicht als abwertend und destruktiv verstanden werden. Ich dachte nur an eine realistische Darstellung der Möglichkeiten eines Remote Viewers im erlebbaren R4-Raum, und das ist es doch, was gefordert wird. Mit der Technik des Remote Viewing sind wir natürlich im Vorteil. Außerdem gewährt das Universum durchaus Momente des "Glücks", also überdurchschnittliche Entwicklungen, schon durch die bereits beschriebene Neigung zu Fraktalen. Was aber immer bleibt und Sterntaler-Schürzenjäger abschreckt (und das ist gut so!), ist die Tatsache, daß erfolgreiches Remote Viewing Arbeit voraussetzt. Und so hat man wenigstens etwas fürs Gewissen: man hat nicht gespielt, sondern sich einen Erfolg hart erarbeitet.

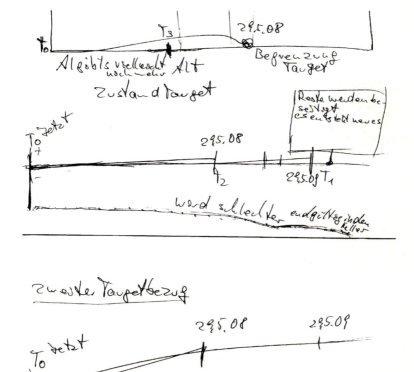

Börsenstudien von Anfang 2007 bis Ende 2008: oben DAX, unten alternative Energien.

15. Kapitel: Verbesserung der Befindlichkeit und Heilen

Eine besonders große Gruppe unter den Trainierenden sind seit einigen Jahren Heilpraktiker. Das ist nicht weiter verwunderlich, wenn wir bedenken, daß diese zu einem sehr großen Teil mit Methoden umgehen, deren Wirkung wir jetzt endlich durch unsere neugewonnene Vorstellung von den Wirkmechanismen des Universum zwar nicht im Detail und ausreichend ursächlich erklären können, aber den Beweis haben, daß nicht nur Handlungen sondern auch und gerade Informationsübertragungen von großer Wirkung sind.

Nehmen wir nur den Placebo-Effekt. Ich erinnere mich an die großangelegte Untersuchung eines New Yorker Chefarztes Mitte der 90er Jahre, die dieser wohlweislich erst nach seiner Pensionierung veröffentlichte. Das Ergebnis war, daß Placebo-Behandlungen bei Krankheiten (wohlgemerkt: nicht bei Unfällen) genau die gleiche Wirkung zeigten wie "echte" Medikamente. Was heilte hier? Der Glaube, daß es ein Medikament sei? Wie soll das gehen, fragt man sich als aufgeklärter, wissenschaftlich interessierter Mensch der Neuzeit. Für mich war diese "zufällig" in einer Fachzeitschrift aufgefundene Meldung Anreiz, mich weiter mit Remote Viewing und diesem Phänomen zu beschäftigen.

Gleich nebenan zu diesen Effekten ist die Homöopathie angesiedelt. Hier wird von vornherein darauf verwiesen, daß der Heileffekt nur in der Informationsübertragung begründet ist und auch nur sein kann, denn der Wirkstoff ist so stark verdünnt, daß er praktisch nicht mehr vorhanden ist. Nur noch das "Lösungsmittel" erinnert sich an ihn.

Mittels der Arbeit von Burkhard Heim bekommen wir jetzt ein Hintergrundwissen, das uns zeigt, daß diese Mittel wirken **müssen.**

Die übertragene Information ist die treibende Kraft hinter einem Heilprozeß. Anfang 2007 wurden Untersuchungen veröffentlicht, die weitere Einblicke gestatten. Der amerikanische Neuropsychologe Andrew Leuchter, Direktor des Neuropsychiatric Instituts der Universität in Los Angeles wiederholte das Placebo-Experiment mit 50 an Depression erkrankten Patienten. Nun kann man mittlerweile Veränderungen im Gehirn, vornehmlich Aktivitäten, sehr präzise scannen. Das Ergebnis in diesem Versuch war erstaunlich: die Patienten, die Antidepressiva bekamen, zeigten eine verminderte Aktivität im präfrontalen Gehirnrindenbereich (zuständig für Informationsverarbeitung, Gedächtnis, Aufmerksamkeit, Verhaltensmuster), diejenigen, die ein Placebo erhielten, hatten erhöhte Tätigkeit aufzuweisen. Beide Versuchsgruppen zeigten einen Therapieerfolg. Das verwirrendste an den Versuchsergebnissen war aber, daß diejenigen Patienten, die am schnellsten auf die Behandlung angesprochen hatten, auch am schnellsten wieder in die alte Symptomatik zurückfielen.

Na gut, könnte man sagen, dann sind psychische Krankheiten eben nur eingebildet und können deshalb selbst von System repariert werden. Wirkstoff und Placebo sind dann nur ein Anstoß dafür und falsche Verhaltensmuster benötigen eben auch eine längere Behandlung, damit sich neue Muster entsprechend sicher "einprogrammieren" lassen. Der Placebo Effekt wurde allerdings in vielen anderen Bereichen nachgewiesen, zum Beispiel auch in einem Versuch mit Appetitzüglern. Auch die Personen, die keinen Wirkstoff bekamen, verloren angemessen an Gewicht, ohne jedoch die unangenehmen Nebenwirkungen der Medikamente leiden zu müssen.

Wir programmieren uns also selbst und setzen auch die verschiedensten Reparaturmechanismen in Gang, wenn wir nur daran glauben! Ebenfalls Anfang 2007, nämlich im Februar ging eine Meldung des Helmholtz-Zentrums für Infektionsforschung in Braunschweig über den Wissenschaftsticker: Immunzellen rund um den Darm reagierten deutlich auf das Aussenden von Neurotransmittern, den Botenstoffen des Nervensystems. Die Versuche wurden zwar mit Mäusen gemacht, lassen aber wieder einmal den sicheren Schluß zu, daß Aktivitäten im Gehirn (und Psyche) Einfluß auf das Immunsystem, sozusagen auf die Reparaturarmee des Körpers haben.

Na schön, können wir hier anmerken, das gilt wahrscheinlich nur für leichte Krankheiten.

Dem ist nicht so. Gerade bei Krebserkrankungen gibt es immer wieder unerklärliche Spontanheilungen, die von den Ärzten kopfschüttelnd in der Kartei abgelegt werden. Was passierte hier?

Interessant ist, daß fast alle dieser Fälle Parallelen aufweisen, wobei zwei Aspekte im Vordergrund stehen und auch funktional sehr interessant sind.
1. Die Betroffenen faßten den Entschluß, sich vehement gegen die Krankheit zu wehren. (Gesteigerte Aktivität im präfrontalen Kortex), Aussenden von Botenstoffen etc.
2. Erhöhung der "Arbeitstemperatur" des Körpers, um Reaktionsmöglichkeiten zu unterstützen, entweder durch Laufen (Joggen) oder andere Bewegungstechniken, durch heiße Getränke (Tees) oder durch Massage. Die Erhöhung der Körpertemperatur ist ein körpereigenes Mittel, Krankheiten zu begegnen. Wir nennen es normalerweise Fieber. Krankheiten wie Krebs, wo die "Angreifer" Mimikry machen, also das Verhalten der körpereigenen Zellen kopieren oder gleich belassen, umgehen diese Schutzfunktion. Deshalb muß sie künstlich gestartet werden.

Und dann entdeckten die Forscher noch ein interessantes Phänomen: bis ins hohe Alter hält jeder Körper adulte Stammzellen bereit, die, wie wir aus der Genforschung wissen, für die "schwierigeren Reparaturfälle" gebraucht werden. Deshalb versucht man auch, die Forschung daran voranzutreiben und überlegt, wo man diese Stammzellen herbekommt und wie man sie dem Erkrankten zuführen kann. Vielleicht ist das in vielen Fällen gar nicht nötig, vielleicht kann sich der Körper selbst helfen, wenn man ihn nur läßt oder entsprechend Hilfestellung gibt.

Eine dieser Hilfestellungen könnte eine psychologische sein. Wenn man dem Patienten klarmacht, daß Rettung möglich ist, wenn er daran glaubt, ist schon viel gewonnen. Wie wir aber eingangs gesehen haben, können sich Verhaltensmuster, die möglicherweise auch zum Ausbruch des Krebses führten, so tief in den persönlichen Verhaltenskontext eingegraben haben, daß hier die kognitive "Überzeugungsarbeit" nicht mehr wirkt.

Was dann?

Hypnose vielleicht? Wunderheiler?

Grundsätzlich glaube ich sagen zu können, daß nichts hilft, wenn ein Organismus sich aufgegeben hat, wenn er tatsächlich beschlossen hat, zu sterben. Man findet diesen Vorgang öfter bei schwerstkranken Menschen, die dann sehr schnell alle Phasen der

Krankheit durchmachen. Ich kenne diesen Ablauf aus meiner eigenen Familie.

Hypnose wirkt nicht, weil auch hier eine gewisse Bereitschaft bestehen muß, sich hypnotisieren zu lassen. Wir kennen das Problem schon aus der Remote Influence: der Angesprochene muß sich "sein Päckchen abholen". Wenn sich jemand prinzipiell sperrt, sperrt er sich auch hier.

Ob dieser Vorgang auch bei sogenannten "Wunderheilern" besteht, ist leider nicht hinreichend erforscht. Immerhin gibt es dazu überhaupt Untersuchungen, deren Ergebnisse mittlerweile auch in Boulevard-Zeitschriften zu lesen sind, wie zum Beispiel in Peter Mosleitners interessantem Wissenschaftsmagazin, kurz PM genannt. In dem Beitrag "Heilen mit Magie" fand ich im März 2007 die Veröffentlichung von Experimenten, über die ich schon Jahre zuvor von dem deutschen Gehirnforschen Günter Haffelder gehört hatte. Diesmal hatte er während der 19.PSI-Tag in Basel (1.12.2001) einen Wunderheiler und einen hoffnungslosen Schmerzpatienten mit EEG-Meßfühlern verkabelt und stellte während der "Behandlung" fest, daß das gleiche, ungewöhnliche Muster im Frequenzbereich 1-4 Hertz (Schlaf, Traum, Trance) nicht nur beim "Sender" sondern auch beim Empfänger auftrat. Wenig später bestätigte der Schmerzpatient, daß es ihm erheblich besser ginge. Da es sich durch die überwachenden Meßgeräte offenbar nicht um eine Varieté-Vorführung handelte, kann man davon ausgehen, daß hier zwei Menschen glcichzeitig in einem Feld "geschwungen" haben. Da der Schmerzpatient sich vorher mit der Prozedur einverstanden erklärt hatte, bleibt leider kein Rückschluß auf die Möglichkeit, auch Leute zu heilen, die das ablehnen. Aber wie soll man solche Experimente auch rechtsstaatlich einwandfrei durchführen.

Ich erinnere mich allerdings an den ehemaligen KGB-Mitarbeiter, der behauptet hatte, sie hätten damals schon Geräte gebaut, mit denen man Menschen beeinflussen könne. Einem Labornachweis konnte ich allerdings nie beiwohnen.

Aber der Haffelder-Versuch beweist immerhin eindeutig, daß verschiedene Gehirne in Resonanz geraten können, auch wenn sie geographisch weit voneinander entfernt sind. Sicherlich kann man auch schlußfolgern, daß die Ausprägung dieses Feldes einseitig durch den "Heiler" bestimmt worden ist. Interessant wäre jetzt, diese

Meßreihen auch mit Remote Viewern durchzuführen, ähnlich denen, die schon 1996/97 in Stuttgart abliefen.

Wenn wir also eine Fern-Beeinflussungsmöglichkeit als technisch durchführbar akzeptieren müssen, fragen wir uns natürlich, worauf diese beim "Empfänger" zugreift.
Wie der Haffelder-Versuch zeigt, könnte es zunächst einmal eine Resonanz der Grundschwingungen sein, mit denen ein Gehirn "getaktet" wird. Darauf werden dann Signale "aufmoduliert", die konkrete Inhalte und Konzepte darstellen. Diese können sehr unterschiedlicher Natur sein.
Seit den Forschungen von Alexander Gurwitsch 1922[9] wissen wir, daß jede Zelle Licht aussendet und mit den anderen Zellen eines Körpers mittel "Biophotonen" in Verbindung ist. Bei Forschungen dazu unter Fritz-Albert Popp konnte der Physiker Bernhard Ruth 1975 dieses Licht fotografieren und messen. Es befindet sich im UV-Bereich zwischen 220 und 800 Nanometern und hat eine Aktivität von 50-500 Photonen pro Sekunde. Hier steht ein Signalverteilungssystem höchster Güte zur Verfügung, das genau dafür geeignet ist, mit Lichtgeschwindigkeit die riesige Menge an nötigen Informationen in alle Körperteile zu übertragen.
Nach dem Einschwingen auf den jeweiligen menschlichen Grundtyp könnten also Inhalte in unterbewusste Service-Systeme, in das Datenleitungssystem und eingeschränkt sogar ins Bewusstsein übertragen werden.
Diese Service-Systeme enthalten zum Beispiel auch Daten über Sozialverhalten, Angewohnheiten und alle erworbene Einstellungen, die Reaktionen des Gesamt-Organismus beeinflussen. Die neueste Gehirnforschung ist mittels funktionaler Magnetresonanztomographie (fMRT) diesen Abläufen und Informationen auf der Spur, was letztlich dazu führen kann, schon mittels Apparaten abstrakte Gedanken zu entschlüsseln oder aber nur ganz banal Industrieunternehmen Rückschlüsse auf den Erfolg von Werbemethoden geben kann. Wer das nicht glaubt, möge sich bitte die Gehirnscan-Forschungen Samuel McClure am Baylor College of Medicine in Houston/Texas und John-Dylan Haynes vom Bernstein-

---

[9] Forschungen auf dem Gebiet der Informationsfelder begannen schon im 16. Jahrhundert durch Paracelsus, die aber nur Reprisen von vorgeschichtlichen Vorstellungen der Ägypter, Chinesen, Inder, Tibeter und anderer sehr alter Völker sind!

Zentrum für Computational Neuroscience in Berlin/Deutschland zu Gemüte führen.

Die einzigen Grenzen, die zur Zeit die wissenschaftliche Erkenntnis (noch) behindert, ist die Tatsache, daß man die Geräte sehr genau auf den Probanden einstellen muß und zunächst erst einmal herausfinden, wie dieser "tickt". Jeder Mensch ist ziemlich unterschiedlich verschaltet, was auf die unterschiedliche Informationsaufnahme während des bisherigen Lebens zurückzuführen ist. Deshalb ist beim "apparativen Gedankenlesen" (bisher noch) die Kooperation des Probanden nötig, der über einen Fragen/Trainingskatalog dem Computer Einblicke in seine persönliche "Verschaltung" gibt.

Aber bitteschön: so weit ist die Wissenschaft immerhin schon. Das für alle, die diese Entwicklungen nicht täglich am Wissenschaftsticker mitverfolgen.

Weiterhin möchte ich hier noch die neuere Erkenntnis der Verhaltens- und Vererbungsforschung einfügen. Es steht fest, daß auch erlerntes Wissen vererbt wird, zum Beispiel, wie sich die Eltern in einer neuen Umgebung behauptet haben. Ein Kind kann also seit seiner Geburt schon über umfangreiche und sehr komplexe Überlebens- und Verhaltensmuster verfügen, die natürlich durch Lernen verstärkt oder durch Nichtgebrauch abgeschwächt werden können.

Die Informationen unserer unbewussten Service-Programme bilden also ein hochkomplexes Muster, das individuell ausgerichtet ist und vegetative Vorgänge als auch bewusstes Verhalten (eigentlich bewusst erlebtes Verhalten, weil nicht einer kritischen Entscheidung unterworfen) steuert.

Es ist ganz offensichtlich, daß Geistheiler in dieses Muster eingreifen. Sie tun es mit dem Willen zur positiven Entwicklung des Organismus. "Positiv" ist natürlich nur eine menschliche Wertung. Nach allen Erfahrungen ist es aber legitim, anzunehmen, daß jedes "System", jedes funktionierende "Muster" eine hohe Eigenstabilität hat, die sich über die allermeisten "negativen" Resonanzen auch hinwegsetzen kann. Einflüsse, die das Befinden dieser Systeme verbessern ("Es geht mir besser!", sagt die Kontrollinstanz), haben stattdessen gute Chancen, übernommen zu werden.

Konkret geht es also um zwei Wege für einen Remote Influencer.

1. Die "Stimmungslage" des Systems (also des Menschen) zu verbessern, was den Weg für Selbstheilungskräfte frei macht,
2. Konkrete Änderungen im "Muster" durchzuführen oder sie anzuregen.

Zu 1.
Hier treffen wir uns mit Lynn Buchanan wieder. Auch er geht davon aus, daß es schon der Heilung von jemandem dient, wenn "man ihn glücklicher macht, ihm hilft, mehr Geduld zu haben, mehr Selbst-Disziplin, Ehrlichkeit usw." Jemandem zu helfen, seine Probleme zu lösen kann bedeuten, daß man ihm zunächst hilft, indem man seine Stimmung hebt und seinen Geist frei macht.

Wenn wir eine Session auf jemanden machen können wir natürlich auch Emotionen und positive Eindrücke und Bilder für den Geviewten ablegen, die nur ihm allein nützen. Wir sollten aber, abgesehen von seiner Zustimmung, auch Informationen darüber einholen, wie diese übermittelten Informationen aussehen sollten. Es nutzt nicht so viel, ihm eigene Lieblingseindrücke zu übermitteln. Vielleicht kann er damit überhaupt nichts anfangen. Vielleicht ist seine Sozialisation so anders abgelaufen, daß die Eindrücke, die wir gut finden, dort Angstpotentiale freisetzen. Wir können nur jemanden durch Stimmungseingriff heilen, indem wir ihm die Hoffnung geben, die er benötigt.

Buchanan formuliert es so:
"Decide what you want to access to someone. See, what they like, see from their point of view, but dont get sucked in!
Move to the proper time. Translate into pictures, feelings etc.
Influence to heal himself. Put information in his subconscious, that make him healing himself.
Some people insist in their illness. Get out and detox yourself or you will be sucked in more. Never detox the other person.[10]

Buchanan spricht besonders das auch hier vorherrschende Problem der Eigenbeteiligung des Viewers an. Man muß herausfinden, was

---

[10] Entscheide, was du jemandem übermitteln willst. Finde heraus, was er mag, schau es dir von seinem Blickwinkel aus an, aber vermeide, eingesaugt zu werden! Gehe zu einem günstigen Zeitpunkt, übersetzte alles in Gefühle oder Bilder, usw. Beeinflusse ihn, sich selbst zu heilen Lege Informationen in sein Unterbewusstsein, sich selbst zu heilen. Einige Leute bestehen darauf, krank zu sein. Gehe wieder hinau und entgifte dich selbst, damit du nicht mehr einbezogen wirst. Entgifte niemals die andere Person.

der Patient für Probleme hat, was helfen kann, was er gut findet, was man ihm senden kann... das ist eine ganze Menge Informationsaufnahme. Und da wir wissen, daß hierfür ein solider Kontakt aufgebaut werden muß, besteht die große Gefahr, Informationen des Kranken zu übernehmen. Um noch einmal auf das Beispiel des "Geistheilers" zurückzukommen, es gibt eine bedenkliche Anzahl von Berichten über solche Personen, die sich in manchen Behandlungen selbst "etwas holen" und einige Arbeit investieren mußten, diese Einflüsse wieder loszuwerden. Und damit sind wir in einem Szenario angelangt, wie wir es aus dem ganz normalen Krankenhaus kennen: der Arzt desinfiziert sich nach dem Patientenkontakt, manchmal sogar muß er eine Gesichtsmaske aufsetzen, um sich nicht selbst anzustecken.

Den Vergleich kann man sogar noch weiter treiben: wie auch der Arzt muß der Remote Viewer immer wieder nachsehen, ob die Behandlung anschlägt. Dabei hat der Viewer aber einen großen Vorteil: er kann das alles unter Umständen in einer einzigen Sitzung durchführen. Bei Bedarf kann er auf der Timeline in die Zukunft reisen, nachsehen, welchen Erfolg sein Eingriff hatte (oder welchen potentiellen Mißerfolg) und kann Änderungen bewerkstelligen. Eine überaus wichtige Möglichkeit besteht auch darin, den besten Zeitpunkt für einen Eingriff herauszufinden.

Die tägliche Stimmungslage weist bei jedem Menschen einige Unterschiede auf. Wenn man den Zeitpunkt aufsucht, an dem der Patient selbst etwas Hoffnung geschöpft hat, kann man darauf aufbauen. Solche Möglichkeiten stehen einem Arzt nicht zur Verfügung.

Zu 2.

Es steht zu vermuten, daß ein "Geistheiler" bei seinem Einsatz auch in dem Bereich aktiv wird, den wir "das Muster" oder "das System" nennen, jene komplexe Anhäufung von Soll- und Ist-Daten, an denen sich jede einzelne Zelle orientiert. Hier eine gezielte und außerdem gewünschte positive Änderung hervorzurufen, stellt unsere Vorstellung vor erhebliche Schwierigkeiten. Andererseits, wenn wir zusehen, wie schon auf unserem Computer Daten aussortiert und umgeschichtet werden, zum Beispiel von einem Träger auf einen anderen, wird uns ganz schwindelig. Ein Laser in einem DVD-Brenner kann heute 10 Millionen Byte pro Sekunde übertragen.

Aber das biologische Datenträger-System ist ungleich komplexer und wird wohl erst mit der Markteinführung des Quantencomputers in etwa 10 Jahren in seiner Leistung eingeholt werden. Die Tatsache, daß Geistheiler mitunter recht spektakuläre Erfolge erzielen, gibt Anlaß zu dem Rückschluß, daß offensichtlich unsere natürliche Kontrolle über diese Datenmengen ausreicht, um auch Änderungen zu beherrschen.

Wichtig ist hierbei aber, auf jeden Fall das Feedback des Systems aufzurufen. Wir müssen auf jeden Fall die Konsequenzen irgend eines Eingriffs simulieren und dann entscheiden, was und ob wir etwas in die Wege leiten.

Ein Geistheiler wird hier vielleicht auf eigene automatische Sub-Systeme zurückgreifen, die ihm Erfolg signalisieren, etwa in der Art: "fühlt sich gut an!". Das kennen wir aus Remote Viewing-Sitzungen zu Genüge. Ohne ein solches Feedback halte ich jede Intervention, auch unter Zustimmung der Zielperson für nicht vertretbar. Wenn ich diesen Fakt all zu oft wiederholt habe, bitte ich um Nachsicht, nicht aber um Entschuldigung. Ich finde das einfach wichtig.

Unter Umständen wird das Informations-Heilen in naher Zukunft ohnehin durch technische Apparate durchgeführt werden. Im letzten Jahr hat bereits Spiegel-TV einen Beitrag gesendet, in dem eine neue Technik in der Behandlung von Neurodermitis nicht nur vorgestellt, sondern bereits ihre Erfolge hochgelobt wurden. Hierbei wird der ganze Körper mit einer Traverse von Kopf bis Fuß "abgefahren", in der sich eine hohe Anzahl von Lasern befindet.

Andere Ansätze gehen davon aus, mittels eines Lasers (oder mehrerer) gezielt Informationen über die Akupunkturpunkte auf das körpereigene (Biophotonen-) Informationssystem zu übertragen. Es gibt auch schon Versuche, vornehmlich in Rußland, ganze Konzepte zu übertragen.

In Teilbereichen wird dieses schon seit mehr als 10 Jahren von dem Stuttgarter Gehirnforscher Günter Hafffelder bei lernschwachen Schülern durchgeführt, in dem er ihnen auditiv in Musik verpackt die Eigenschwingungen von erfolgreichen Schülern vermittelt. Das

Gleiche ist auch sehr effizient bei Schlaganfallpatienten, die die Fähigkeiten ausgefallener Gehirnbereiche in anderen Bereichen trinieren müssen. Der holographische Aufbau des Gehirn unterstützt diesen Vorgang. (Ein Selbstheilungskonzept, das bisher noch kein großes Rechenzentrum bei seinen Servern adäquat umsetzen konnte!)

Trotz der Erfolge ergeben sich hier beachtliche Einschränkungen. Grundsätzlich erfolgt diese Behandlung non-invasiv, d.h. das "Zielgehirn" kann die Änderung oder den Lernvorgang annehmen oder nicht. Zweitens gibt es, wie schon erwähnt, eine starke Unterschiedlichkeit in der erworbenen Struktur eines Menschen, sodaß man schon sehr genau einen "Typus" treffen muß, um Daten für die Zielperson verwertbar zu machen.

Wir finden hier genau die gleichen Restriktionen, die wir schon für Remote Influence formuliert haben. Deshalb sind die russischen Versuche, z.B. "Verjüngungskuren" dadurch anzuschieben, indem man dem Patienten über Laser das Körperkonzept eines Kleinkindes überträgt. Die Frage ist, ob man diese Informationen überhaupt kompatibel anbieten kann und ob es nicht unter Umständen Effekte gibt, die dem Horrorfilm "Die Fliege" nahestehen, nämlich eine Übertragung von Teilstrukturen, die dann nicht zusammenpassen.

Zusammenfassend läßt sich zu Remote Influence im Gesundheitsbereich folgendes sagen:

-Überlegen Sie sich genau, was Sie tun wollen. Fangen Sie nicht aus Spaß an, irgendwelche Leute therapieren zu wollen.

-Generell kann eine Verbesserung des emotionalen Zustandes eines Patienten nicht schaden.

-Gründe für eine Erkrankung sollten genau untersucht werden, genau wie die Möglichkeiten, der Erkrankung zu begegnen.

- Jeder Eingriff sollte auf seine Folgen hin genauestens und mit großer Vorsicht erkundet werden. Wichtig ist dabei, die Eigenstabilität eines Systems anzusprechen.

- Die eigene Anteilnahme sollte auf das absolut nötige Mindestmaß reduziert werden und eine Distanzierung vom Target oder eine Entgiftung mit großer Sorgfalt vorgenommen werden. Die Resonanz in einem gemeinsamen Feld sollte man nie unterschätzen, denn ohne eigenes Engagement ist keine Datenerhebung oder –änderung möglich.

- Der optimale Zeitpunkt eines Eingriffs sollte aufgesucht werden.

Das Beste, was wir erreichen können, ist eine Selbst-Stimulierung der Zielperson, die dauerhaft bleibt. Deshalb kann es sein, daß mehrere Stimmungsverbesserungen in verschiedenen Gegenwarten (Änderungen viewen!) das beste Konzept sind. Oder auch, wie selbst Buchanan feststellt, öfter zu beten. ("Prayer works!")

Auswahl der in Frage kommenden Person bzw. Identifizierung ist immer nötig

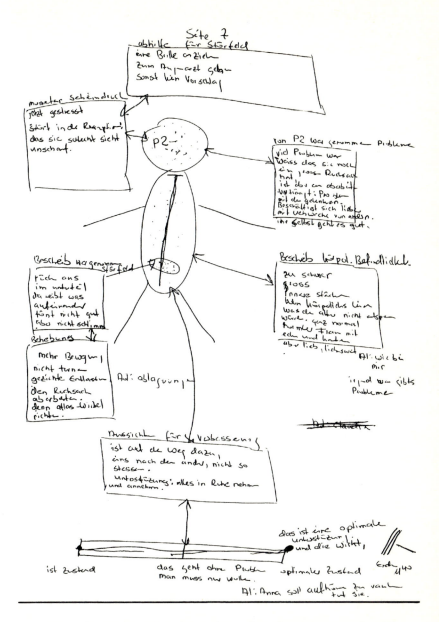

Anamnese und vorsichtige Korrektur: Hinwendung des Systems zu einem als optimal erkannten Ort/Bezugspunkt/Zustand. Ende mit kleiner Herausführung.

— 9 —

Wirkung von Fehlpunktion:

  Behinderung
  Problem mit Konzentration
  Person fühlt sich behindert, eingegrenzt,
                                    gestört

AOL — Schwindel

            \Behebung
Lösung. j. Fehlpunktion:

  AL — punkth", das schafft
  Arzt   AL— dämlich
  Entspannung
  ⇒ Konzentration, danach hat es was
     anders   zu tun
  AL — spannend
  Bewegung
  Luft
  Sauerstoff
  Sauerstoffversorgung
  Druck (Verminderung)
  mechanische Vorgänge ändern sich, man kann sie
              nicht direkt ändern

Anamnese mit AUL-Treffer: Schwindel. Recherche für eine angemessene Therapie.

— 10 —

Auslöser: A1 — aahh
ich bin doch kein Arzt

jetzt Unterbrechung ja umkehrbar ja
Schule / feste
vehalt A1 — schwachsinn
löst sich auf auf atomarer Ebene sind es
  mehrere Teile
⊙   wie
Enter.   metallisch
! angenehm, okay !
umkehrbar durch
Therapie — A1 — dämlich
AOL — Auge
Sauerstoff
Bewegung nicht rückgängig gemacht
Störendes wird abgebaut
ich nicht, jemand anders
Beschreibung von wer?
Betroffene Person!
A1 — Kanisch imitierend
  gut
Ende: 16.44 h

Therapieumsetzung mit vorsichtiger RI-Unterstützung: Auflösung der internen Blockade und Anschieben eine manuellen Therapieerfolges. Als Abschluß Herausführung mit detox: "ich nicht, jemand anders... betroffene Person!"

16. Kapitel: Hijacking, Multitasking und indirekte Aktionen

Der größte Horror beginnt meist ganz harmlos. Etwas passiert und man denkt sich nichts dabei. Oder vielleicht nicht viel.
Wie er erzählte, war es bei Dirk R. zum Beispiel ein Versehen. Man hatte sich zum Viewen verabredet, und ein Teilnehmer gestand beim Eintreffen, er habe das vorbereitete Target zu Hause vergessen. Der Umschlag läge vermutlich im Flur auf dem Schuhschrank.
  Da lag er gut, störte aber den gesamten Ablauf. Sollte man schnell ein neues Target fertigen? Vielleicht lieber nicht, vielleicht kollidierte es mit dem Original-Target. Oder sollte der vergeßliche Viewer noch einmal nach Hause fahren und den Umschlag holen? Das würde empfindlichen Zeitverlust bedeuten, das Projekt war ohnehin – wie immer – knapp genug geplant.
  Man einigte sich auf etwas ganz anderes. Alles funktionierte doch über die geistige Verknüpfung, oder? Dann können wir doch auch dem Viewer die Aufgabe stellen: "View das Target, das die Person X bereits vorbereitet und zu Hause auf dem Schuhschrank liegen gelassen hat!" Neue Koordinaten drauf und los!
  Es klappte. Die Viewer hatten keine Probleme, dem Inhalt des vergessenen Umschlags nachzuspüren. Nun, das hatte man sich ja schon gedacht. Aber die Bedeutung sackte nur langsam ins Bewusstsein. Das war ja indirektes Viewen!
  Gewiß, man vertraute der Verknüpfung des Unterbewussten durch bloßes Denken, aber daß das so weit gehen könnte... Dann müßte ja auch...genau. Auch das geht. Und so weiter.
  Die Amerikaner haben für diese Aktionen hübsche Worte gewählt, verbreitet auf Internetseiten, die manchmal plötzlich verschwinden, wie die von Prudence Calabrese, einer Schülerin von Courtney Braun, die für ihn damals (1998) die Hale-Bopp-Story geviewt hatte.[11]
  In Deutschland haben wir gelegentlich diese Techniken angewandt, aber keine besonderen Bezeichnungen dafür gefunden. Wir nannten Remote Influence einfach "Stufe 7", indirekte Aktionen und Multitasking waren eben "Zusatzfragen" und Hijacking lief unter "Personenanalyse" oder man registrierte es überhaupt nicht, höchstens als besondere Navigation in der Stufe 6.

---

[11] Siehe: "Tanz der Dimensionen"

Tatsächlich aber gehen die Inhalte dieser Aktionen weit über unsere verharmlosenden Benennungen hinaus.

Unbeabsichtigt geschehen diese Vorgänge oft bei neuen (operationalen) Targets, über die wir wenig wissen und bei denen sich dann in der Session herausstellt, daß unsere im Voraus angenommene Einschätzung völlig unzutreffend war. Was dann? Multitasking! Wir stellen einen neuen Plan auf, um die noch verbliebene Zeit des Viewers "in der Zone" nicht zu verschwenden. Das kann darauf hinauslaufen, daß sich das Target gegenüber der ursprünglich formulierten Aufgabe erheblich ändert. War diese Session dann Multi-Tasked oder Hijacked?

Vielleicht nutzt uns an dieser Stelle eine kurze Definition der aus dem Amerikanische hergeleiteten Termini:

Multi-Tasking
bezeichnet jeden Wechsel in einer Session, dem ein anderes Target zugrunde liegen bzw. für die man das Target umformulieren müßte. Wichtig für die Definition ist dabei die Anfangsformulierung des Targets.

Foreign Session Tasking
Übernahme von Sessions, die jemand anderer gerade macht oder machen wird (Future Session Tasking).

Hijacked Sessions
Jede Session, die ohne Einwilligung des Remote Viewers stattfindet oder die ohne Wissen des Viewers benutzt wird nennt man eine Hijacked Session.

Remote Influence Enhanced
Beeinflussung eines Viewers durch Targets von dritten Personen von außerhalb.

Subtle Group Maneuvers
Hinterlegung von Informationen in der Matrix um sie allen Viewern zugänglich zu machen bzw. sie damit zu beeinflussen.

Hijacked Viewers

Die Übernahme eines anderen Viewers bzw. der Ergebnisse seiner Sessions auf Themen, die an diesem anderen Ort durchgeführt wurden.

Zu jedem dieser Bereiche ließen sich ganze Bücher schreiben (vielleicht passiert das ja noch), wir wollen im Rahmen dieses Buches die wichtigsten Aspekte nur kurz anreißen.

Wie schon eingangs bemerkt, kann man gedanklich alles mit allem verknüpfen. Deshalb unterläuft einem **Multi-Tasking** in der Session bisweilen völlig unbemerkt.

Wenn zum Beispiel in einer Optimum eine fremde Person auftaucht, über die wir mehr erfahren wollen, ist nicht mehr das Ursprungsziel der Session gegeben. Unter Umständen schwenken wir hier ab in ganz andere Informationsbereiche und klären völlig andere Themen, z.B. wie es dieser dritten Person in der Zukunft ergeht. Solche Abläufe sind mir selbst vielfach untergekommen. Zwar nicht in jeder Session, aber doch sehr, sehr häufig tauchen Aspekte auf, die zwar einen gewissen Bezug zum Target haben, selbst aber noch viel Wichtigeres aussagen, unter Umständen zu einem anderen operationalen Target, das gerade parallel bearbeitet wird.

Ganz besonders erinnere ich mich an das Microsoft-Projekt, das hauptsächlich von 2000 bis 2002 lief. Hier tauchten ständig Geschäftsbereiche auf, in die das Unternehmen verwickelt war bzw. in die Bill Gates investiert hatte. Manchmal erfuhren wir erst Monate späte durch Presse oder andere Medien von der Existenz dieser Produkte. Eines davon war das berühmte Projekt "Ginger", das kreiselgesteuerte Fahrgerät für den Stadtverkehr. Aber auch Over-Unity-Geräte gehören zum Interessengebiet des Milliardärs. Für bestimmte Bereich ist hier in den nächsten Jahren eine Art Durchbruch vorgesehen, unklar ist aber noch, wie das an der Börse notiert werden wird und ob es dann noch eine Börse geben wird.

Bald liefen alle Sessions des Microsoft-Projektes in einer Art Multitasking ab. Die Firma war der Einstieg, dann kamen immer andere interessante Themen hoch, denen nachgegangen werden mußte.

Prudence Calabrese berichtet von Sessions, die als "Wild Card" angelegt waren, sodaß am Anfang kein spezielles Target formuliert wurde und im Laufe der Session dann in ein Target einschwenkten. Diese Session, meinte sie, seien genau so effektiv gewesen wie alle anderen.

Dazu sollte man aber bedenken, daß das "richtige" Target doch schon vor Sessionbeginn bekannt war, wenngleich auch nur einem Tasker, aber das macht, wie wir wissen, rein gar nichts. Das Unterbewusstsein weiß schon, was gemeint ist.

In meinem Wirkungsbereich nannten wir dieses Phänomen nicht "Wild Card" sondern "Freie Jagd", was (zugegeben) dem Fliegerjargon entlehnt ist. Wir landeten aber nicht in Flugzeugen sondern bei den Engeln, beim Schöpfungsbeginn oder in UFOs, was immer diesen Zusammenhang herstellen mochte. Deshalb wurden solche Sessions auch nicht weiter durchgeführt. Wir überlegten, ob nicht schon damals eine Gruppe von "PSI-Agenten" für alle Fälle bestimmte Informationen in der Matrix hinterlegt haben könnten, um nachfolgende Viewer einzuordnen, zu binden oder zu verschrecken.

Dasselbe vermutet Prudence Calabrese ebenfalls.

Mit solchen **Subtle Group Maneuvers** ist natürlich schwierig umzugehen. Meist ist man in entsprechenden Sessions ohnehin in Atem gehalten von den auftretenden Informationen und benötigt als Monitor das ganze kleine Denkvermögen des Wachbewusstseins zur Navigation. "Hinterlegte" Informationen oder solche, die speziell Viewer-beeinflussend sind, können deshalb kaum erkannt und umgangen werden. Bei Verdachtsmomenten (Viewer: "Ich glaub, ich soll das hier sagen!") hätte man natürlich etwas in der Hand; die Frage ist nur, ob hier der Viewer noch weiter mitmacht, denn sein Wachbewusstsein registriert diese ungewöhnliche Information auch im heruntergefahrenen Zustand und verschafft sich sofort besorgt die Oberhand.

Desgleichen habe ich nie feststellen können, ob wirklich **Enhanced Remote Influence** eingetreten ist, daß also ein Target eines anderen Viewers oder Taskers einen Viewer angegriffen hat. Natürlich haben viele Targets problematische Aspekte, hinter denen man keine extra hinterlegten Fallen oder Informationen vermuten muß. Denkbar sind auch unbeabsichtigte Einflüsse oder Abfall-Effekte eines anderen

Projektes. Vielfach fehlt einfach die Zeit für solche Untersuchungen, zumal es auch selten Targets gibt, in denen zu erwarten wäre, daß sich fremde Viewer eingenistet haben könnten. In Amerika (damit im ausdrücklich gemeinten amerikanischen Matrix-Feld) mögen diese Effekte öfter vorkommen, weil hier zum einen mehr Viewer existieren und die USA als Welt-(Polizei)Macht auch einige interessante Targets bieten. Ich erinnere an Courtney Browns Trainings Vorschlag "Oval Office" des Präsidenten. Dort könnten sich schon die Viewer drängeln.

Hier in Europa sieht das bestimmt anders aus. Deutsche Bundeskanzler(innen) waren selten mit wirklich spannenden Dingen direkt beschäftigt; der CIA ist erheblich interessanter als der MAD und wenn deutsche Geheimdienste im Geheimen anderen Geheimdiensten geheime Amtshilfe leisten, dann ist das auch nicht wirklich verwunderlich sondern aus der Situation Deutschland – Alliierte des 2. Weltkriegs leicht zu erklären. Wir haben hier keine Area 51, keine wirkliche Raumfahrt (lacht da jemand?) und UFOs, naja, die gibt's überall. Vermutlich mehr in der Schweiz oder in Holland. Selbstverständlich sind auch hier kritische Geister in Gefahr, mundtot gemacht zu werden, aber bitteschön, in welchem Land ist das völlig auszuschließen? Andorra, San Marino, Liechtenstein, Island? Nun, die haben mindestens mächtige Nachbarstaaten.

Was also würden Sie als kritischer Deutscher Remote Viewer hier als landeseigenes gefährliches Target nehmen, das wirklich richtig Aufschluß verspricht und nicht schon von irgendeinem Journalisten aufgespießt wurde? Was passiert, wenn eine amerikanische Dienststelle zu einer deutschen Dienststelle sagt: "Hier kommt ein Flug, den laßt ihr mal bitte völlig unbeachtet!" Na?

Na also. Traurig genug, aber wahr. Barschel-Mord? Waffenhändler? Geheime Abmachungen mit Außerirdischen? Eher doch Abmachungen, den Mund zu halten. Die Matrix der echten Weltmächte ist da ein viel gefährlicheres Pflaster. Wir sind nur die Provinz. Und, mal ehrlich, was wollen Sie mit diesem Wissen anfangen? Ein Buch schreiben? Der Markt ist schon voll davon. Ein weiteres lohnt nicht die Mühe, auch wenn Wahrheiten drinständen.

Die kleinen Dinge im Leben sind oft viel spannender. Nehmen wir noch einmal den Fall des Dirk R. und das vergessene Target. Man viewte anschließend dieses Target, kein Problem. In diesem Sinne läßt sich natürlich jedes andere Target, das sich jemand ausgedacht und formuliert hat, ebenfalls viewen. Und der Viewer, der gerade eine Session darauf macht, der läßt sich auch viewen und seine Ergebnisse ebenso. Und selbstverständlich auch "Das Target, das Joe MacMoneagle der deutschen Viewerin geben wird, um sie zu testen"?

Man kann auch "das nächste Target, das der Viewer XY viewen soll" nehmen.

Dann hat man **Future Session Tasking** oder überhaupt: **Foreign Session Tasking**, wenn es in englisch benannt sein muß.

Oder: "Der Viewer, der das Target XYZ gerade oder demnächst viewt und seine Eindrücke, sowie die Verwendung dieser Daten durch den Auftraggeber."

Und vielleicht auch dies: "Der Auftraggeber des Targets XYZ, seine Intentionen, Ambitionen und Verwertungsabsichten." Die subtile Art der Spionage.

Die Beschäftigung mit Remote Viewing führt über kurz oder lang immer wieder zu Ethikdiskussionen. Diesmal heißt es aber nicht "Dürfen wir das viewen?" sondern "Dürfen wir das viewen lassen?" Das Wort "lassen" bezeichnet einen feinen, aber wichtigen Unterschied. Wollte der Viewer dieses Target überhaupt bearbeiten? Wird er nicht in einem Projekt mißbraucht, wenn andere Targets bearbeitet werden, als man vorher besprochen hatte? Und was soll das überhaupt: kann man denn Targets vorher besprechen, denn dann wäre der Viewer ja nicht mehr "blind" sondern "frontloaded"?

Themen dieser Art waren auch in Deutschland immer Gegenstand von Diskussionen. Mit unterschiedlichen Ergebnissen. Natürlich kann ein Viewer sauer auf den Monitor/Projektleiter/Tasker sein, wenn er etwas bearbeitet, das ihm zutiefst zuwider ist. Deshalb sollte man so früh wie möglich, immer aber vor Beginn eines Projektes Viewer, die sich noch nicht geäußert haben, dazu befragen. In der Berliner Gruppe führte das schon im Jahr 2000 zu einem "No-Go-Katalog", den jeder Viewer speziell für sich aufstellte.

Eine Viewerin formulierte das so: "Du kannst mich eigentlich überall hinschicken, aber bitte nicht:
nach Auschwitz,
in Kinderquälereien oder Morde,

in jede andere Mordsituation,
in UFOs und
möglichst nicht in Leute, die keinerlei ethische Zuordnung haben."
Listen dieser Art kann man als Grundlage für eine Zusammenarbeit in Projekten erstellen und sie bieten auch eine gewisse Sicherheit, sowohl für Viewer, als auch für Projektleiter, die das Target kennen müssen.

Ganz klar, daß Viewer, die auch nur etwas Erfahrung haben, förmlich explodieren, wenn sich z.B. in einem Internetforum jemand meldet, der "Viewerinnen sucht, die sich gern leiten lassen".

Es ist ja nicht nur so, daß ein Monitor den Viewer in unliebsame Informationsfelder schicken kann, er kann einen Viewer auch selbst "hijacken" und Anker setzen, die ihm diesen Menschen verfügbar machen. Remote Viewing kann zur unberechenbaren Spielwiese für durchgeknallte Zeitgenossen werden, und daß es davon genug gibt, läßt sich mühelos jeden Tag in der Zeitung ablesen.

So ist es kein Wunder, wenn sich Viewer schon im Training bewusst werden, daß sie sehr genau aufpassen werden, wem sie sich in einer Session "hingeben". Diese Erkenntnis führt oft auch dazu, daß jedes Target abgelehnt wird, das ein Unbekannter, der sich in einem Forum meldet, "einmal geviewt haben möchte". Auch nicht, wenn er dazu schreibt, daß er sich in Not befände. Dann vielleicht erst recht nicht!

Leute, die sich noch nicht besonders mit Remote Viewing befaßt haben, reagieren dann oft verärgert. Manchmal verlangen sie sogar Beweise, daß Remote Viewing funktioniert.

"Ich denke, Ihr könnt das? Oder seid Ihr feige?"

Remote Viewer müssen sich nichts mehr beweisen, sie wissen, daß es geht. Im Gegenteil, sie haben Bedenken oder sogar Angst, daß sie sich etwas "abholen", womit sie dann später viel zu tun haben werden. Weil sie nämlich einen großen Aufwand treiben müssen, diese Inhalte wieder loszuwerden.

Viewen ist ohne Frage ein soziales Ereignis. Mehr Spaß macht es gemeinsam. Aber es ist auch Vertrauenssache. Viele möchten nur gern viewen, Monitoring ist ihnen zu anstrengend. Sie tun es aber nur mit ganz bestimmten Partnern. Menschen, denen sie vertrauen. Die sie nicht in einer Art Hijacken, die ihnen nicht gefällt.

Dafür entwickeln sie sehr schnell ein Gefühl, zum Beispiel auch, wenn sie Sessions zuschauen. Ich habe mittlerweile eine größere Zahl von Sessions auf Video mitgeschnitten, auch und vor allem mit unterschiedlichen Monitoren. Viewer, die diese Aufzeichnungen sahen, wußten nach sehr kurzer Zeit, ob sie sich auch von dem agierenden Monitor führen lassen wollten oder nicht.

Letztlich spielt natürlich noch eine große Rolle, ob man dem Monitor zutraut, einen "zurückzuholen", wenn doch einmal etwas schiefgeht. Auch der verantwortungsbewussteste Projektleiter/ Tasker/Monitor kann nicht garantieren, ob in einem Target nicht doch etwas Gefährliches versteckt ist, unter Umständen vielleicht nur für diesen einen Viewer.

Verborgene Eigenarten sind so ein Grund, Flugangst zum Beispiel (kommt erstaunlich oft vor!), aber auch Klaustrophobie, wie überhaupt alle Arten von Phobien und natürlich auch alle Arten unliebsamer, prägender Erinnerungen bis tief hinein in die früheste Kindheit. (Kriegserlebnisse, Mißbrauchssituation, etc.)

Das alles kann ein Monitor nicht wissen oder voraussehen. Wichtig ist deshalb, daß er weiß, wie er den Viewer schnell wieder herauskriegt und so weit wie möglich vor Schäden bewahrt. Aus diesem Grund predige ich seit vielen Jahren, auch wenn es manchmal übertrieben erscheint, sich mit NLP und Herausführungen für Remote Viewing eingehend zu beschäftigen. Irgendwann kommt mit Sicherheit der Zeitpunkt, der bestätigt, daß es nicht umsonst war.

17. Kapitel: Herausführungen und Schutzmöglichkeiten

Bisher haben wir erörtert, was wir mit Remote Viewing tun können. Das ist logischerweise die Frage, die man an alle Lehrbücher stellt. Und normalerweise wird auch kaum die andere Seite gehört.
Man kann lernen, wie man ein Haus baut oder ein Bild aufhängt. Wird man auch auf die Idee kommen, den Stein zu fragen, wie er sich fühlt? Der Erbauer des *Chinesischen Gartens* in Husum, Anhänger traditioneller Philosophie seines Heimatlandes, tat es. Die Folge davon war, daß er beim Arbeitsamt auf Unverständnis stieß. "Einen Stein zur Seite rücken, dazu braucht es doch keine Ausbildung! Das kann doch auch jeder deutsche Bauarbeiter! Und dann noch: den Stein fragen, wo er hin will! Lächerlich! Nein, Ihre chinesischen Kräfte bekommen keine Arbeitserlaubnis!"
Niemand macht sich Gedanken, wie es dem Nagel ergeht, wenn man ihn zum Bilderhalt in die Wand einschlägt. Nur ein alter Song von Simon und Garfunkel kommt mir in den Sinn. "I'd rather be a hammer than a nail"[12] heißt es da. Genau.
Nach einiger Zeit wird jeder Remote Viewer mißtrauisch. Es geht ja nicht nur darum, etwas zu viewen und zu beeinflussen. Man könnte ja auch selbst das Ziel sein. Vielleicht hat Ihr Nachbar ebenfalls einen RV-Kurs gemacht und will jetzt wissen, was Sie so anstellen? Mittlerweile ist Remote Viewing so sehr verbreitet, daß man nicht mehr sicher ist.
Ist Ihnen schon einmal plötzlich und ohne Anlaß kurzfristig übel geworden? Oder grundlos schwindelig? Haben Sie einen Schatten mehr geahnt als gesehen, der bei sonst ruhiger Beleuchtungssituation über Sie hinweghuschte oder sich langsam näherte, über Ihren Arm kroch wie das Abbild von Etwas, an dem Sie gerade vorbeifuhren? Kennen Sie das merkwürdige Gefühl, nicht ganz allein zu sein? Vielleicht werden Sie in diesem Augenblick geviewt.
Das gehört sich nicht? Nun, wir haben doch auch andere Leute geviewt, haben wir da gefragt, wie es denen erging?
Das waren doch nur Leseprozesse im kosmischen Informationsspeicher, werden Sie einwenden. Sicher? In diesem Buch haben wir viel erfahren, das uns diese Sache erheblich anders betrachten läßt. Ob wir wollen oder nicht: beim Remote Viewing sind wir

---
[12] "Ich wäre lieber ein Hammer als ein Nagel"

gleichzeitig Hammer und Nagel. Deshalb müssen wir uns auch intensiv mit Techniken befassen, die nicht nur für die Informationsermittlung sorgen. Mit Remote Viewing ist es nicht anders als mit jedem Thema auf der Welt: beim Näherkommen sieht man auch die anderen Köpfe der Hydra.

Mit der Einführung des Begriffs "Influence" haben wir uns bereits damit vertraut gemacht, daß wir uns auch Informationen "abholen" können, die uns unangenehm sind und uns möglicherweise übel mitspielen werden. Wir können uns tatsächlich mit Informationen "infizieren" oder durch Inhalte "infiltriert" werden, die absichtlich oder unabsichtlich in der Matrix hinterlegt wurden.

Der Begriff "**Entgiften**" ist gefallen und wir haben Techniken kennengelernt, uns von den unliebsamen Übergriffen dieser Informationen zu befreien.

Eine "**Informationsinfektion**" kann sofort auftreten oder auch erst langfristig zum Vorschein kommen. Es kann dazu kommen, daß der Viewer schon in der Session heftige Reaktionen zeigt, machmal jedoch kommt es erst viel später zum Ausbruch. Für diesen Problemfall habe ich schon sehr früh (1997) die "**Herausführungen**" erarbeitet und jedem Viewer und Monitor zur Aneignung und Benutzung ans Herz gelegt.

Wird man allerdings selbst zum Geviewten, zum Target oder Zielgebiet, benötigen wir andere Herangehensweisen, um uns gegen Mißhelligkeiten zu schützen. Falls Sie der Meinung anhängen, daß ein Target eben ein Target sei und ein Mensch als Zielgebiet den Eingriffen eines beliebigen Viewers hilflos ausgeliefert ist, müssen Sie sich beizeiten umorientieren. Jeder Viewer hat immense Möglichkeit, **Selbstschutz**[13] zu praktizieren und sogar zurückzuschlagen. Jeder, der einen anderen viewt ist in diesem Moment auch offen für Aktionen des Geviewten und jede Session, die wir auf jemanden machen, kann zurückverfolgt werden ("**Backtracking**"). Hier kann sich das Verhältnis Täter/Opfer blitzschnell umkehren. Auch für den Hartleibigsten ergeben sich so Gefahrenmomente, die er nicht unterschätzen sollte.

Ich möchte in diesem Kapitel die drei Aspekte "Entgiften", "Herausführen" und "Selbstschutz" genauer diskutieren.

---

[13] Siehe auch: Stefan Klemenc´Beitrag in "Die Bar am Ende des Universums, 2. Anflug 2007"

Die **Vorgehensweisen des Entgiftens** haben wir schon in früheren Kapiteln erörtert, aber es bleiben aus meiner Erfahrung noch einige Bemerkungen und Sichtweisen nachzutragen, die besonders auf quantenmechanischen Prozessen basieren. Da ich diese Herangehensweise als die zur Zeit praktikabelste und besterklärendste favorisiere, durchzieht sie selbstverständlich auch die anderen Diskussionsbereiche.

Halten wir also noch einmal fest: wenn der Viewer in die Matrix einsteigt, kommt er um eine Be**teil**igung an den Daten nicht herum. Er muß offen sein, um die gesuchten Daten aufzuspüren. Anweisungen wie etwa: "sei aufmerksam aber unbeteiligt, bleib nicht so lange, mach den Kontakt nicht so eng, betrachte nur und nimm nicht auf!", sind überaus schwierig umzusetzen. So bleibt eigentlich nur die Auswahl zwischen nicht gut viewen und auf jeden Fall entgiften oder herausgeführt werden.

Die Entgiftung ist die Arbeit, die jeder Viewer mit etwas Training allein verrichten kann. Für die Herausführung benötigt man einen kundigen Monitor.

Entgiften kann man zum einen in der Art, wie Buchanan es vorschlägt, nämlich die Eindrücke einzeln über die AI-Spalte abzuarbeiten und als fremde Eindrücke zu deklarieren, bevor man sich davon trennt. Der Vorgang erinnert stark an die AUL-Abarbeitung und ist mit den gleichen Problemen behaftet. Manche Eindrücke lassen sich einfach nicht wieder loswerden. Was nun?

Die Psychologie kennt aus ihren *schichtenspezifischen Persönlichkeitsmodell* die Überlagerung. Man stellt sich vor, daß ältere Eindrücke im Gedächtnis und auch im Bewusstsein deshalb abgeschwächt werden (bis hin zur Eliminierung), in dem sich neue Eindrücke wie ein Schutzbezug darüber legen. Ein anderes Modell spricht davon, daß neue Eindrücke immer mehr Raum einnehmen, bis sie schließlich das Feld bis auf kleine Ecken ganz ausfüllen.

Diese Möglichkeit bleibt uns auch beim DETOX erhalten. Wir können andere, positive Targets viewen, von denen wir uns nicht distanzieren. Dieses Vorgehen habe ich einige Male mit Erfolg erprobt und kann es deshalb empfehlen. Die Targets sollten aber wirklich sicher "gut" sein. Empfehlen kann ich da zum Beispiel "die Engel", aber auch Gott, Jesus und "Liebe".

Was immer Engel sein mögen, unsere Definition gibt ihnen keine andere Chance, sie müssen immer "gut" sein. Und so ist es denn auch. Sie sind immer freundlich, man kann immer mit ihnen reden und sie helfen auch bei RV-Problemen. Man kann sich auch segnen lassen.

Schon die ersten Sessions auf diese Informationscluster zeigten uns damals, daß man hier offenbar auch so etwas wie "das kosmische Gewissen" anzapft. Alle Viewer, die solche oder ähnliche Targets bekommen haben, zählten alle bekannten moralischen und ethischen Aspekte auf und meinten hinterher, sie würden sich "supergut fühlen". (Kleine Warnung auch hier: den Gottbegriff viewen kann auch nach hinten losgehen. Empfindsame Viewer, also solche, die einen guten Matrix-Kontakt haben, bekommen unter Umständen eine Überdosis Göttlichkeit und empfinden das natürlich wie andere Leute eine Mariensichtung: sie sind fortan "bekehrt" und "fromm" und neigen oft zum Missionieren.)

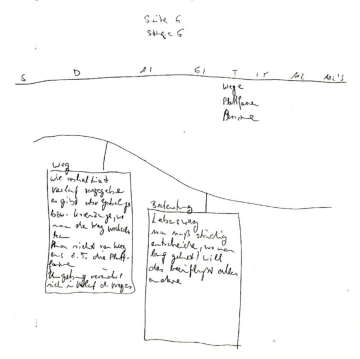

Frühe Engelsession: Hinweis auf die Funktion der Gegenwart: "Man muß ständig entscheiden, wo man langgeht. Das beeinflusst alles andere."

Anläßlich solcher Erscheinungen kam ich auf die Idee, hier auch einen "Sinn" für uns Menschen zu sehen. Kann es sein, daß eine Macht, vielleicht der "Schöpfer" für uns in der Matrix Informationen abgelegt hat, die zur gesellschaftlichen Stabilisierung von möglichst allen Menschen abgeholt werden sollten?

Von allen Menschen? Wie soll das gehen, wo doch nur so wenig Remote Viewing kennen? Ganz einfach: durch Beten!

Wie wir wissen, ist auch Beten eine serielle Tätigkeit, die dem bemüht Ausführenden einen Kontakt zur Matrix eröffnet. Was er damit macht, ist dann seine Sache und die verschiedenen Religionen sind da oft nicht sehr hilfreich. Entweder sind diese archaischen quantenphysikalischen Informationen verloren gegangen (außer in China, was aber die derzeitige Regierung bestimmt noch schafft) oder aber sie sind den Ausübenden vorenthalten worden, um sie zu beherrschen. Durch Beten können wir uns sehr gut entgiften, da die hier herbeigerufenenen Informationen ein sehr stabiles Energiepotential haben.

Solche Erfahrungen können zu neuen Interpretationen unseres Daseins führen. Zum Beispiel ging es mir durch den Kopf, ob die Matrix nicht auch so etwas wie unser Gewissen darstellen kann, wenn es schon so ist, daß wir alle ein kollektives Unterbewusstsein haben. Dann wäre hier ein übergeordnetes Konzept als Kontrollfaktor für das organische Leben angelegt, immer verfügbare Rettung vor dem Verderben und die erweiterbare Möglichkeit der beseelten Materie.

Vielleicht fühlten einige, die ein Remote Viewing-Training machten, hier ein Defizit und wollten einfach nur ihren Kontakt zum kollektiven Unterbewussten verbessern oder wiederherstellen.

Kann es sein, daß Kapitalverbrecher einfach keinen Kontakt zur Matrix haben?

Wenn das Göttliche in der Matrix sitzt, ist dann das Wachbewusstsein der Teufel? Es kontrolliert ja unser normales Leben, in dem die fleischliche Erfüllung das oberste Gebot ist: erstrebenswert ist sofortige Lust und Spaß. Dafür arbeitet man. Eingebettet in das kosmische Unterbewusste sind wir selbst die Schlange im Paradies: nur seriell arbeitend, verführen wir uns selbst und unterliegen der Verblendung. Unser beschränktes Blickfeld hat nur materielle Ware bereit, im Zeitalter gekennzeichnet durch Digimarks: 666, die Zahl des Tieres, das Zeitalter des Teufels.

Kann Remote Viewing uns hier einen Weg aus der allzu existenziellen Entwicklung weisen? Diese Technik ist letzlich nur die Zusammenfassung der in anderen Verfahren teilweise nur einzeln angewendeten "Tools": das serielle Tun des Betens, die Leere des Selbst und die Befreiung von AULs in der Meditation, die Bezugnahme auf ein Target und die persönliche Einordnung in einem rituellen Geschehen.

Eigentlich habe ich schon seit meiner Jugend vermutet, daß der Gottbegriff viel größer angelegt ist, als mir der Religionsunterricht weismachen wollte. Könnte man hierunter einen informativen Kontrollfaktor für organisches Leben, unter bestimmten Bedingungen für jeden zugänglich, verstehen? Die traditionelle chinesische Lehre des Feng Shui glaubt ja, daß das Chi, die Lebenskraft, vom Zentrum der Milchstraße ausgestrahlt wird. Wobei "Milchstraße" natürlich ein modernisierter Sprachbegriff sein kann und in früherer Zeit etwas anderes gemeint war, was für jede Wahrnehmung genau so weit entfernt war, nur auf einer anderen Ebene. Sind belegte Spontanheilungen von "unheilbar" Kranken nach seriellem Tun (Joggen, Beten etc.) vielleicht auf eine Art "Reset" des eigenen Informationssystems durch "heruntergeladenes" Chi erfolgt?

Wie dem auch sei, "Entgiften" hilft im Remote Viewing, auch, indem man unliebsame Speicherinhalte des Gehirn durch neue, extra aufgesuchte positive verdrängt, ersetzt oder ausgleicht. Statt Abgrenzung und Löschung kann man Eindrücke auch umwidmen. Diesen Vorgang kann man allein in Gang setzen, entweder durch Beten (Rosenkranz), durch Affirmationen, durch Mantras oder Mudras. Der Schamanismus hält hier ebenfalls einen Katalog von Möglichkeiten bereit, der mit unseren Erkenntnissen aus dem Remote Viewing korrespondiert. Wir können unsere serielle Existenz durch "Detox" vor Übergriffen schützen und wir können durch affirmative Handlungen uns Hilfe aus dem allumfassenden Speicher des Universums holen. Wichtig ist hier die "geistige Haltung", wie der Schamane sagt, für Remote Viewer vielleicht übersetzt mit dem "Bewusstsein des richtigen Tasking".

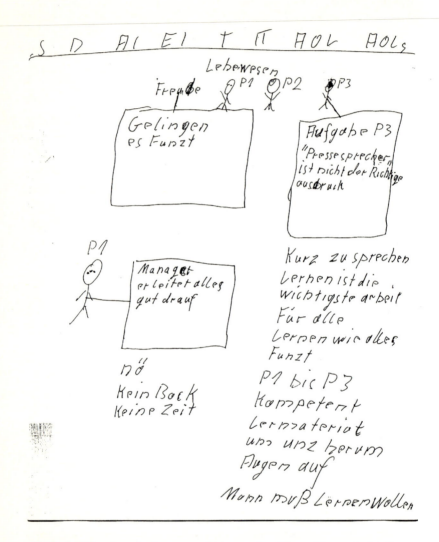

Typische "Engelsession" neueren Datums: eine Hierarchie erscheint. Der "Chef" hat keine Zeit und verweist freundlich (sehr freundlich) an einen "Pressesprecher, nicht der richtige Ausdruck". Dem Viewer versagt das Schreibvermögen.

Seite 7

Offenheit
Geduld
zu Benutzen
Was wir haben
und ausbauen
Kann ich noch nicht
verstehen, habe   ~~Hal~~
Schon viel verstanden   ~~Engel~~ Target

Auf mein umfeld aufpassen

Darf j'eder Zeit wieder Kommen
Ich werde es schon merken wo ich
aufpassen muß.
Anred: Engel
           ist aber egal

Stufe 5 | Hl aufregend Interessant |
Felerquwellen | Ende bei 15 14 |

Objekte   Menschen
          Kometen die ihre Bahn nicht Halten

Engel-Target, Fortsetzung: der Viewer "darf wiederkommen... Anrede: Engel, ist aber egal." Aufgaben der Engel: "Fehlerquellen: Menschen, Kometen, die ihre Bahn nicht halten." Der letzte Satz ist höchst interessant, nicht wahr?

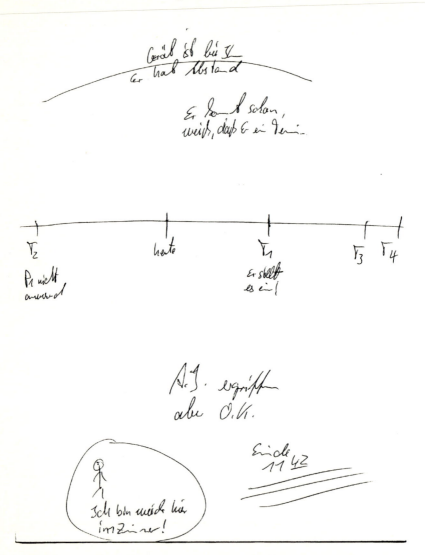

Auch Dirk J. ist bei den Engeln "ergriffen" und hat keine Probleme bei der Herausführung: "Ich bin wieder hier im Zimmer!"

Blatt 9

F: Kannst Du das bitte jetzt was A▇ gebrauchen kann in die Wege leiten.

A: Ja, wenn Du das möchtest.

F: Ja, fühlt sich gut mach unbedingt

A: Ja ich werde es in die Wege leiten

F: Ich danke Dir.

A: Wünsche alles Gute und ich darf wieder kommen

F: Danke + Tschüss

Ende 11⁵⁶ /\/\/\/\/\

A: cooles Target jetzt freu ich mich drüber.

Wunsch an Engel: "Kannst Du bitte jetzt was A. gebrauchen kann, in die Wege leiten?" Im Schluß-AI sieht man schon den Effekt: "jetzt freu ich mich drüber."

Ob dieser Effekt des Entgiftens auch bei Hypnose möglich ist, kann ich nicht beantworten. Vielleicht kommt es auf die Kunst des Operateurs an. In diesem Zusammenhang wurden in RV-Kreisen auch unterstützende Maßnahmen wie z.B. Hemisync-Sessions oder Clearing-Methoden diskutiert. Mit Sicherheit wird man hier Unterstützung finden. Ich persönlich würde mich nur im Notfall für eine dieser Methoden entscheiden, besonders wenn sie mittels CD praktiziert wird. Aus einigen eingehenden Gesprächen mit Günter Haffelder, dem Gehirnforscher, der über CD-Einspielungen Lerndefizite bei Kindern und Erwachsenen behebt weiß ich, daß man auf diesen technischen Medien auch ohne Probleme jede Art von beeinflussenden Informationen und posthypnotischen Befehlen unterbringen kann. Die Benutzung ist also auch hier absolut Vertrauenssache. Womöglich holt man sich das, was in der Matrix noch an einem vorbeiging, nun gesammelt von der CD.

Eines aber ist klar, jede dieser Anwendungen muß vom Viewer selbst ausgeführt werden.

Dies gilt in absoluter Form für die **Herausführungen**. Ein Trainer oder Monitor kann eine Herausführung bei Bedarf ansetzen oder einleiten und dann den Viewer dabei steuern, damit er nicht doch noch zum Opfer wird. Dabei bleibt es dem Viewer aber nicht erspart, selbst hineinzufühlen, den Kontakt zum gefährlichen Informationscluster für die Zeit der Bearbeitung aufrecht zu erhalten. Anderenfalls ist die Herausführung wirkungslos. Es genügt *nicht,* dem Viewer vorzugeben: "so, jetzt mach mal diese Linie hier heraus aus deinen Eindrücken. Du bist jetzt draußen. Da bist du außer Gefahr. So, das wirkt jetzt!"

Gar nichts wirkt da. Höchstens der Monitor hat sich herausgezogen. Wie schon beim *detox* muß der Viewer Kontakt zu dem haben, was er loswerden will.

So sehr es schmerzt und nicht ungefährlich ist: der Viewer muß zu Beginn der Herausführung mitten in seinem Problem stecken. Dann hilft ihm der Monitor, daß er sich des Problems auch bewusst wird und es bearbeiten kann. Die gesamte, manchmal sehr komplexe Herausführung mit sicheren Orten, virtuellen Barrieren und undurchdringlichen Schutzhüllen funktioniert nur, wenn ständig ein Feedback vorhanden ist. Der Viewer muß prüfen können, welchen

Einfluß die letzte Aktion auf sein Befinden hat und der Monitor benötigt einen Bericht darüber, um die weiteren Schritte entsprechend anzupassen.

Wer hier als Monitor in einer selbstherrlichen Art des großen Dirigenten lediglich den Weg des Viewers beschreibt, den dieser vollziehen soll, um anschließend die Wirkung nur zu postulieren, handelt meiner Meinung nach sträflich und mißbraucht das Vertrauen des Viewers.

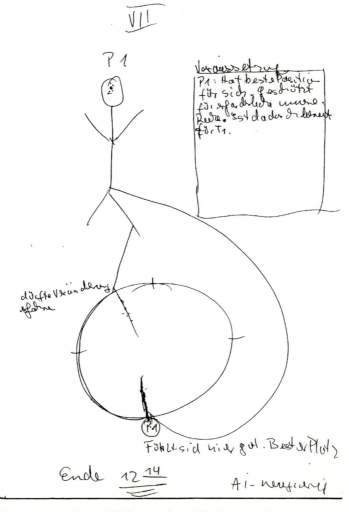

Wenn man im Target bleiben muß: Auffinden eines besseren Ortes

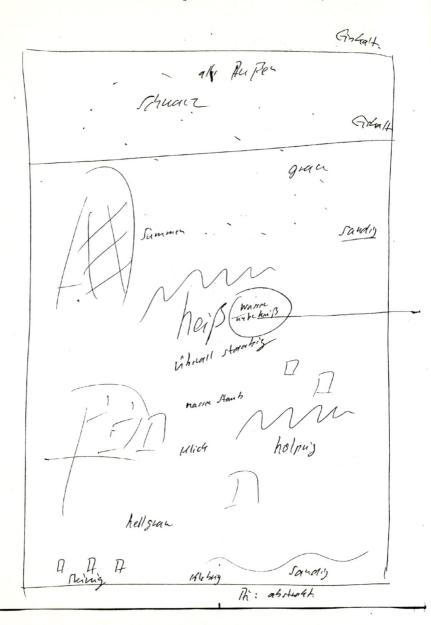

Herausführung, wenn das aktuelle Blatt der Session vollgekritzelt ist:
Übergang auf eine andere Seite

— 9 —

da bleib ich fühl mich wohl

+++

Ende 17.04

Die Herausführung auf ein neues Blatt eignet sich auch für besonders schwere Fälle der Viewer-Betroffenheit, weil man auch bildlich das "Feld wechseln" muß

Für den Fall, daß ein Viewer bemerkt, daß er selbst zum Target wurde, stehen ihm ebenfalls eine Fülle von Möglichkeiten zur Verfügung, sich zu wehren. Das einzige Problem dabei ist, daß er es merken und die Energie für ein Gegenhalten aufbringen muß.

Grundsätzlich kann man natürlich sagen, wer nicht in die Matrix geht, ist kaum in Gefahr. Das ist in unserer heutigen Zeit überhaupt kein Problem, sondern geradezu eine Basisforderung unserer konsumorientierten Gesellschaft. Man kann wunderbar argumentieren, daß alles Immaterielle ein sinnloses Hirngespinst darstellt, Quantenphysik kann man nicht anfassen und die alles in den Schatten stellende Wirkung von Geld kann man jederzeit, nicht nur im Laborversuch, beweisen.

Die Ansicht, nach dem Tod sei Schluß und man verrotte dann einfach nur, hat auch eine befreiende Wirkung für das Leben, man kann sich diese ganze weinerliche Rücksichtnahme auf diesen Planet guten Gewissens sparen. Nach meinen vorherigen Ausführungen würde ich zwar "gewissenlos" sagen, aber welchen Eindruck macht das schon bei Leuten, die Ethik ohnehin nur als Plattform für Lippenbekenntnisse verstehen.

Und recht haben sie! Sie ersparen sich eine Menge ungemütliche Einsichten, indem sie nicht in die Matrix gehen und sich keine unbequemen Informationen abholen.

So merkwürdig es klingen mag, ein erster Ratschlag für einen betroffenen Viewer könnte lauten: "Dann view doch erstmal eine Zeitlang nicht mehr!"

Diese Praxis wirkt zunächst einmal dem "Abholen" von schädlichen Informationen entgegen. Ein fremder Viewer kann uns zum Target machen und feststellen, welche Ängste oder Vorlieben wir haben. Geneau in diesen Feldbereichen legt er dann seine Fallen nieder, virulente Informationsstämme, die sich bei Aufnahme unkontrolliert ausbreiten. Sinn der Aktion ist es mindestens, den Angepeilten zu verunsichern, ihn handlungsunfähig zu machen oder sogar "umzudrehen", ihn sozusagen zu eigenen Agenten zu machen. In den USA wurden diese Umstände in den letzten Jahren auf Webseiten von einigen nachgewachsenen Viewern diskutiert und scheinen dort auch einen gewissen Gebrauchsstatus zu haben. Leider verschwanden diese Seiten nach kurzer Zeit wieder aus dem Netz.

Nun, wer sich diese Informationen nicht abholt, ist auch kaum betroffen.

Weiterhin kann man als Gegenmaßnahmen das Feld wechseln. Für vielinteressierte Geister ist es kein Problem, sich mal ein paar Monate mit anderen Dingen zu beschäftigen, neue Vorlieben oder Hobbys zu entdecken und sich Dingen zu widmen, die kaum eines Vorstoßes in die Matrix bedürfen. Auch Ortswechsel können helfen, schon ein anderer Schlafplatz hat Folgen.

"Natürlich Begabte", also solche Leute, die schon vor dem RV-Training intensive Besuche in der Matrix gemacht haben, sind hier natürlich stärker gefährdet. Sie können unter Umständen im Alltag an Leistungsfähigkeit einbüßen, Phobien und Zwangsvorstellungen entwickeln und damit ihre ganze Umgebung in Mitleidenschaft ziehen. Früher waren sie oft erheblich erfolgreicher, als sie nur ab und zu und nicht so lange im kollektiven Unterbewussten weilten.

Für solche Leute mit einem niedrigen Schwellenwert ist es denkbar schwierig, zumal allein, ohne die Hilfe eines Monitors, die Disziplin beim Viewen zu wahren und nicht in Sachen zu geraten, die vielleicht sogar interessant und attraktiv maskiert wurden. Offen und blind in der Matrix ist man durchaus gefährdet, sich jeder bunten Glitzerkram anzuschauen, der am Wegesrand liegt. Und flap!, schon schnappt die Falle zu.

Aus schamanischen Techniken, aus Praktiken von Naturvölkern und dem Voodoo kennt man noch andere Methoden, arglose Leute einzufangen: man weist sie darauf hin, daß sie im Fokus stehen. Die Folge davon sind Panik und Angstreaktionen, übermächtige Aktionen des Wachbewusstseins, die hier überhaupt nicht helfen, weil das Wachbewusstsein mit seinen Möglichkeiten für diese Fälle kaum funktionierende Abwehrmaßnahmen bereit hält. Wir kennen alle diese Momente, in denen wir von Verschwörungen lesen oder Drohungen im Internet, möglichweise auch speziell adressiert.

Eigentlich sind Remote Viewer in einer akzeptablen Situation: sie wissen, daß es einen Kampf in der Matrix gibt, sie wissen auch über die Mechanismen Bescheid und wie sie selbst betroffen sein können. Sie müssen nur immer auf der Hut sein (ohne paranoid zu werden) und gelegentlich, wenn sie allein sind oder Soloviewer sind, Affirmationen ableisten, deren Inhalt es ist, sich von fremden

Einflüssen zu befreien. Der Aufbau ist wie üblich: erst sich selbst definieren, den Einfluß beschreiben und dann das Ziel formulieren. Die Selbst-Programmierung erfolgt durch die Wiederholung der Vorgaben. Serielle Tätigkeit ist dabei durchaus hilfreich. Sie können zum Beispiel um den Block joggen oder Staubsaugen. Die Länge solch eines Affirmationsvorganges ist variabel. Man sollte nicht zu kurz (eine Minute) und nicht zu lange (stundenlang) diesen Vorgang konzentriert durchführen. Drei bis zehn Minuten reichen völlig Wichtig dabei ist, daß man wie ein Tasker vorher die Länge dieser Maßnahme formuliert, und zwar in dem Sinne, daß man die Funktion einbezieht: "Drei Minuten Affirmation mit dem Inhalt xyz genügen, um die Wirkung voll zu entfalten."

Man kann sich auch auf Durchlässigkeit, Nicht-Vorhandensein oder schlichtweg Unsichtbarkeit programmieren. Für bestimmte wichtige Gespräche, Treffen und Entscheidungen kann man Micky-Maus-Luftballons aufhängen oder Menschenmengen aufsuchen, die es dem Viewer schwer machen, einen zu finden. Letztlich sind diese Ratschläge aber weniger wirkungsvoll, weil ein fremder Viewer uns nur auf der Timeline tracken braucht und dort zu viewen, wo wir allein und angreifbar sind.

Besser ist es da, dem eventuellen Viewer außer der eigenen Person noch eine Ladung unangenehmer Eindrücke zu verpassen. Man kann sich mit Büchern oder Zeitschriften umgeben, die nicht jedermanns Geschmack sind. Man muß sie ja nicht selbst lesen, es genügt, sie anzuschauen, anzufassen und in das eigene Feld einzubeziehen. Letztlich kann man sich auch dazu bringen, für einen eventuellen Viewer ein Stinktier zu sein.

Wenn alles nichts hilft und wir noch einigermaßen aktionsfähig sind, können wir mit Backtracking zurückschlagen. Jeder Viewer läßt sich ausfindig machen, jeder Angriff zurückverfolgen. Genau so, wie wir "das Target, das im Flur von xy auf dem Schuhschrank liegt" viewen können, genau so finden wir auch denjenigen, der uns zuletzt geviewt hat, uns einen Virus angehängt oder uns sonst irgendwie übel mitgespielt hat. Und dann verbauen wir ihm jede weitere Übergriffsmöglichkeit und schicken ihm seine eigenen Informations-Pakete in die Nahzone seines Unterbewusstseins zurück!

Achten Sie aber bitte darauf, den fremden Viewer nicht übermäßig zu schädigen. Eine Kuppel, die ihn einsperrt und unter der er nicht mehr atmen kann, sind zuviel des Guten (oder der Rache). Man weiß nie, wie sich solche bösen Wünsche in der sogenannten Realität auswirken.

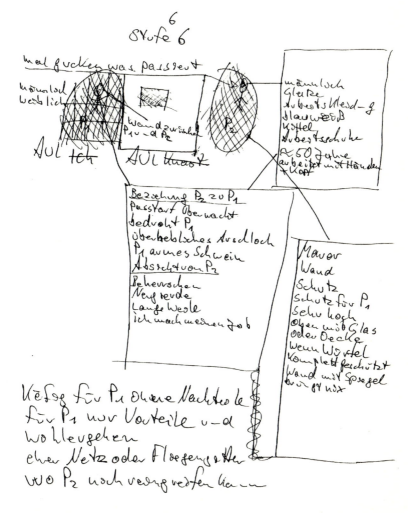

Aufhebung einer Fremdbeeinflussung: immer Feedback einholen, wie und ob eine Gegenmaßnahme wirkt. Auch hier eine Schädigung des anderen möglichst vermeiden. Die Idee der völligen Isolation des „Gegners" kann auch auf den Viewer reflektiert werden.

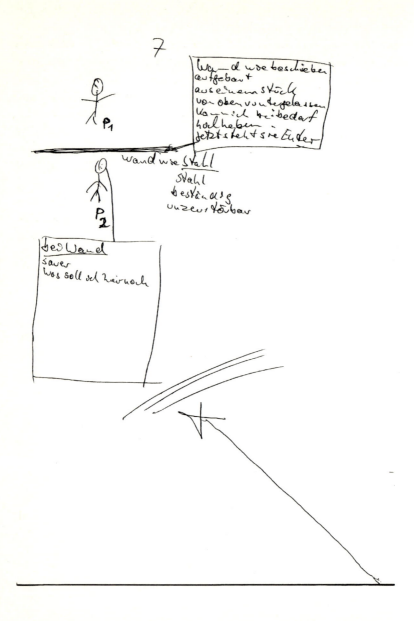

Eine Wand kann eine Lösung sein, wenn sie mit bestimmten Kriterien versehen ist: Versperrung bestimmter Wege, Beständigkeit, Flexibilität.

Die hier vorgebrachten Punkte fehlten und fehlen noch heute weitgehend in der amerikanischen Diskussion der RV-Praxis und auch der Theorie. Man kann das zum einen daraus erklären, daß Remote Viewing eine Technik war, die vordringlich für militärische Ziele genutzt werden sollte, und in diesen Bereichen wird auf einen Menschen und sein Wohlergehen keine große Rücksicht genommen. Zum anderen wurde mir aber von dieser Seite bedeutet, daß wir hier in Deutschland tiefste Provinz seien, was die Remote Viewing Theorie angeht. Das läßt darauf schließen, daß man in den USA sich der Konsequenzen von RV in vollem Umfang im Klaren ist. Die Handhabung des Themas, wie sie sich unter diesem Wissen darstellt, läßt eigentlich nur Schlüsse zu, die einer neuen, ziemlich erschreckenden Verschwörungstheorie Nahrung geben müßte. Das Einzige, was mich ein wenig tröstet, ist, daß bisher noch kein vollmundiger amerikanischer Psi-Spion sich am Jackpot des Deutschen Lotto-Blocks bereichern konnte.

18. Kapitel: Was macht Remote Viewing mit uns?

Wir haben nun also weit mehr als 1000 Seiten darüber gelesen, wie man Remote Viewing erlernt und wie man es anwenden kann, und damit auch die vielgestellte Frage differenziert beantwortet, was man mit RV machen kann.

Eine Frage, so fiel mir auf, wurde dabei nur gelegentlich gestreift: Was macht Remote Viewing mit uns? Nein, ich meine nicht die Frage, was andere Remote Viewer mittels dieser Technik mit uns machen können. Das hatten wir ja in diesem Buch, besonders in den letzten Kapiteln.

Also: WAS MACHT REMOTE VIEWING MIT UNS, WENN WIR DIESE METHODE LERNEN UND ANWENDEN?

In einigen Kapiteln, Büchern, in Internetdiskussionen und letztlich in persönlichen Gesprächen war ein oft angeschnittenes Thema, wie sich das Leben nach Remote Viewing veränderte. Einige berichteten von desaströsen Lebenskrisen, vorhandene Differenzen brachen auf, viele Partnerschaften flogen auseinander und es setzte ein Aktivitätsschub ein, der kaum mehr zu bewältigen war. Andererseits gab es auch Erfolgsmeldungen im Beruf, viele neue Angebote und Anfragen anderer Menschen gingen ein, plötzlich verfügte man auch außerhalb von Sessions über völlig neue Fertigkeiten und betrachtete die Welt und ihr Gewusel immer mehr aus einer Perspektive, deren Bezugspunkt nicht mehr innerhalb der Gesellschaft angesiedelt war.

Der Begriff Liebe spannte einen völlig neuen Bezugsrahmen auf und die Betrachtung der irdischen Dinge erfuhr den typischen Betrachtungswinkel der Remote Viewer auf ein Target: schräg von oben. Und so drehte sich der hellblau, weiß und braungrün schimmerte Ball unter uns weg und wir schauten ihm zärtlich und mit großem Bedauern zugleich hinterher.

Was war passiert?

Ich begann über dieses Thema eigentlich erst nachzudenken, als ich mein erstes Buch über Remote Viewing schrieb. Nie vorher hatte ich ein Buch geschrieben, einige pubertäre Geschichten als Jugendlicher, na schön, aber dann nur noch Geschäftspost und Anmerkungen für Filmbearbeitungen. Und dann gleich aus dem Stand ein Buch von 400 Seiten Umfang, das nach acht Jahren noch immer Leute dazu herausfordert, mir zu schreiben und offenbar auch viele dazu angeregt hat, RV zu lernen.

Es gab keinerlei Probleme beim Schreiben (außer meinen persönlichen familiären) und ich habe auch so gut wie keine Änderungen oder Überarbeitungen gemacht, bevor es dann gedruckt wurde. Am Anfang erstellte ich ein Inhaltsverzeichnis und schrieb dann zu jeder Überschrift einfach munter drauflos. Fertig. Was bin ich doch genial...

Falsch. Oder zumindest in dieser Darstellungsweise nicht richtig beschrieben. Ich behaupte einmal, Remote Viewing ist daran schuld. Die Anwendung dieser Technik hat meine Gehirnfunktionen stark verändert und ich benutze nun Möglichkeiten, die andere nicht benutzen, weil sie meinen, die hätten sie nicht oder kämen da nicht heran.

Remote Viewing, ernsthaft betrieben, räumt mit der Ansicht auf, etwas nicht zu können. Lern- und Einarbeitungszeiten verkürzen sich, und die Anwendung aller Fertigkeiten wird erstaunlich schnell besser.

Was passiert hier?

Wir haben über das Modell der verschiedenen Programme der beiden Gehirnhälften gesprochen. Über das rationale Messen in der linken Hemisphäre und über das intuitive Wissen in der rechten. Remote Viewing führt durch die Art seiner Methode dazu, die Funktionen der rechten Gehirnhälfte vorzugsweise zuzulassen. Nach einiger Zeit der Anwendung ergeben sich darauf zwei Konsequenzen:

1. Diese Funktionen werden im Bedarfsfall öfter angewählt, zum einen, weil sie erfolgreich waren, zum anderen, weil sich die sogenannte Schwelle zum Unterbewussten durch ständiges Überschreiten auch im "Normalzustand" senkte. Ein Trainingseffekt wie beim Sport.

2. Der häufigere aktive Zugriff auf die Matrix führt zu deren Resonanzen und liefert mehr Ereignisse, und zwar nicht irgendwelche, sondern solche, die eine Affinität zum Geschehen oder Streben der betroffenen Person haben.

Diese Effekte sind bei sowohl bei Männern als auch bei Frauen zu beobachten, ihre Ausprägung ist jedoch unterschiedlich, manchmal sogar erschreckend. Zu den Gründen dafür gibt es zur Zeit eine Unzahl an Forschungen und Erkenntnissen, die weitgehend feststellen, daß die Unterschiedliche Nutzung der cerebralen Möglichkeiten im Rahmen einer Arbeitsteilung in einer Gesellschaft sinnvoll ist und aus einer archaischen Programmierung Programmierung stammt. Mit anderen Worten: Männer können bestimmte Dinge besser als Frauen, Frauen andere besser als Männer.

Die Schlußfolgerung daraus ist, um es gleich einmal ganz deutlich zu sagen, **nicht**: Frauen gehören an den Herd, Männer unters Auto. Oder so ähnlich.

Jobs in unserer Gesellschaft können von Frauen und Männern gleichermaßen erledigt werden, allerdings auf unterschiedliche Art. Ein gutes Beispiel liefert immer wieder die Politik: zum Zeitpunkt, da ich dieses Buch schrieb, konnte man feststellen, daß die erste Bundeskanzlerin Deutschlands, Frau Merkel, ihre Arbeit mit unerwarteten Erfolgen schmückte. Und das nicht nur, indem sie charmant-weiblich die Staats-Männer bei ihrem Sexualtrieb packte, sondern mit weiblichem Verhandlungsstil.

Man kann sagen: Männer und Frauen sind für bestimmte Arbeiten von Natur aus besser ausgerüstet: der Mann zum Jagen, die Frau zum Familie managen. Das Erstaunliche ist aber, daß beide Systeme veränderbar sind: Frauen können Männerjobs lernen, Männer können Kinder "bemuttern". (Warum gibt es nicht das Wort "bevatern"?).

Remote Viewing ist ein Katalysator dafür. Durch das Viewen wird die rechte Gehirnhälfte vorgezogen, Männer werden "weiblich". Durch das Monitoren wird die linke Gehirnhälfte trainiert: Frauen werden "männlich".

Natürlich bedeutet das nicht, daß Männer nun auch Kinder kriegen wollen. Es geht ja nur um Programme, die den jeweiligen "Job" im Leben bei Mann und Frau unterstützen sollen. Bei Naturvölker finden wir diese archaische Prägung oft noch recht sinnvoll: der Mann muß hinausgehen, das Wild jagen, die Familie versorgen. Sein Körper ist darauf hin optimiert und seine Programme ebenfalls. Wenn ein Embryo XY-Chromosomen aufweist, wird er die entsprechende Physiognomie entwickeln, ebenso wie eine andere Gehirnstruktur als die Embryos mit dem XX-Chromosomensatz und das Ganze wird sich auch entspechend programmieren. Zum Schrecken aller Emanzipationspuristen spielen Mädchen am liebsten mit Puppen und Jungen mit Pistolen, wenn man nicht restriktiv eingreift.

Ich habe das alles an drei eigenen und bei vielen Kindern von Freunden erlebt. Nix zu machen. Jungen müssen schießen und finden dieses Mädchen-Gequatsche einfach super-öde. Intensivste Bemühungen, das Kinderzimmer zu befrieden, verpuffen wirkungslos.

Kein Zweifel, die Jungen sind gerade dabei, ihre Vorprogrammierungen freizuschalten und zu entwickeln, die dazu führen, daß sie anders sehen, weil sie das Wild, und zwar eines, nämlich das sie kriegen wollen, fixieren und verfolgen müssen. Damit wird ein Ablaufplan in Gang gesetzt, der damit endet, daß das Wild erlegt ist. Alle Fähigkeiten des Mannes sind darauf ausgelegt, diese seriellen Abläufe möglichst gut zu bewältigen. Man hat mittels Kernspintomographen festgestellt, daß bei einem "richtigen" Mann die gesamte linke Gehirnhälfte aktiv ist, wie wir wissen, der Sitz des seriellen Tuns. Das ist ähnlich wie bei einem Computer und hat auch ähnliche Folgen: wenn zu viele Aktionen anliegen, kann das ganze System abstürzen. Die Natur hat hier Abhilfe geschaffen, indem sie bei Männern Fähigkeiten reduzierte, die er bei der Jagd nicht benötigt: zum Beispiel das Sprechen. Auf der Pirsch braucht der Jäger kein langes Gequassel sondern muß sich mit kurzen, eindeutigen Zeichen verständigen, damit keine kostbare Zeit verloren gehen und das Wild dadurch entkommen kann.

Dadurch ist aber auch sein Sprachzentrum verkümmert bis hin zu einem völligen Fehlen. Er ist aufs Machen hin konstruiert, nicht aufs Reden.

Nachdem ich Remote Viewing-Training gemacht hatte und ein erstes Buch geschrieben hatte, merkte ich, daß ich auch besser reden konnte und wollte und hätte alle meine neuen Erkenntnisse auch gern meine besten Freund mitgeteilt. Früher waren wir echte Kumpels mit tollen Aktionen und ich dachte, ihn interessiert das, weil er ja auch immer PM liest, was ja dafür spricht, sich mindestens grundsätzlich wissenschaftlich zu interessieren.

Meine Bemühungen schlugen allerkläglichst fehl. Es war furchtbar. Meine Anspielungen auf rechthemisphärische Möglichkeiten

prallten auf Beton. Stattdessen schlug er vor, um die Alster zu radeln, in die Free-Climbing-Halle zu gehen oder die Modellbahnanlage in der Speicherstadt zu besuchen.
  Beruflich koordiniert er sehr erfolgreich Einsätze von Personen und Equipment, eine Tätigkeit mir hohem seriellem Anspruch. Er kommt keinen Millimeter aus der Männerrolle heraus, weder so noch privat. Seit langem sucht er eine Frau, die das mitmacht. In meinen Büchern hat er keine Zeile gelesen, in acht Jahren!
  Frauen benötigen in erster Linie die Sprache für die Umsetzung ihres Programmes. Mädchen lernen früher sprechen als Jungen, die auch eher nuscheln (mein großer Sohn! In Tateinheit mit Internet-Platt eine Katastrophe für ältere Zuhörer!) und Gehirnscans zeigen auch, daß Mädchen ein ausgeprägtes Sprachzentrum haben: in den vorderen Hirnlappen links und rechts gut definierbare Regionen. Sie haben dafür eine feste Programmierung und können nebenbei noch etwas anderes tun. Frauen sind dem seriellen nicht so sehr ausgeliefert, reden ist für sie wie "drucken im Hintergrund", denn ihre vorprogrammierte Lebensaufgabe, nämlich die Kinderaufzucht verlangt ein Management von Beziehungen. Sie müssen Menschen im Zusammenleben organisieren, ihr Auskommen miteinander, nicht ihren Einsatz irgendwo da draußen.
  Frauen können sich unterhalten, während sie eine Film anschauen, und diese Kommunikation ist auch meist wichtiger, weil sie Beziehungen festigt. Sie versuchen so, Gefühle und Stimmungen zu erfahren und abzugleichen.
  Männer übermitteln Fakten. Sie lesen eher Fachbücher, Frauen eher Romane, und dann möglichst solche mit Gefühl. Schnulzen! sagen die Männer.
  In meinem Versuch, unterhaltende Bücher über RV zu schreiben, bekam mich Feedback von Lesern wissenschaftlicher Sachbücher. Sie bemängelten genau diesen eher narrativen Stil. Frauen hingegen gefiel der "lockere, humorvollen Stil".
  Die archaische Einstellung war deutlich zu spüren. Ich fand diese Vorprogrammierungen schon zu Zeiten meines Psychologiestudiums sehr interessant. Leider war in den 7oer Jahren die allgemeine Diskussionsrichtung so gelagert, daß man festklopfen wollte, daß sich Mann und Frau eben von Geburt an bis auf dieses elende Zipfelchen zwischen den Beinen **nicht** unterscheiden und

deshalb der Mann auch kochen kann. Was auch richtig ist, aber das ist ja nicht das Thema. Erst in den letzten Jahren verdient ein amerikanisches Autorenpaar gutes Geld mit Büchern darüber, wie unterschiedlich die Geschlechter doch sind.[14] Daß die Inhalte den Nerv treffen, sieht man an den weit über 400 Kritiken bei *Amazon*: Männer wie Frauen fühlen gleichzeitig dass sie "schlecht weggekommen" sind.

Diese *Voreinstellung fürs Leben* wird anfangs durch den Anteil an Testosteron organisiert, später durch die Tätigkeit des Lernens optimiert und kann sogar umprogrammiert werden, ohne daß eine tatsächliche "Geschlechtsumwandlung" stattfindet.[15] Mit Remote Viewing zum Beispiel wird beim Viewen der Gebrauch rechtshemisphärischer Programme trainiert. Die Grundprogrammierung hat zwar dazu geführt, daß die Verbindung zwischen den Gehirnhälften, das corpus callosum, bei Frauen erheblich stärker ausgebildet ist, inzwischen hat die Gehirnforschung aber nachgewiesen, daß durch stetiges Training neue Bahnen gelegt werden können und so auch bei Männern mindestens ein besserer Datenfluß hergestellt werden kann. Inzwischen geht man zwar schon soweit, daß auch Nervenzellen regenerierbar sind, allein die Möglichkeit einer besseren Effizient bringt schon einen sichtbaren Effekt.

Wenn Männer also zur Abwechselung mal nicht Body-Building machen, sondern Remote Viewing, hat es zur Folge, daß ihre intuitiven, kreativen und gesellschaftsorientierten Programme eine sprunghafte Entwicklung durchmachen, ganz zu schweigen von dem gesteigerten Datenfluß. Man wird dadurch nicht zum Genie (naja, vielleicht manche doch, vielleicht treffe ich mal einen) sondern man erhält zusätzliche Fähigkeiten im Alltag. Vielleicht gelingt es dem Mann nun besser, sich mit Frauen zu unterhalten bzw. ihren Standpunkt zu verstehen, oder man verläßt sich mehr und mehr auf intuitive Entscheidungen, wenn man nämlich merkt, das sie besser sind. Wie ich schon eingangs beschrieb, ich persönlich

---

[14] Allan und Barbara Pease: "Warum Männer nicht zuhören und Frauen nicht einparken können".
[15] Wobei natürlich klar ist, daß es nur soviel "100%-ge Männer und Frauen gibt, wie die Normalverteilung zuläßt. Alle anderen 95% einer Gesellschaft sind mehr oder weniger in ihrem Verhalten auch anteilig das andere Geschlecht. Es handelt sich lediglich um statistische Einordnungen.

verlasse mich inzwischen auf intuitive Informationen. Wenn ich mich ans Schreibgerät setze, denke ich nicht "ogott, was kann ich nur heute schreiben?" sondern: "mal schaun, was es heute so zum Schreiben gibt". Das entkrampft ungemein. Ab und zu schaue ich in meine früheren Bücher. Es ist sehr interessant, was da geschrieben steht. Hab ich das geschrieben?

Bleibt noch die Frage: und was haben nun Frauen vom Remote Viewing? Das ist auch nicht schwer. Sie werden in intuitiven Dingen noch besser. Wie immer auf dieser Welt muß man aber bei besonderer Betonung der einen Seite darauf achten, daß die andere mitzieht. "In der Mitte bleiben", sagt die chinesische Philosophie dazu, und das hört sich sehr vernünftig an. Frauen müssen oft aufpassen, nicht davonzufliegen und die ordnende, serielle Seite pflegen, um sich nicht aus unserer Gesellschaft der Regeln und Gesetze zu katapultieren. Sonst kann es sein, daß sie ihre Schwelle zum kollektiven Unterbewussten allzu sehr senken und hilflos gegenüber dem Datenstrom sind. Und darin müssen sich nicht nur förderliche Informationen befinden. Es kann dazu kommen, daß sie sich wahllos *alles* abholen. Soweit waren wir schon im letzten Kapitel. Es gibt eine Menge Techniken, die hier entgegenarbeiten können, Techniken, die die linke Hemisphäre stärken. Beim Remote Viewing zum Beispiel ist es die Monitorarbeit über die Stufe 4 hinaus.

Und wo wir schon bei den Problemen sind: die Leistungssteigerung bei Männern ist natürlich auch nicht ohne Gefahr. Männer können zum Beispiel angesichts der neuen Fähigkeiten diesen allzusehr vertrauen, alles zu locker auf sich zu kommen lassen und dabei vergessen, daß einige Dinge in dieser Gesellschaft rational geprüft und seriell abgearbeitet werden müssen. Man lernt als Remote Viewing-Anwender zwar, parallel zu denken und mehrere Dinge gleichzeitig zu bearbeiten, es kann aber sein, daß in bestimmten Situationen ganz einfach die Aufmerksamkeit, die dem Wachbewusstsein untersteht, nicht mitzieht. Man sollte aufpassen, in welchen Situationen man dieses "Multitasking" frei laufen läßt. Mir passierte es zum Beispiel, daß ich mit Buchprojekt parallel zu Kinderbetreuung und Reparaturarbeiten am Dach übersah, daß sich eine Abstützung am Baugerüst verschoben hatte. Ich machte einen abrupten Abgang nach unten, drei Meter Fall ins Blumenbeet. Dabei hatte ich vorher den Gefahrenaspekt deutlich erkannt und mir vorgenommen, ihn noch zu beseitigen. Leider fiel diese Aktion im seriellen Ablauf durch das Aufmerksamkeitsraster. Ich vergaß einfach, es zu tun und erinnerte mich erst daran, als ich hinuntersauste.

In solchen Unschärfebereichen kann auch das teuerste Porzellan zu Bruch gehen. Es ist der Moment des Umschwenkens von einer Tätigkeit zur anderen. Immer wieder kolportiert ist das Verhalten von Remote Viewern nach der Session in der Küche, wenn ihnen alles runterfällt, auch und vor allem die Vase von der Erbtante.

Ein weiterer Aspekt der Veränderung von Menschen durch Remote Viewing, oft schon angesprochen, ist durch die Inhalte ihrer Erfahrungen bedingt. Diese Informationen sind zunächst einmal einfach ein neues Wissen, ihre Bewertung erfahren sie durch die Interaktion in und mit der Person, die sie aufnimmt. "Good or bad is how you use it!", sagt Buchanan pragmatisch.

Wie aber soll man eine Veränderung einer Person durch aufgenommene Informationen bewerten, wenn diese ohne Prüfinstanz in den persönlichen Speicher der Person übergehen? Besonders Personen, die eine ohnehin niedrige Schwelle haben (natural Psychics) sind hier in Gefahr, besonders wenn das Wachbewusstsein versucht, sich noch einmal gegen die Flut aufzubäumen und alles in eine Lebensanschauung einzubauen, mit der die Daten gar nichts zu tun haben. Ein früherer Freund von mir hörte immer "Stimmen", die ihn berieten. Die Art der daraus getroffenen Lebensentscheidungen kickte ihn aus Familie, Arbeit und Freundeskreis.

Auf jeden Fall lassen diese Erfahrungen den praktizierenden Viewer mehr und mehr Abstand von seiner bisherigen Welt gewinnen. Er findet immer weniger Diskussionspartner, die seine Erkenntnisse teilen oder seinen Berichten zuhören mögen.

Für Familien oder Beziehungen, in denen der Partner diese Erlebnisse nicht mitmacht, kann das binnen kurzem tödlich werden. Ich kenne eigentlich nur Beziehungen, die "danach" zusammen blieben, wenn der Partner ebenfalls Remote Viewing betrieben hat, und zwar mit eigenen Interesse daran.

Aber auch dann ist der Überblick über die Mechanismen des Universums, den man unweigerlich erhält, weil jeder, wie schon ausgeführt, auch unweigerlich die dazu gehörenden Targets abarbeitet, höchst anstrengend. Der Remote Viewer erhält mehr und mehr Distanz zur materiellen Welt. Aber Vorsicht, er lebt noch darin!

In der westlichen Welt nennt man das: nicht die Bodenhaftung verlieren! oder, mehr esoterisch: sich unbedingt erden! Fernöstlich, wie schon erwähnt, rät man, "in der Mitte" (zwischen den vier bzw. fünf Elementen) zu bleiben. Das braucht man nicht weiter diskutieren, es ist klar, was hier gemeint ist.

Ein weiterer Effekt des erhöhten Datenaustausches eines Viewers mit dem kollektiven Unterbewussten sollte man sich unter der Überschrift dieses Kapitels noch einmal vor Augen führen. Es ist ja nicht nur die physiologische Veränderung des Gehirns und die gesteigerte Informationsflut, die wir aus der Matrix bekommen, was den Viewer verändert. Beachtlich ist auch das Ausmaß der Energie, die beim Viewer deutlich erhöht fließt.

Der trainierte Viewer greift mehr als jeder in seiner Umgebung in das höherdimensionale Geschehen ein. Je mehr er viewt oder wünscht, desto mehr Informationen schickt er in den übergeordneten G_4-Raum. Diese gesteigerte Aktion hat selbstverständlich eine Gegenaktion zur Folge: affine Aktionen werden ausgelöst. Wir nannten es bisher "Resonanz" des Universums. Wir werden mit Ereignissen überschüttet, daß wie uns manchmal wünschen, nie ein Remote Viewing-Training gemacht zu haben. Denn jedes dieser Ereignisse will bearbeitet werden. Das kostet Zeit und bringt Streß. Hinzu kommen noch die Doppelungen dieser Ereignisse und Synchronizitäten, die durch den Hang der Schöpfung zu Fraktalen zustande kommt.

Alle diese Einflüsse können einen Menschen stark verändert, wenn er Remote Viewing intensiver betreibt. Sie können aus ihm einen Erfolgsmenschen machen, aber auch aus einem Erfolgsmenschen einen weltabgewandten Misanthropen oder einen realitätsfernen Missionar. Oder sie können ihn einfach nur isolieren, weil er für die Umwelt unverständlich und unleidlich geworden ist.

Deshalb ist es von großem Vorteil, sich dieser Möglichkeiten bewusst zu werden, sich rational zu entscheiden, wo man stehen möchte und diesen Vorgang gelegentlich zu wiederholen.

Wir sind zur Zeit in einer "materiellen Welt" involviert. Das können wir beibehalten oder ändern. Wir können mit der materiellen Welt Frieden schließen und uns darin wohlfühlen. Der nächste Job, dann erst einmal "immateriell", kommt früh genug. Dem müssen wir nicht nachhelfen.

Nachtrag: Eigentlich sollte dieses Kapitel damit beendet sein. Es gibt aber noch einen Aspekt, den ich nirgendwo anders logisch unterbringen kann, der mir aber doch wichtig genug ist, zu erwähnen.

Vielfach, besonders in Foren, in denen Leute über RV diskutieren, die davon nur vom Hörensagen wissen, wird gefragt, warum nicht alle Remote Viewer wegen ihrer besonderen Fähigkeiten längst steinreich und berühmt und beachtet sind. So ungefähr wie Popstars. Wenn Sie bis hierher meinen Ausführungen gefolgt sind, werden Sie mir sicherlich zustimmen: so ist die Frage einfach falsch formuliert. Aber das weiß man erst, wenn man drinsteckt.

19. Kapitel: Pflöcke in der Estacada

Dies ist das letzte Kapitel. Wie soll man so ein Buch abschließen? Douglas Adams würde sagen: "Tschüß und danke für den Fisch!" Ich sage: "Gut, daß ich`s los bin!".
Aber es ist mit Sicherheit nicht das letzte Kapitel in der Erforschung und Anwendung des Remote Viewing-Phänomens. Einiges bleibt immer auf der Strecke und vieles ist noch längst nicht ausgereift. Für mich jedenfalls ist erst mal Schluß. Vielleicht gibt es interessante Publikationen zu diesem Thema von anderen Autoren. (Ja, sicher gibt es andere Autoren, so meinte ich das nicht. Aber selbst in Amerika bekommt man zu Remote Influence und Advanced Remote Viewing nicht sehr viel wirklich konkretes Material. Und wie wir gesehen haben, auch mit völlig anderer Sichtweise.)

Wichtig war für mich, zu zeigen, welche Möglichkeiten aber auch welche Probleme im Remote Viewing stecken. Und welche Wege man beschreiten kann, um weiter zu kommen. Aber hoffentlich ist auch klargeworden, was für ein heikles Thema das ist und welche Vorsicht man walten lassen sollte.

Wir tasten uns voran. Wir sind schon erstaunlich weit, deshalb dürfen wir nicht unvorsichtig werden. Wir stellen fest, daß nichts sicher ist, daß wir und alles andere nur in Wahrscheinlichkeiten existiert, in denen wir meinen, zu existieren oder die wir erreichen wollen.

Ausgehend auch von Remote Viewing Projekten habe ich mich viel mit den Konsequenzen der quantenphysikalischen Forschung beschäftigt. Es gibt zum Glück schon eine größere Anzahl von guten Sachbüchern, in denen brillante Wissenschaftler diese Erkenntnisse auch für einfachere Gemüter wie mich spannend vermitteln. Aber eins fehlte mir dabei immer: die praktische Anwendung. Als ich mit Remote Viewing den Status erreicht hatte, der in diesem Buch wiedergegeben ist, interessierte es mich, diese Erkenntnisse in einem Roman zu erproben. Daraus ist inzwischen ein größeres Projekt geworden, als ich anfangs dachte, einmal weil ich zunächst eine tragfähige Szenerie entwickeln mußte, um die angesammelten Ideen in verdaulichen Portionen anbieten zu können, andererseits, weil mir immer mehr einfiel, je weiter ich kam. Wie ich schon im Vorwort bemerkte, fingen nicht nur die Personen an, mit mir zu reden, sondern es stellten sich in diesem SciFi-Fantasy-Projekt durch "logische" Zwänge Entwicklungen ein, die völlig affin zu weiteren Erkenntnisse der weltweiten Forschung waren. Und das stellte ich oft erst *hinterher* fest, als ich alles schon konzipiert und geschrieben hatte. Möglicherweise zapfte ich alle diese Wissenschaftler an, es kann aber auch sein, daß die "Logik" des Szenarios keine anderen Schlüsse zuließ. Zwischenzeitlich habe ich mit anderen Remote Viewern diskutiert, ob Reisen in andere Wahrscheinlichkeit überhaupt möglich sein könnten. Ich selbst war anfangs der Meinung, das wäre nicht der Fall und ich hätte das Ganze eben erfunden, um die Handlung zu ermöglichen. Nach einigen Gesprächen bin ich mir nun nicht mehr so sicher. Vielleicht bin ich auf der völlig richtigen Fährte, anzunehmen, daß "andere Universen" nur andere Informationsstrukturen sind, der sogenannten Materie aufgelagert und deshalb zwar voneinander rezeptiv getrennt, aber durch Änderung der Modulation durchaus zu erreichen. Vielleicht tun wir in Träumen nichts anderes als genau das und möglicherweise sind geviewte Zukünfte, die *nicht* eintreffen, auch so etwas.

Wie dem auch sei, während ich also die Handlung schreibend mitverfolgte und mich tatsächlich, wie viele andere Autoren es auch berichten, die erdachten Personen an die Hand nahmen, um mir ihre Erlebnisse zu zeigen, stellte ich fest, daß auch hier Gesetze zum Vorschein kamen, die ich beim Remote Viewing gefunden hatte.

Als Synonym für etwas, das wir (noch) nicht greifen können, sozusagen der Bereich zwischen den Wahrscheinlichkeiten, wo alles noch möglich ist, berichteten die Romanpersonen von der "Estacada". [16]

Im Spanischen bedeutet "estaca" Pflock oder Pfahl, "estacada" sind eine ganze Reihe von Pflöcken, eventuell eine Palisade, das Wort ist aber auch in den Redewendungen "auf der Strecke bleiben" bzw. "jemanden im Stich lassen" enthalten. Das war eine schöne Vorlage für die Vorstellung von einer Zone, in der man sich von einem (selbst eingerammten) Pflock zum nächsten vortasten muß, und wo diese auch eine Absperrung bilden können, über die man nicht hinweg kommt und wo man letztlich auch verloren gehen kann.

Und genau so kann es einem in den "Zonen" zwischen hier und irgendeiner Zukunft gehen. Schon Ed Dames, der Verbreiter der

---

[16] "Der Gesang der toten Welten", Ahead And Amazing 2005

speziellen CRV-Version "TRV" erkannte in den neunziger Jahren dieses Problem und schlug vor, "Meilensteine" zu viewen, anhand derer man sich bis zum Ziel in der Zukunft vorantasten könnte.

Nach einiger Erfahrung mußte ich ihm Recht geben. Es hilft sehr, auf dem Weg in eine Zukunft "Pflöcke einzuschlagen", je dichter, desto besser, denn jeder dieser Pflöcke oder Meilensteine ist ja wieder eine definierte Gegenwart, die wir betrachten und erreichen können und von der aus wiederum wir uns weiterviewen können.

Bei längeren Zeitabschnitten ist das natürlich eine Menge Arbeit. Manchmal zu viel Arbeit. Denn außer der Beschreibung der Orte/Gegenwarten müßten wir noch das gesamte Umfeld beschreiben, um die Situation zu verstehen. Das war zum Beispiel beim Schröder-Target einfach zu viel für die letztlich doch geringe Anzahl von Viewern und Sessions. Außerdem nahmen an dem Projekt auch einige Viewer mit wenig Erfahrung teil, die man nicht einfach so mit Stufe 7-Vorgängen konfrontieren konnte.

Wir haben zumeist versäumt, die Pflöcke auch abzusichern. Denn sie können sich auch verschieben.

Wir haben es gelernt: Influence oder auch "Wünschen" heißt ja nicht: "Mach mir den Sechser im Lotto!", sondern wir schaffen und sichern uns die Gelegenheiten, auf einem begehbaren Weg dorthin zu gelangen. Wir haben in der Matrix zwar einen großartigen Gegenspieler, aber sie ist nicht bösartig, sondern enthält eben alle Universen und wenn wir uns verlaufen, dann ist es unsere Schuld.

Deshalb schlagen wir Pflöcke ein. Solche "Pflöcke" sind zum Beispiel auch Referenzen von Personen aus oder besser: in der Zukunft, am besten natürlich von der eigenen, wenn sie existiert. Wenn wir uns in einem wünschenswerten Punkt der Zukunft wiederfinden können, ist es auch möglich, daß wir uns von jeder zukünftigen Gegenwart aus Feedback geben, uns in die Vergangenheit hin beraten und so den Weg erleichtern.

Wir sind auch gut beraten, wenn wir uns jede Hilfe zu Nutze machen, die sich bietet. Mathematik zum Beispiel ist auch ein Faktor. Wir können mit Hilfe von Statistik, Wahrscheinlichkeitsrechnung und anderen mathematischen Eingrenzungen ebenfalls "Pflöcke einschlagen", an denen wir uns mit Hilfe von Remote Viewing entlangbewegen.

Und wir informieren uns über mögliche Konflikte im Targetbereich und deren Lösungsmöglichkeiten. Die Pflöcke sind eine realisierbare "Halteleine" für die Zukunft, eine Leine, an der wir uns in eine Zukunft hangeln, die von uns gewünscht wird. Und immer wieder holen wir uns Feedback.

Wem das zu kompliziert ist, kann auch weiter "wünschen" und sich die Zeit mit der Kontrolle von unerwünschten Nebeneffekten vertreiben.

Sicher werden jetzt einige sagen: Vielleicht wäre diese Zukunft auch ohne unser Eingreifen eingetreten! Möglich. Dafür gibt es so oder so keinen Beweis. Wenn wir uns aber in einer Gegenwart hinsetzen, nach jeweiliger Lage eine optimale Lösung formulieren und diese mit Hilfe einer bestimmten Technik weitgehend erreichen, wo ist dann unser Problem?

Eine nach allen Seiten hin offene Wahrscheinlichkeitsanalyse würde bestätigen, daß wir bei Erfolg eine von der zu erwartenden Entwicklung sehr signifikante Abweichung erreicht hätten. Und das genügt uns eigentlich.

Ob die Firma für Sonnenkollektoren steigende Kurse aufweist, weil wir eingreifen oder weil erneuerbare Energien sowieso im Aufwind sind und Sonnekollektoren endlich einen besseren Wirkungsgrad aufweisen, ist letztlich egal. Nicht egal ist, daß wir uns damit beschäftigt haben. Der Bankangestellte, an den ich mich normalerweise wende, sagte im Februar: "Solaraktien? Bloß nicht! Die korrigieren grad wieder nach unten!" Ich sagte: "Die gehen hoch!" Nicht sagte ich: "das haben wir geviewt!" Im April hatte die Firma 100% zugelegt.

Das Gleiche gilt für das Heilen: wäre der Mensch genauso selbst gesund geworden? Ohne unsere Ursachenberatung? Ohne Verweis auf bestimmte Bereich, die man mal scannen sollte? Ohne zusätzliche Beeinflussung? Ohne Zuspruch?

Letztlich ist das doch egal, Hauptsache die Geschichte geht gut aus. Wir sollten RV-Heilen nicht als alleiniges Wunderheilen nehmen, sondern als zusätzliche Möglichkeit, Wege abzukürzen, die sonst unangenehm werden könnten. In diesem Universum muß man beständig alles versuchen, was machbar ist, besonders, wenn man schon seinen Schwellenwert gesenkt hat und ohnehin im Fahrtwind der Unwahrscheinlichkeitsspur steht.

Dazu gehören letztlich auch Sessions auf bekannte Targets. Frontloaded, würde man sagen. Am Ende dieses Buches können wir genug an Übung voraussetzen, daß wir sagen können: auch das! Nicht zurückschrecken!

Einerseits können wir ja Resultate viewen, die darauf hinauslaufen, daß wir trotz Bekanntheit des Targets nicht wissen, was in der Session herauskommt. Ergebnisse, die mit Bilder verknüpft sind, bieten sich da an. Wir schauen es uns in der Session an, ob es sich tief und feucht oder hoch und steinig anfühlt, kalt oder warm, hart oder weich, gelb oder blau, orangenartig oder wie Harzer Käse.

Für dieses Vorgehen können wir auch ganz speziell üben: wir können das Gras fühlen, wenn wir es niederdrücken, wir können das Fell unserer Katze auch mal virtuelle streicheln und wir können vielleicht auch eine gedachte Blisterverpackung eindrücken oder knallen lassen, jede einzelne Blase für sich fühlen und reinpieken. Die Schaltstelle dafür ist immer wieder die AI-Spalte.

Wir können Übungstargets formulieren, die lediglich darauf abzielen, daß wir uns in der AI-Spalte sicher und ohne Infektion bewegen lernen. Und im Laufe der Zeit lernen wir noch etwas: in die Matrix eintauchen, ohne allzu viel Spritzer zu erzeugen und darin umher zu schwimmen, wie ein Fisch im Wasser.

Bei allen Erfolgen in diesen Bereichen sollten wir aber bescheiden und demütig bleiben. Fühlen Sie sich nie zu sicher, auch wenn Sie eine ganze Reihe von Erfolgen zu verbuchen hatten. Das Universum ist einfach zu groß. Es gibt immer etwas, daß Sie nicht bedacht haben.

Vielleicht kriegt ihr Kind gerade Windpocken. Und Sie stellen fest, daß Sie in ihrer Kindheit noch keine hatten. Das kann bedeuten, daß Sie vielleicht einige Monate mit dem Viewen aussetzen müssen. Und das gerade, wo Sie all Ihr Geld in Aktien angelegt hatten. Dann sind Sie wieder auf dem gleichen Level wie alle anderen auch.

Autos sind auch beliebte Verhinderer. Sie haben die todsicheren Lottozahlen? Sehr gut, aber plötzlich springt der Motor nicht mehr an und Sie verpassen den Abgabetermin. Daran hatten Sie nicht gedacht, nicht wahr?

Auch was Ihre Schutzfunktionen angeht, die Sie sich gegen unliebsames Viewen oder gar Angriffe gebaut haben: fühlen Sie sich nicht zu sicher! Im Prinzip gibt es keinen dauerhaften Schutz.

Kein Lichtball, den Sie um sich herum aufbauen, keine Mauer und auch keine Attraktion, die sie auslegen, hält ewig. Den Lichtball kann man viewen und wegziehen, die Mauer einreißen, wenn man sie bemerkt, und die Ablenkungsmanöver verblassen. Das ist auch das Schöne an der Vergänglichkeit: nicht nur, daß man immer in Bewegung bleiben muß, es geschieht auch immer etwas Neues. Langweilig wird es für Remote Viewer nie. Und das ist mehr, als jeder Unterhaltungsanbieter versprechen kann.

Das wärs eigentlich für heute. Nur eins noch, weil wir schon grade bei Unterhaltungsanbietern sind: Das Fernsehen macht ab und an gern Sendungen über PSI und Hellseher, wie zum Beispiel am 29.6.2007 diesmal Pro 7 in der Reihe *Galileo Mystery*.

Nach einigen natürlich streng wissenschaftlich begleiteten "Erfolgen" von natürlichen Medien wollte man die letzte medial arbeitende Person in der Sendung mal "testen" oder was man darunter verstand. Ihr wurde ein erfundener Kinder-Vermißtenfall untergeschoben, um "mal zu sehen, ob sie das wirklich kann". Das Medium geriet ganz außer sich und berichtete eine furchtbare Geschichte von einer kleinen "Nadine", die jämmerlich ums Leben kam.

So konnte man sorgend um das Medium bemüht und ganz ohne Häme feststellen, daß PSI doch sehr fragwürdig ist. So kann es einem gehen, wenn man sich in die Hände von Leuten begibt, die überhaupt keine Ahnung von PSI und seinen Gesetzen haben.

Die betroffene "Viewerin" erklärte dann auch den verständnislos dabei stehenden Moderatoren und Psychologen, daß in solch einem Fall das Medium zum "nächsten Fall durchgeschaltet" werde, was einem normalen Wissenschaftler ja wirklich ein ungläubiges Lächeln aufs Gesicht zaubern muß.

Remote Viewern aber läuft es kalt über den Rücken, wenn sie so etwas sehen: das Medium "viewte" einen "leeren Ordner", wie wir es spätestens seit dem "Meiser-Target" sehr unglücklich in Erinnerung haben. Und weil auf diesem "leeren Ordner" durch die Fernsehmacher das Zielgebiet "verschwundenes Kind" geschrieben war, sauste sie fast zwangsläufig wegen ihrer heruntergefahrenen Schwelle in den nächstliegend "interessanten" Fall und es lag tatsächlich ein "Fall Nadine" vor, den man der Frau aber nicht hatte geben wollen. Das wirklich Grausame an dieser Sendung war: die

"Viewerin" hatte kein stützendes Protokoll und keinen erfahrenen Monitor, der sie hätte wieder herausholen können, falls die Eindrücke sie überrollt hätten. (Und danach sah es schon stellenweise aus!) Wer weiß, was sie sich durch diesen naiven Versuch, dem Publikum den skill einer "martial art" zu bieten, ohnehin eingefangen hat.

Für Leser dieses Buches kommt der Ratschlag zwar ein bißchen spät, aber besser als gar nicht: versuchen Sie "Hellsehen" nicht beim Fernsehen. Das geht zu 90% schief, auch wenn Sie vorher immer hundert Prozent richtige Daten hatten.

Und jenen, die ein Training beginnen wollen, rate ich unbedingt, vorher das Gefühl zu befragen, wer dafür in Frage käme. Auch ohne irgend eine Ausbildung kann man sicher sein: das Unterbewusstsein weiß Bescheid. Sie können gern die Namen der Anbieter in geschlossene Umschläge geben, diese mischen und dann den ziehen, der sich am besten anfühlt. Und wenn sich keiner dieser Umschläge besonders gut anfühlt, dann lassen Sie es lieber ganz. Vielleicht liegt darin die Botschaft, daß dieses Gebiet nichts für Sie ist.

Dennoch ist klar: eine meiner frühen Aussagen zu diesem Thema war, daß man im 21. Jahrhundert große Fortschritte auf dem Gebiet des PSI oder Remote Viewing machen wird. Das Jahrhundert wird sogar davon geprägt werden. Wenn Sie die vier Lehrbücher durchgearbeitet haben, wissen Sie wenigstens schon einigermaßen, was auf Sie zukommt. Die Position, die Sie in dieser Entwicklung selbst beziehen, ist damit auch bestmöglich fundiert.

Literaturhinweise und Quellenangaben:

Das neue Weltbild des Physikers Burkhard Heim, München 2006
Bearbeitungen dazu von Walter Dröscher, Illobrand von Ludwiger und Dr. Wolfgang Ludwig
Marco Bischof: *Tachyonen Orgonenergie Skalarwellen*, Aarau 2002
Marco Bischof: *Biophotonen, das Licht in unseren Zellen*, Frankfurt/M 1995
Lisa Randall: *Warped Passages, Unraveling the Mysteries of Universe`sHidden Dimensions*, New York 2005
Leo H DeGard: *Armageddon – Hat die Endzeit bereits begonnen?* Rottenburg 2003
Paul T. Mason/Randi Kreger: *Stop Walking on Eggshells*, Oakland 1998
Gotthard Günther: *Die gebrochene Rationalität* und andere Aufsätze, Kommentare und Essays 1952-1958
Gotthard Günther: *Time, Timeless Logic and Self-Referential* Systems, Ann. of the New York Academy of Sciences 1967
Glossary of Coordinate Remote Viewing, 1995
Leonard "Lyn" Buchanan: *Remote Viewing and Remote Influencing Basics*, Venice CA, 2002
Leonard "Lyn" Buchanan: *Advanced Remote Viewing and Remote Influencing*, Venice CA, 2002
Leonard "Lyn" Buchanan: *The Seventh Sense*, New York 2003
Dale E. Graff: *River Dreams*, Boston 2000
F.Holmes Atwater: *Captain Of My Ship, Master Of My Soul*, Charlottesville VA, 2001
Russel Targ and Jane Katra: *Miracles Of Mind*, Novato CA, 1998
Paul H. Smith: *Remote Viewing`s Biggest Bugaboo: How we come to know what Really Isn`t So*, Venice CA 2002
Pam Coronado: *The Best Techniques For Successfully Remote Viewing The Future*, Venice CA 2002
Lyn Buchanan: *How To Succed And Not Failing: Selecting Training Targets To Give You The Edge*, Venice CA 2002
Patrick Marsolek: *Developing Sensory Awareness For Facilitation Of Remote Viewing*, Venice CA 2002
Frank Köstler: *Verdeckte Ziele*, Nordfriesland 2003
Manfred Jelinski: *Tanz der Dimensionen*, Rottenburg 2000
Manfred Jelinski: *Schritte in die Zukunft*, NF 2002
Wissenschaftsticker von:
DER SPIEGEL
Deutschlandfunk
PM-Magazin
Alle Abbildungen: der Autor mit freundlicher Genehmigung der Beteiligten

Für neueste Informationen oder ein persönliches Remote Viewing Training schauen Sie bitte mal herein:

www.remoteviewing.info (Kommunikationsverbund unabhängiger Remote Viewer Deutschlands = KURD)

www.remoteviewing.de (1. REMOTE VIEWERS STORE: Bücher, Videos, Zubehör. Portofreier Versand)

www.remoteviewing.info/training.htm (Training bei M.Jelinski)

http://f27.parsimony.net/forum66354/index.htm (Forum)

http://www.kondor.de/trv/forum/index.php (Treffpunkt der RVer)

www.endedesuniversums.info (Die Bar, in der sich Remote Viewer treffen und Erlebnisse austauschen, real und virtuell.)

Oder Sie schreiben an:

1. Remote Viewers Store und Seminarbetreuung,
Postfach 1621
25806 Husum

Weitere Bücher über Remote Viewing bei

Der Verlag für Grenzüberschreitungen
www.aheadandamazing.de

Die Bar am Ende des Universums

1.Anflug 2003

Worüber sprechen Remote Viewer, wenn sie sich treffen, wenn sie in einer Bar irgendwo in diesem Universum zusammensitzen?
Kommen Sie mit auf die Reise ans Ende des Universums, in die Bar, in der die Remote Viewer erzählen.
Es gibt diese Bar wirklich, und sie ist keine Hafenbar, in der Kapitäne im Ruhestand ihr Garn spinnen. Alles in diesem Buch ist wahr, dafür stehen die beteiligten Autoren, und wenn sie (nur) eine Theorie entwerfen, dann sagen sie das auch. Die legendäre erste Ausgabe dieser Buchreihe

M. Jelinski (Hrsg.) 2003, Paperback, 220 Seiten, viele Abbildungen

€ 17,80   ISBN 978-3-933305-16-9

Die Bar am Ende des Universums

2.Anflug 2007

Neues aus der legendären "Bar am Ende des Universums", wo sich die Remote Viewer treffen und die neuesten Erfahrungen und Theorien austauschen. Drei Jahre sind seit dem "ersten Anflug" vergangen und in dieser Zeit ist viel passiert. Viel ist geschehen.
Neue Gäste haben sich am Tresen eingefunden, größer ist die Zahl der Erzähler. Aber auch die Themen haben sich entwickelt, einige sehr aufwändige Recherchen wurden weitergeführt oder sogar abgeschlossen. Einige sind tiefer eingestiegen in das Archiv des Universums und haben neue Ansätze mitgebracht, unser Dasein zu erklären.

M. Jelinski (Hrsg.) 2007, Paperback, 286 Seiten, viele Abbildungen

€ 17,80   ISBN 978-3-933305-17-6

Manfred Jelinski: Remote Viewing - das Lehrbuch

Einführung in die Technik des Remote Viewing
Das einzige in Deutschland veröffentlichte Buch, das diese Technik des Hellsehens ausführlich erklärt!

Teil 1 : Stufe 1 - 3
Paperback 206 Seiten, viele Abbildungen
€ 17,80   ISBN 978-3-933305-08-4

Der zweite Teil des Lehrbuches über Remote Viewing führt uns über die rein deskriptive Phase der Stufen 1-3 hinaus nun direkt hinein in die "Schatzkammer der Matrix". Dieses Buch versteht sich als Fortsetzung des ersten Teils und setzt die dort beschriebenen Schritte und Hintergründe voraus.

Teil 2 : Stufe 4 – 5
Paperback 220 Seiten, viele Abbildungen
€ 17,80   ISBN 978-3-933305-11-4

Teil 3 dieses fundamentalen Lehrbuches beendet mit der Beschreibung der Stufe 6 die Erklärung des investigativen Remote Viewing. Der Interessent findet erstmals für diesen Protokollabschnitt eine klare und übergreifende Systematik für die verwendeten Techniken und Werkzeuge. Neben der Ermittlung von vergangenen und zukünftigen Geschehnissen wird auch die geographische Ortung und die Persönlichkeitsanalyse eingehend behandelt.
Dieses Buch versteht sich als Fortsetzung des zweiten Teils und setzt die dort und im ersten Teil beschriebenen Schritte und Hintergründe voraus.

Teil 3 : Stufe 6
Paperback 210 Seiten, viele Abbildungen
€ 17,80   ISBN 978-3-933305-13-8

Frank Köstler: Geheimnisse des Remote Viewing

Auf der Spur der Matrix

Praxis des Selbststudiums mit Tipps und Hilfen sowie Beispielen aus eigener Erfahrung.

2002, Paperback, 244 Seiten, viele Abbildungen
€ 17,80   ISBN 978-3-933305-09-1

Frank Köstler: Verdeckte Ziele

RV, Massenbewusstsein, Targetschutz

Nachdem Frank Köstler einige Zeit Remote Viewing praktiziert hatte, störten ihn die Warnungen anderer Viewer über Niemandsländer der Matrix. Er ist trotz allem hinausgegangen: auf den Mond, auf den Mars, in UFOs und andere „verbotene Zonen". Frank Köstler steht mit beiden Beinen auf der Erde und hatte nie viel für Verschwörungstheorien übrig. Er versucht, so distanziert wie möglich seine sehr beunruhigenden Ergebnisse zu erörtern.

2003, Paperback , 220 Seiten
€ 17,80   ISBN 978-3-3-933305-18-3

Frank Köstler: Der verborgene Plan

Jeder Remote Viewer hat sie bereist, die Datenmatrix, diese geheimnisvolle Ordnung hinter den Kulissen unseres Alltags. Einem Strickmuster vergleichbar, durchwebt sie Raum und Zeit. Alles scheint von ihr bestimmt.
Frank Köstler ist ihrer Chiffrierung nach-gegangen. Seine Recherchen führen zu einem erstaunlichen Fazit.

2006, Paperback , 350 Seiten,
€ 19,90   ISBN 978-3-3-933305-20-6

Guido Schmidt: Schatzsucher der Matrix

Guido Schmidt sucht verlorene Gegenstände, Schmuck und Täter und schickt aufgrund von Sessionergebnissen Taucher tief hinab in die Irische See. Und er findet.
Ein Buch voller Abenteuer, aber auch voll kritischer Diskussion der Probleme von Remote Viewern als Schatzsucher der Matrix.

2004, Hardcover, 200 Seiten, viele Fotos
€ 17,80   ISBN 978-3-3-933305-19-0

Manfred Jelinski: Tanz der Dimensionen

Remote Viewing in Deutschland

Das erste umfassende deutsche Standardwerk über Remote Viewing. Remote Viewing in der Praxis, Forschungsergebnisse aus dem Gehirn-labor, Erfahrungsberichte, Projekte, Zusammen-fassung der wichtigsten Erkenntnisse der amerikanischen Remote Viewer.

1999/2000 Paperback, ca. 400 Seiten, viele Bilder und Skizzen
€ 19,90   ISBN 3-930219-32-8

Manfred Jelinski: Schritte in die Zukunft

Remote Viewing und die Gesetze der Veränderung

Was heißt "Wünschen" und "Beeinflussen"? Strategien zur Ermittlung der Zukunft und Interaktion mit der Matrix. Gesetze und Möglichkeiten.

2001/2002 Paperback, 224 Seiten, viele Abbildungen
€ 17,80   ISBN 978-3-933305-10 -7

Wenn es gelänge, in andere Wahrscheinlichkeiten zu reisen, dort sogar die Daseinsenergie zu rauben, Welten zum Absturz zu bringen, was wäre dann? Wenn unsere Wahrscheinlichkeit auch nur eine unter vielen wäre?

Das ist der Inhalt der großangelegten Multiversen-Romanserie

Wahrscheinliche Welten

Von Manfred Jelinski

Vom ersten Zyklus "Die Bücher Mühlheim" sind bereits erschienen:

Band 1

M. O. Jelinski: Das geheime Tor der alten Mühle

Je harmloser eine Geschichte beginnt, desto tiefgreifender ihre Auswirkungen. Ein winzigen Dorfes mit gerade einmal 21 Hausnummern, bevölkert von Rentnern und Stadtflüchtlingen dämmert in der ländlichen Einöde vor sich hin, bis eines Tages ein 13-jähriger Junge spurlos verschwindet.

Bald ist nichts mehr, wie es war. Die Einwohnerschaft ist tief gespalten. Die einen wissen nichts von dem Weltentor in der alten Mühle, die anderen müssen um jeden Preis verhindern, daß diese Information nach außen dringt. Auch fremde Mächte aus anderen Wahrscheinlichkeiten haben hier ein lohnendes Ziel entdeckt.

Das erste Buch einer Romanserie, die den vielen Realitäten der Quantenphysik nachspürt, wurde nicht nur in Remote Viewer-Kreisen mit Begeisterung aufgenommen. Wer sich für diese Geheimnisse interessiert und Jelinskis Stil mag, wird hier gut unterhalten und zum Weiterdenken angeregt.

265 Seiten, gebunden, mit Modellbaubogen "Alte Mühle"
1. Auflage Mai 2004 2. Auflage 2005 ISBN 3-933305-55-1 € 15,90

Band 2:

M. O . Jelinski/Eliza Sternburg: Das Tor der Dinosaurier
280 Seiten, gebunden, mit Mini-CD "FPM auf der Elektrischen Ranch" 1. Auflage Dezember 2004 2. Auflage 2005   ISBN 3-933305-56-X € 15,90

Band 3:

M. O . Jelinski/Eliza Sternburg: Der Gesang der toten Welten
280 Seiten, Softcover, Global Street Edition
1. Auflage Dezember 2005 2. Auflage 2006 ISBN 3-933305-58-6 € 9,80
Mehr Informationen: www.wahrscheinlichewelten.de